Le présent ouvrage a été publié
avec le soutien de
l'Académie Nicaraguayenne de la Langue
ANL

"En espiritu unido, en espiritu y ansias y lengua."

Norbert-Bertrand Barbe

VERS UNE MÉTHODE UNIFIÉE
POUR L'ANALYSE DES PRODUCTIONS SYMBOLIQUES:
- Quête déconstructiviste
de la permanence de narrativité
immanente et intertextuelle dans les oeuvres

Habilitation à Diriger des Recherches

H.D.R.

En Esthétique Sur Travaux
2015-2018
Université de Strasbourg

ISBN: 978-2-35424-209-1

Collection "*Textes et Mythes*"

ISSN: 1631-6657

© 2019, Bès Editions

SOMMAIRE GÉNÉRAL

AVERTISSEMENT SUR LA FORME DU DISCOURS DU PRÉSENT TRAVAIL

Le présent ouvrage se divise en deux parties: la première reproduit notre présentation de soutenance d'Habilitation à Diriger des Recherches en Esthétique à l'Université de Strasbourg, le 22 Décembre 2018.

Cette partie est à la première personne, puisqu'elle représente les efforts individuels dans son parcours particulier.

Similairement, pour ne pas interrompre l'ordre du discours, des notes y ont été intégrées, pour les spécifications du discours, nécessaires, mais non déterminantes.

À l'inverse, la seconde partie, qui reproduit la relativement longue démonstration du projet méthodologique engagé par cette Habilitation, intègre les éléments de références bibliographiques dans le texte, pour n'en pas interrompre la séquence, et ne pas obliger le lecteur à les chercher hors de celui-ci.

Pour des raisons similaires, le lecteur nous pardonnera d'utiliser, dans cette seconde partie (au contraire de la première, uniquement, nous l'avons dit, mise à la première personne), alternativement, selon les cas, la première personne du singulier, lorsque nous nous référons à notre parcours personnel, et la première du pluriel, lorsque nous voulons mettre l'accent sur la méthode dans son caractère impersonnel et absolu ou général.

Finalement, sur la nécessité de publier le présent travail.

Certains penseront que cela est une marque d'orgueil. Et, sûrement y-a-t'il un peu de cela.

Aucune personne ne se donne à la tâche de produire si ce n'est en pensant à un lecteur, fut-il, celui-ci, idéal, comme le Dieu de Saint Anselme.

C'est, comme l'écrivait très bien Philippe Léotard dans l'une de ses premières chansons racontant la rencontre d'un auteur et d'un acteur ("*Cinéma*", album *À l'amour comme à la guerre*, 1990: "*Si c'était pour moi seul, je n'y aurais peut-être pas pensé*"), si nous étions seul sur terre, probablement celle ou celui-ci que le serait n'aurait même pas l'idée d'écrire pour partager, quoi, avec qui?

Mais, plus que cela, et comme l'ont exprimé les Membres de notre Jury de soutenance lors de celle-ci, le caractère d'unification méthodologique du présent travail montre certaines valeurs d'unicité en son genre - sinon, cette proposition n'aurait aucun sens -, il nous semble important qu'il ne passe pas comme un simple travail d'obtention de diplôme, soit-il le plus haut de l'institution universitaire française.

Nous voulons donc, plus modestement, partager, avec le lecteur intéressé, ce projet, de trente ans, et - autre raison de la présente publication -, pour la première fois explicitement reconnu par l'institution universitaire, en outre par un jury interdisciplinaire et européen, ce qui en augmente, croyons-nous la absolue valeur de jugement. Car il nous semble d'importance pour l'ensemble des Sciences Humaines.

En un mot, pour être plus concret et plus précis, il s'agit de recherche fondamentale (au sens scientifique du terme: d'approche méthodologique des mécanismes du processus de l'analyse, dans notre cas exégétique), à notre connaissance, la première en son genre.

En effet, non seulement les théoriciens les plus avancés, comme ceux de l'École de Warburg ou Roland Barthes, n'ont jamais dédié réellement de textes à leur méthode (nous trouvons, ainsi, seulement, chez Erwin Panofsky l'"*Introduction*" aux *Essais d'iconologie*, et chez Barthes l'"*Introduction à l'analyse structurale des récits*", deux textes, contemporains l'un de l'autre, comme nous aurons l'occasion d'y revenir, et d'égales relativement courtes dimensions, même si leurs auteurs y présentent très précisément leur projet respectif; quant à Claude Lévi-Strauss, en particulier, il ne présente de méthode que pour les points précis de procédure exégétique, mais jamais une structure générale d'analyse, le lecteur déduisant sa méthode, au-delà du principe de lecture verticale, repris du comparatisme antérieur, et de l'*a priori* éthologique d'analyse des récits oraux amérindiens), mais les épistémologues proviennent toujours des sciences appliquées, jamais des sciences humaines (raison pour laquelle ils ne les comprennent pas, ou les dédaignent), nous plaçant, dans la genèse de notre démarche, là aussi, dans une catégorie à part.

Toutefois, et finalement, ne se basant pas uniquement sur le texte de développement, mais celui-ci, au contraire, étant une argumentation des principaux ouvrages que nous avons produits en ce sens durant la période référencée (1990-2017), mais qu'il n'y aurait aucun sens (outre l'impossibilité physique de se faire) de reproduire lesdits ouvrages qu'il argumente, lesquels sont, d'autre part, publiés et accessibles aussi bien à l'achat que dans de nombreuses bibliothèques françaises et internationales, en particulier universitaires, nous en donnons, ici, la liste:

CADRE THÉORIQUE	Épistémologie et Esthétique	*Roland Barthes et la théorie esthétique*, thèse doctorale, 1996, date de publication: 1997, 2001	*Arturo Andrés Roig y el problema epistemológico*, date de publication: 1996. 1997
CADRE D'APPLICATION PAR DISCIPLINES	Histoire de l'Art	*Iconologia (de Bosch et Bruegel à Géricault aux surréalistes: Delvaux, Magritte)/Estudio de los ArteFactos, grupo de artistas abstractos de Managua (artículos de diarios 1997-1999)*, date de publication: 2001	*Iconologiae*, date de publication: 2006
	Littérature	*Origines littéraires de la pensée contemporaine XIXème-XXème siècles - Goethe, Poe, Huysmans, Mallarmé, Tolstoï, Wells, le roman policier, Jean Ray, Borges, Barthes, Alina Reyes/Darío latinoamericanista*, date de publication: 2002	
	Cinéma	*Essais d'iconologie filmique - Origine classique des représentations contemporaines (de Hitchcock à la publicité)/Hablemos de Cine - Sección de interpretación fílmica de El Nuevo Diario de Managua (1997-1999)*, date de publication: 2002	
	Mythologie	*Mythes (autour du Dieu du Pet - de Hérodote à Barbe Bleue et de Rutebeuf à Dante)*, date de publication: 2001	*Mythes*, date de publication: 2004
	Architecture	*Un ensayo sobre Historia de la Arquitectura Moderna*, date de publication: 2006	*Historia de la Arquitectura Contemporánea siglos XIX-XXI*, 2 t., date de publication: 2007

Lieu de la soutenance: Centre de culture numérique de l'Université de Strasbourg

Soutenance, 22 Décembre 2017, de gauche à droite: M. Jean-Marie Grassin, Professeur Émérite de l'Université de Limoges, ancien Directeur de l'UFR de Lettres; M. Frank Muller, Professeur Émérite de l'Université de Strasbourg, Historien de l'Art Moderne; Norbert-Bertrand Barbe; M. Daniel Payot, Professeur d'Esthétique de l'Université de Strasbourg, Directeur de l'EA 3402 ACCRA (Approches contemporaines de la création et de la réflexion artistiques), garant; au fond, en conférence vidéo M. Carlos Tapia, Professeur d'Architecture, Universidad de Sevilla. Photographie prise par Mme Juliette Vion-Dury, Professeur de Littérature Comparée, Vice-présidente du Grands Campus de Paris XIII Villetaneuse - Bobigny - Saint-Denis, Chevalier de la Légion d'Honneur

UNIVERSITÉ DE STRASBOURG

Direction de la Recherche
et de la Valorisation

ATTESTATION DE DIPLOME

HABILITATION A DIRIGER DES RECHERCHES

La Directrice de la Direction de la Recherche et de la Valorisation de l'Université de Strasbourg, certifie que :

M. Norbert BARBE

Né(e) le : 15/08/1968   à Maisons-Laffitte (78)

a obtenu le **22/12/2017** à l'Université de Strasbourg, le diplôme d'HABILITATION A DIRIGER DES RECHERCHES.

Titre : "Vers une méthode unifiée pour l'analyse des productions symboliques : quête déconstructiviste de la permanence de narrativité immanente et intertextuelle dans les oeuvres"

En foi de quoi, le présent document lui est délivré.

Strasbourg, le 22/12/2017

La Directrice de la Direction de la Recherche
et de la Valorisation

Béatrice MEIER-MULLER

HABILITATION A DIRIGER DES RECHERCHES
Rapport sur la présentation des travaux

Nom du candidat : M. Norbert BARBE

Signature des membres du Jury :

_____ M. D. PAYOT

_____ M. F. MULLER

_____ M. J-M. GRASSIN

_____ Mme J. VION-DURY

Intervention par vidéoconférence M. C. TAPIA MARTIN

_____

_____

Dossier exceptionnel par l'ampleur quantitative et qualitative des publications, par la teneur pluridisciplinaire des travaux présentés et par leur nature critique et structurale.

L'ensemble — écrits et explications orales — démontre d'indéniables qualités d'enseignant et de chercheur et témoigne de capacités à la fois scientifiques et administratives à organiser des enseignements et à diriger des projets de recherche.

Les conseils du jury ont porté sur la présentation et la hiérarchisation du dossier.

Strasbourg le : 22 décembre 2017

Nom du Président du Jury : Daniel PAYOT

Signatures du Président et des membres du jury :

Rapport de soutenance de l'Habilitation à diriger des recherches de
M. Norbert Barbe

La soutenance a lieu à Strasbourg, dans le bâtiment L'Atrium, le 22 décembre 2017 à 14h30

Le jury est ainsi constitué :
• M. Jean-Marie GRASSIN, Professeur émérite, Université de Limoges, rapporteur ;
• M. Frank MULLER, Professeur émérite, Université de Strasbourg, rapporteur ;
• M. Daniel PAYOT, Professeur, Université de Strasbourg, garant, président du jury ;
• M. Carlos TAPIA, Professeur, Université de Séville ;
• Mme Juliette VION-DURY, Professeur, Université Paris 13, rapporteur.

Une connexion par visioconférence est établie entre les universités de Strasbourg et de Séville pour permettre à M. Carlos Tapia, qui n'a pu faire le déplacement, d'intervenir pendant la soutenance.

*

Dans son exposé liminaire, M. Norbert BARBE rappelle son parcours, qui l'a mené de l'histoire de l'art et du bas Moyen Âge, avec une Maîtrise en 1991, à la littérature, au passage entre modernité et contemporanéité et entre arts et littérature, avec un D.E.A. soutenu en 1992 sur *"Les thèmes du Radeau de la Méduse de Théodore Géricault étudiés à travers leur récurrence dans l'oeuvre du peintre, et dans l'art et la littérature du XIXe siècle"*, et enfin, à une thèse de doctorat en Littérature soutenue en 1996 sous la direction de Robert Smadja à l'Université d'Orléans sous le titre *"Roland Barthes et la théorie esthétique"*, travail littéraire, métalinguistique, contemporanéiste, d'approche esthétique et épistémologique.

Il dégage dans ce parcours multidirectionnel une continuité de méthode et qualifie sa méthode de comparatiste et unitaire, puisant son inspiration à des sources très variées : de Charles-François Dupuis sur la religion chrétienne à la mythologie comparée de Friedrich Max Müller, au folklorisme de James George Frazer, à la littérature comparée de Georges Dumézil, et, avant lui, des études sur les textes latins du début du XXᵉ siècle, à Marx, Sigmund Freud, Aby Warburg et Panofsky. De cette méthode, Aby Warburg est certainement pour lui l'inspirateur le plus important, dans la mesure où, avec sa *Mnémosyne*, il établit un *corpus* permettant de comparer l'évolution des formes et des thèmes.

Critiquée, notamment par les structuralistes, cette méthode est, ironiquement, à l'origine directe du principe de lecture verticale de Claude Lévi-Strauss. Sur la reprise de ce principe d'élaboration de *corpus*, Norbert barbe cite aussi Roman Jakobson à propos des voyelles, Vladimir Propp sur les fonctions des contes, les structuralistes et les post-structuralistes (Roland Barthes, Philippe Ariès, Michel Vovelle, Carlo Ginzburg) en ce qui concerne, notamment, les attitudes devant la mort. Norbert Barbe souligne enfin le lien entre cette méthode et la microhistoire développée pour la période moderne, entre autres, par Carlo Ginzburg.

Par rapport à ce cadre méthodologique d'ensemble, Norbert Barbe dégage ce qu'il pense constituer ses apports personnels, insistant principalement sur plusieurs modalités de la transmission, historiques et interdisciplinaires.

Il conclut son intervention liminaire en résumant en deux points l'essentiel de sa proposition personnelle :

1. L'idée que le symbolique appelle le symbolique ;
2. La constatation et la preuve expérimentale, au travers du champ des récurrences, que les œuvres fonctionnent par un système que l'on pourrait nommer, en simplifiant beaucoup, un "copier-coller" provoqué par quatre phénomènes : les archétypes jungiens et l'"air du temps" de l'esthétique matérialiste, les goûts de l'artiste, le marché et les limitations mêmes de l'âme humaine.

*

Daniel PAYOT, garant, explique que sa rencontre intellectuelle avec Norbert Barbe s'st faite à l'initiative de Frank Muller, qui avait fait partie de son jury de thèse et qui est depuis resté en contact avec lui, malgré la grande distance entre Strasbourg et Managua, où réside M. Barbe. Il a donc découvert d'un coup un parcours de recherche et de publications qui l'a, avoue-t-il, impressionné.

Comme en témoignent ses nombreuses publications, Norbert Barbe n'a cessé, depuis son entrée dans l'enseignement supérieur, de se consacrer à la recherche, d'une manière quantitativement et qualitativement remarquable.

Les domaines qu'il aborde sont très variés : de la littérature à l'iconologie, du cinéma à l'architecture, de la linguistique à la mythographie. Mais cette diversité, ajoute Daniel Payot, ne trahit aucun éclectisme ni amateurisme : ces différents champs sont explorés pour construire, formuler et mettre à l'épreuve une hypothèse d'ensemble. Celle-ci, par nature trans- ou inter-disciplinaire, exige pour sa formulation une double entreprise : de compréhension, puisqu'il s'agit de la circonscrire de la manière la plus rigoureuse et la plus pertinente possible ; d'extension, puisqu'elle ne peut prétendre à quelque légitimité que si elle se trouve vérifiée dans des régions multiples du savoir et de l'élaboration symbolique en général.

Cette hypothèse, construite à partir d'une lecture scrupuleuse de plusieurs auteurs parmi lesquels se distinguent Erwin Panofsky, Aby Warburg, Carl Gustav Jung et Claude Lévi-Strauss, est qu'il est possible d'établir une méthode générale et unitaire pour aborder, comprendre et interpréter les productions symboliques, parce qu'il existe une permanence des figures, motifs ou symboles, permanence repérable autant dans l'exploration patiente de l'histoire spécifique de chacun de ces motifs qu'en opérant des coupes permettant de rendre compte des relations que ces figures entretiennent les unes avec les autres à telle ou telle époque.

L'hypothèse, discutable au meilleur sens du terme – le débat qu'elle peut susciter, entre approbation, relativisation et critique, concerne et engage une strate tout à fait fondamentale de ce que nous appelons les « sciences humaines » –, est intrinsèquement interdisciplinaire. C'est pourquoi son élaboration passe par l'analyse de productions symboliques qui sont soit figuratives (Norbert Barbe les prélève dans des corpus artistiques, littéraires et cinématographiques), soit abstraites (le *Carré noir sur fond blanc* de Malevitch), soit non réductibles à leur seul motif figuratif (*Le Cri* de Munch), soit encore poétiques (le *Coup de dé* de Mallarmé, les écrits de José Coronel Utrecht, le père de l'avant-garde littéraire nicaraguayenne).

L'analyse de ces diverses références contribue à l'élaboration d'une double postulation théorique : elle vise à la reconnaissance de la permanence historique d'archétypes ou de motifs et elle s'efforce de discerner en chacun de ces motifs une unité minimum insécable de sens, cette qualité d'insécable en soi expliquant logiquement leur permanence temporelle.

Les enjeux d'une telle entreprise englobent, au-delà des références littéraires et artistiques le plus souvent étudiées par Norbert Barbe, une compréhension d'organisations complexes touchant aux sciences sociales ; il convient alors d'ajouter au nom de Claude Lévi-Strauss déjà évoqué ceux de quelques auteurs dont les travaux théoriques de Norbert Barbe sont directement ou indirectement redevables : Sigmund Freud, Karl Marx, Emile Durkheim, Noami Chomsky, Arturo Andrés Roig.

Après avoir pris connaissance d'une grande partie des publications de Norbert Barbe, dont la bibliographie comprend de nombreux titres en français et un nombre plus important encore rédigé en espagnol, Daniel Payot dit avoir estimé que l'ensemble de ces travaux justifiait pleinement une candidature à une Habilitation à diriger des recherches, tant pour l'intérêt propre de l'hypothèse constamment développée que pour la qualité des analyses qu'elle suscite, pour ne pas parler ici d'une quantité d'articles manifestant sans aucune équivoque une indéniable appétence pour la recherche. Il lui a semblé que le grand nombre de travaux concernant des productions symboliques prélevées dans différents domaines de l'activité artistique et littéraire justifiait une inscription de cette candidature dans le champ de l'esthétique, domaine lui-même constitutivement réceptif à des apports multiples et interdisciplinaire par nature.

C'est pourquoi, très intéressé par ses travaux, très désireux de contribuer à la discussion de ses principales hypothèses, impatient aussi de témoigner du plaisir pris à la lecture de très nombreuses parmi les analyses d'œuvres publiées, il a accepté sans réserve d'être le garant de l'Habilitation à diriger des recherches de M. Norbert Barbe.

Au terme d'un parcours de près de trois années, qui fut riche en interrogations, en obstacles matériels à lever, en successions de phases d'enthousiasme et de phases de relatif découragement, voire d'inquiétude, l'heure est enfin arrivée de l'évaluation par un jury universitaire de l'ensemble des travaux présentés par Norbert Barbe, de l'écoute des explicitations qu'il fera de ses démarches et de ses problématiques et des réponses qu'il apportera aux remarques, critiques, questions ou suggestions du jury.

Daniel Payot remercie très sincèrement ses collègues qui ont accepté de composer ce jury et de faire ainsi converger leurs différentes et nombreuses compétences, ce qui, vu la nature pluridisciplinaire des travaux présentés, était une condition nécessaire.

*

La parole est donnée à M. Carlos Tapia. Celui s'exprime en espagnol et a bien voulu traduire ses propos en anglais. Les deux versions de son intervention sont enchaînées ci-dessous :

« Se redacta este informe de valoración de los contenidos desarrollados en 6 bloques de documentos recibidos para avalar la trayectoria del candidato para dirigir tesis doctorales en el Collège doctoral de la Université de Strasbourg.

Se han recibido los siguientes documentos a estudiar:

A. Fundamento teórico del conjunto, con la tesis doctoral del candidato sobre Roland Barthes (en Francés) + Roig (en Español).

2. Aplicación en Historia del Arte: Iconología (FR) + Los ArteFactos en Managua (ESP)
3. Aplicación en Literatura: Origines littéraires (FR) + Estudios darianos (ESP)
4. Aplicación en Cine: Hablemos de Cine (ESP) + Essais d'iconologie filmique (FR)
5. Aplicación en Mitografía: Mythes (FR)
6. Aplicación en Arquitectura: Historias 3 (ESP) y 4 (ESP)

En relación con mi cualificación para la evaluación de estos documentos, debo señalar que soy Doctor en Arquitectura desde 2005, reconocido como Premio Extraordinario de Doctorado en 2006, he dirigido 7 tesis doctorales hasta el momento y he sido miembro de tribunales de tesis en España, Brasil e Italia. Fui arquitecto de Cooperación Internacional Española durante 6 meses en León (Nicaragua) en 1997 y conozco el país, su cultura y la importancia socio-cultural de la posición del candidato en este ámbito y que debe ser mencionado por el entrelazamiento que las páginas finales del documento Historia 4 muestran entre el panorama global de la arquitectura y su relación con Nicaragua, además de la investigación que se nos ha hecho llegar sobre los estudios del candidato sobre literatura nicaragüense y la figura de Rubén Darío.

Recientemente he aprobado el procedimiento concursal para ser profesor Titular del Área de Composición Arquitectónica en el Departamento de Historia, Teoría y Composición Arquitectónicas, en la ETS Arquitectura de Sevilla, con una docencia de 18 años en este departamento. Pertenezco al Instituto Universitario de Arquitectura y Ciencias de la Construcción, institución que mantiene el más alto grado de excelencia de las universidades españolas.

Entrando a valorar la documentación presentada, debo decir que se percibe detrás de estos trabajos una gran vocación docente y un interés marcado por la arquitectura que, lejos de ser una inquietud de una mente versá4l que opera en trasferencia desde otras áreas de conocimiento, demuestra todo ello pero con la plusvalía de manifestar rigor y amplitud de perspectivas, datos relevantes, ordenamiento conceptual y actualización de los planteamientos.

Normalmente, cuando un especialista en un campo acomete indagaciones en otro alejado de su formación reglada, evidencia carencias de planteamiento que se enmascaran por la originalidad del enfoque o por robustecer lo conocido mediante su recolocación al lado de aquello que se domina por derecho. En el caso del candidato, aunque luego haré unas observaciones críticas que apostarían porque se entendieran como aportaciones para un debate, debo decir que el profesor Barbe posee y exhibe un dominio de los temas arquitectónicos que trata, no solo para una docencia de grado, sino al mismo tiempo de postgrado y de dirección de investigaciones que profundicen sobre las cuestiones más relevantes de panorama actual en materia de arquitectura.

De sus libros publicados, que no he podido leer aún por estar aún recién puestos a la venta, como "historia de la arquitectura Moderna: Siglos XII-XVIII", resultado de lo que aquí se nos aporta como documento F Historia 3, que sí he estudiado, avala la trayectoria del candidato y lo pone al descubierto para entablar discusiones del más alto nivel con sus pares. Al descubierto porque sólo hay investigación cuando hay difusión y contraste, transferencia y actualización.

Dado que mi formación no es la de historiador, sino que imparto una historia entendida desde la arquitectura y para arquitectos, y que mi condición explora más fecundamente las teorizaciones que los hechos sitos en la historia, me gustaría mostrar, para el debate, como he dicho, que además de observar la per4nencia de los trabajos del profesor Barbe, también podría proponerle algunas preguntas alrededor de la cronología que se establecen en sus escritos, en lo referente a la diferenciación Moderno-Contemporáneo, por no entenderla yo en los mismos fundamentos. Al mismo tiempo, querría preguntarle por la elección de los campos problemáticos que, algunas veces no evidenciados, proveen la posibilidad de entender que lo dado es lo que se puede *historizar*.

Las líneas dominantes de literatura anglosajona no deberían y menos con décadas de revisión ya a sus espaldas, mantener una visión de una modernidad ampliada, o superada, denominada Post-modernidad, al calor de las más recientes investigaciones, donde el marco del fundamento de lo Moderno se amplía en un magma que si al menos algo desintegra su energía, es la traslación a forma, formalismo diríamos, en arquitectura, de conceptos que precisamente se desenvuelven mejor en campos como la literatura.

Ahí se echa de menos una revisión de las publicaciones más recientes, pero que se ve con creces compensada con el riguroso conocimiento que posee de la centralidad cultural francesa, cuna europea, desde el fin de la Edad Media hasta el pasado reciente, con principal incisión en el siglo XIX y con versatilidad en nuestro siglo de referencia, que sigue siendo el XX.

Si un departamento o un instituto de investigación requiere un personal para garantizar la calidad de las investigaciones que en su seno se realizan, debe contar sin duda con especialistas en diversos entendimientos de problemas que se cruzan en empos y espacios, aunque por tal dirección, el sesgo que tome cada una de ellas sea diferente. Ahí reside su riqueza y el profesor Barbe sería, a mi juicio, un perfecto director de tesis doctorales en el lugar que ahora lo solicita, pero también en su contexto La5noamericano, e incluso para nuestro departamento, en el Sur de España, donde tanta importancia ene la tratadística desde el XVII en adelante y, más recientemente, la gran influencia que han tenido los autores de la denominada French Theory, poco profetas en su erra, como ha escrito Cusset, en las acciones arquitectónicas. Por no hablar de la importancia de la calidad de la obra construida como referente de generaciones de arquitectos que tan cercanos al espíritu francés por la facticidad de lo virtual y la vecindad territorial han ver5do en nosotros.

Por tanto, en virtud de mi experiencia docente e investigadora, tras una revisión de los contenidos que se me han hecho llegar y escuchar su disertación al candidato en sesión preparada al efecto de obtener su habilitación para dirigir tesis doctorales en el Colegio Doctoral de la Universidad de Estrasburgo, valoro POSITIVAMENTE, y doy mi voto para que sea aceptado en su seno. »

« This report is drawn up to assess the contents developed in 6 blocks of documents received to support the candidate's path to direct doctoral PhD. theses at the Doctoral College of the Université de Strasbourg.

The following documents to be studied have been received:

A. Theoretical basis of the whole field, with the candidate's doctoral thesis on Roland Barthes (in French) + Roig (in Spanish). B. Applica5on in Art History: Iconology (FR) + The ArteFacts in Managua (ESP)

C. Application in Literature: Origines littéraires (FR) + Darian Studies (ESP)

D. Application in Cinema: Let's Talk about Cinema (ESP) + Essais d'iconologie filmique (FR)

E. Application in Mythology: Mythes (FR)

F. Application in Architecture: History 3 (ESP) and 4 (ESP)

In relation to my qualification for the evaluation of these documents, I must point out that I am a Doctor in Architecture since 2005, awarded with Extraordinary Doctorate Award in 2006, I have directed 7 doctoral theses so far and I have been a member of thesis courts in Spain, Brazil and Italy. I was architect of Spanish International Cooperation Institute for 6 months in León (Nicaragua) in 1997 and I know the country, its culture and the socio-cultural importance of the position of the candidate in this field. In this sense, that should be mentioned by the intertwining that the final pages of the document History 4 show between the global panorama of architecture and its relationship with Nicaragua, in addition to the research that has been sent to us about the candidate's studies on Nicaraguan literature and the figure of Rubén Darío.

I have recently approved the Access procedure, an exam, to be Associate Professor in the Area of Architectural Composition in the Department of History, Theory and Architectural Composition, at the ETS Arquitectura de Sevilla, with 18-years teaching experience in this department. I belong to the Institute of Architecture and Building Science, an institution that maintains the highest degree of excellence in Spanish universities.

Going to assess the documentation presented, I must say that behind these works is perceived a great teaching vocation and a marked interest in architecture that, far from being a concern of a versa5le mind that operates in transfer from other areas of knowledge, demonstrates even all of this questions, but with the added value of expressing rigor and breadth of perspectives, relevant data, conceptual ordering and updating of approaches.

Normally, when a specialist in a field undertakes inquiries in another one, away from his regulated forma5on, he or she evidences deficiencies of exposition that are masked by the originality of the approach or to strengthen the known thing by means of his relocation next to that one, which is dominated by specific education. In the case of the candidate, but although I will make some critical observations later that would bet to be understood as contributions to a debate, I must say that Professor Barbe possesses and exhibits a mastery of the architectural issues he deals with, not only for a teaching degree, but at the same me postgraduate and research leading that deepen on the most relevant issues of current panorama in architecture.

From his published books, some of them I have not yet been able to read because they are recently on sale, as 'History of Modern Architecture: XII-XVIII Centuries', which is a result of what is included here as document F History 3, that I have studied, endorsed the candidate's career and exposes it to engage in discussions at the highest level with their peers. Uncovered, I say, because there is only research when there is diffusion and contrast, transfer and updating. And all of this is present in the candidate.

As my training is not that of a historian, but because I teach history understood from architecture and for architects, and that my condition explores more theorizing than the facts located in history, I would like to ask, for the debate, as I said, observing the relevance of Professor Barbe's works about the chronology established in his writings, in relation to Modern- Contemporary differentiation, because I do not concert it in the same foundations. At the same me, I would like to ask him about the choice of problematic fields that, sometimes not evidenced, provide the possibility of understanding that what is given is what can be historicized.

The dominant lines of Anglo-Saxon literature should not, and even less with decades of revision already behind them, maintain a vision of an expanded, or surpassed, modernity called Post-modernity, in the heat of the most recent investigations, where the framework of the foundation of the Modern is expanded in a magma that if at least something disintegrates its energy, it is the translation to form, formalist we would say, in architecture, by means of concepts that precisely develop better in other fields such as literature.

I miss a revision of the most recent publications, although this is widely compensated with the rigorous knowledge that P. Barbe has of the French cultural centrality, European cradle, since the end of the Middle Age un6l the recent past, with main incision in the nineteenth century and with versatility in our reference century, which is still the twentieth.

If a department or a research institute requires a staff to guarantee the quality of the investigations carried out within it, it must undoubtedly have specialists in various understandings of problems that intersect in me and space, although in this direction, the bias that each of them takes is different. Here is where his wealth lies and Professor Barbe would be, in my opinion, a perfect director of doctoral theses for the place that now he applies, but also in its La6n American context, and even for our department, in the South of Spain, where so much importance has the Treatise from the seventeenth onwards and, more recently, the great influence that the authors of the so-called French Theory have had, poor prophets in their land, as Cusset has written, in the architectural actions. Not to men6on the importance of the quality of the work built as a reference for generations of architects who are so close to the French spirit for the facticity of the virtual and for the territorial neighbourhood have poured into us.

Therefore, by virtue of my teaching and research experience, after a review of the contents that have been sent to me and hear candidate's dissertation in the session prepared for the purpose of obtaining his authorization to direct doctoral theses in the Doctoral College of the University of Strasbourg, I value POSITIVELY, and I give my vote to be accepted in its bosom. »

*

Mme Juliette Vion-Dury prend à son tour la parole, et déclare ce qui suit :
« J'ai assisté à la soutenance, devant l'université d'Orléans et sous la direction du professeur Robert Smadja, de la thèse de doctorat de Monsieur Norbert Barbe. Cette

soutenance m'avait frappée par la qualité des débats engagés. Elle m'avait poussée à lire la thèse de Norbert Barbe, puis à l'utiliser régulièrement à des fins de recherche ou pédagogiques, lors de mes séminaires. C'est pourquoi je me réjouis de l'honneur que me fait aujourd'hui le professeur Daniel Payot en m'invitant à être membre du jury d'habilitation à diriger des recherches de Monsieur Norbert Barbe. C'est également pourquoi je regrette que cette thèse n'ait pas encore fait l'objet d'une publication !

L'HDR de Norbert Barbe, quant à elle, se présente comme un ensemble de travaux de grande qualité, extrêmement nombreux, pluridisciplinaires, qu'elle oriente dans un sens principalement méthodologique, conformément à son titre. Ces travaux reposent sur cinq caractéristiques, qui constituent en quelque sorte la « manière » de Norbert Barbe : 1) l'érudition, 2) le sens de la mise en relation 3) le sens de la synthèse, 3) une pensée apte à théoriser, 4) le socle d'une lecture attentive des textes littéraires.

Les mises en relation pratiquées dans les travaux de recherche de Norbert Barbe sont autorisées par son plurilinguisme – réaffirmé lors de sa soutenance d'HDR qui se tient en deux langues - et au-delà du plurilinguisme, par son pluriculturalisme, y compris institutionnel, Norbert Barbe étant enseignant-chercheur au Nicaragua, en relation avec de nombreuses universités francophones et hispanophones en Amérique latine et dans le monde.

Son comparatisme s'appuie également sur le nombre et la grande variété des ouvrages de son corpus, qui vont de la littérature populaire aux ouvrages théoriques les plus complexes, autour de textes poétiques, littéraires et critiques très riches et choisis.

Dans ce foisonnement et cette diversité, la cohérence des travaux pluridisciplinaires et plurilingues présentés par Norbert Barbe est cependant telle que le lecteur se trouve par moments plongé autant dans un « roman d'artiste » que dans un « discours de la méthode », dont la problématique tournerait autour de la question de la symbolisation, et ce, autant pour le créateur que pour le critique. Il est vrai que Norbert Barbe, lui-même artiste reconnu et membre honoraire de l'Académie du Nicaragua, est légitime à occuper les deux places, celles d'auteur et de critique.

Sans accès direct aux ressources bibliographiques qu'il souhaitait utiliser, sans financement de ses travaux de recherche, chargé de cours et de responsabilités administratives très lourdes, Monsieur Norbert Barbe, passionné par le sens, l'être, l'esthétique, les interstices comme Pessoa et le « milieu trouble », comme Goethe, est, en cette bonne compagnie, parvenu à présenter un dossier de recherches remarquable, et par bien des aspects, exceptionnel.

*

M. Frank MULLER s'associe aux éloges prodigués aux travaux de M. Barbe et à leur forte cohérence interne, soutenue par une érudition exceptionnelle dans des domaines très divers, même si les points essentiels de cette « transdisciplinarité », ainsi que la qualifie très justement le candidat, sont l'esthétique, l'art et l'architecture et les connaissances approfondies de l'art et de la littérature latino-américaines. En cela, les travaux présentés à l'habilitation manifestent pleinement « l'intention, mise en pratique ici, de les utiliser comme des preuves de la pertinence disciplinaire de la méthode proposée », selon les termes de M. Barbe.

Ce projet ambitieux d'aboutir à une méthode générale d'interprétation des productions symboliques à travers le temps et l'espace est détaillé dans un exposé théorique très long et parfois un peu difficile à suivre dans sa complexité et dans ses confrontations quelquefois elliptiques avec de nombreux penseurs, M. Barbe se situant à juste raison dans la continuité de Panofsky et de l'École de Warburg d'une part, de Roland Barthes d'autre part, auquel il avait consacré une thèse de très haute qualité. Puis suivent quelques contributions mettant la théorie en pratique, notamment sur des œuvres de Bosch, de Bruegel ou encore sur un certain nombre de films d'action américains des dernières décennies, l'un des mérites quelque peu inattendus des travaux du candidat consistant notamment à montrer que des produits de l'industrie culturelle peuvent être analysés de la même façon, en tant que reprises sans doute parfois inconscientes des mythes anciens, comme dans la production culturelle « classique ». Frank Muller a particulièrement apprécié la contribution sur *La chute d'Icare* de Bruegel, où le recours à des textes antiques ou contemporains, aux livres d'emblèmes, mais aussi à l'examen de mythes proches comme celui de Phaéton et leur transformation dans la tradition chrétienne, aboutit à une interprétation aussi neuve que convaincante. On pourrait en dire de même des autres articles qui concernent l'histoire de l'art.

Il y a pourtant quelques scories dans cet ensemble remarquable, concernant principalement la forme et le style des écrits. En effet, si on peut relever quelques erreurs ou approximations dans ces textes, elles sont assez minimes et ponctuelles ; en revanche, l'abus d'énumérations et des citations parfois trop abondantes et trop longues, si pertinentes soient-elles, sont un peu lassants. Mais c'est surtout un style touffu, parsemé d'incidentes, qui se révèle parfois ardu, notamment dans les parties les plus théoriques de ces travaux. Cela dit, l'ensemble est d'un niveau exceptionnel à la fois quantitativement et qualitativement.

*

M. Jean-Marie GRASSIN se dit favorablement impressionné par l'abondance des travaux présentés par Monsieur Norbert Barbe, par l'originalité de son projet visant à construire une méthodologie « unifiée » de la symbolique, par sa vaste culture philosophique, littéraire et artistique, mais aussi par ses talents de peintre et d'écrivain. Les honneurs qui lui ont été décernés sont la reconnaissance d'une pensée et d'une activité culturelle hors du commun. En plus de ses compétences en esthétique acquises par une solide formation universitaire française, son aisance dans la langue espagnole démontrée en soutenance et sa connaissance du monde hispano-américain suffisent à l'établir aussi comme comparatiste.

L'ensemble des travaux n'est pas d'un abord facile en raison d'une expression recherchant une extrême précision conceptuelle et de la complexité des problématiques soulevées. Les explications données en soutenance ne suffisent pas à clarifier toutes les questions soulevées par les développements à rebondissements et par des éléments de conclusion incomplets. Il en ressort cependant l'évidence d'une richesse de pensée exceptionnelle et d'une rare aptitude à mettre en relation des courants philosophiques divers.

Monsieur Grassin demande au candidat d'essayer de définir par un énoncé synthétique sa méthode unifiée, puis de montrer brièvement son originalité par rapport aux nombreux modèles évoqués, enfin de lui donner un nom qui l'identifierait par rapport aux autres approches des faits symboliques. La discussion en fait tourne autour des facultés de Monsieur Barbe à communiquer la richesse de sa pensée dans une dialectique concluante. Il a fait preuve jusqu'ici d'une grande facilité d'écriture philosophique qu'il doit poursuivre ; pour ses futurs travaux, le jury, avec Monsieur Grassin, l'engage à poser des problématiques claires et à mieux maîtriser l'argumentation jusqu'à une conclusion efficace, plutôt que de lancer une multitude de propositions, d'allusions, d'exemples qui s'écartent parfois du propos initial, au risque de rendre la cohérence du propos difficile à appréhender pour un lecteur non averti.

La méthode proposée par Monsieur Barbe semble s'être élaborée expérimentalement et progressivement sur des productions artistiques variées. Le mémoire de maîtrise sur les *Tentations de saint Antoine* préparé sous la direction du professeur Carol Heitz et celui de DEA sur *Le Radeau de la Méduse* sous la direction du professeur Claude De Grève avaient déjà démontré l'aptitude du candidat à analyser méthodiquement les oeuvres picturales. Les domaines abordés ensuite se sont étendus à la littérature, au cinéma, à l'architecture, à la mythologie, à l'esthétique de Roland Barthes dans sa thèse de doctorat, etc. Il n'est pas certain que Monsieur Barbe possédait a priori un système cohérent de « concepts méthodologiques de départ » qui auraient ensuite été « mis à l'épreuve » dans une longue série de travaux touchant des domaines très variés. L'impression de Monsieur Grassin est plutôt qu'il a peu à peu mis en place empiriquement des stratégies d'interprétation plurielles, et qu'il adopte des postures différenciées selon les domaines abordés. La convergence de la méthode proposée ne tiendrait pas à l'application systématique de principes premiers, mais dans le recours à des approches multiples inspirée des théories esthétiques modernes et adaptées suivant les cas aux phénomènes artistiques considérés.

Le corpus des références de Monsieur Barbe est en effet vaste. Au-delà des travaux sur Roland Berthes pour la thèse de doctorat, l'étude des grands théories sur les productions symboliques s'est considérablement enrichie au fil des années ; sont particulièrement convoqués pour la présentation d'une « méthode unifiée» en premier lieu Erwin Panofsky à propos de l'iconographie, mais aussi Georges Dumézil en littérature, Max Müller pour la mythographie, Sigmund Freud pour la psychanalyse, Van Genep pour le folklore, Ernst Curtius pour la perspective historique, etc. Comment faire pour que le rapprochement inattendu de Roland Barthes et d'Arturo Roig, ou de Roland Barthes et de Panofsky s'avère fertile pour l'analyse des productions symboliques hétérogènes ?

Comme d'autres membres du jury, sur le plan professionnel de la recherche en sciences humaines, Monsieur Grassin conseille fortement au candidat de mieux veiller au respect des normes bibliographiques et des usages de présentation, d'opérer un tri dans ses propres renseignements bibliographique et de les hiérarchiser selon leur pertinence ou leur intérêt, d'éviter l'inflation des références qui nuit à la clarté du dossier.

Ces réserves d'ordre techniques mises à part, il ressort des abondants travaux présentés pour l'habilitation à diriger des recherches et des discussions en soutenance qu'on a affaire à profil de chercheur, certes inhabituel, mais aux potentialités immenses.

*

Après les derniers échanges, le jury délibère.

Il estime le dossier exceptionnel, par l'ampleur quantitative et qualitative des publications, par la teneur pluridisciplinaire des travaux présentés et par leur nature bilingue et biculturelle.

L'ensemble – écrits et explications orales – démontre d'indéniables qualités d'enseignant et de chercheur et témoigne de capacités à la fois scientifiques et administratives à organiser des enseignements et à diriger des projets de recherches.

Les conseils du jury ont porté sur la présentation et la hiérarchisation du dossier.

À l'issue de sa délibération, le jury, unanime, décide de conférer à M. Norbert Barbe le diplôme d'Habilitation à diriger des recherches.

Strasbourg, le 20 avril 2018
Daniel Payot
Président

Juliette VION-DURY   Jean-Marie GRASSIN   Frank MILLER

TEXTE DE PRÉSENTATION H.D.R.
SOUTENANCE, UNIVERSITÉ DE STRASBOURG
22/12/2017, 14h30[1]

I. LE POINT DE VUE DE LA VIE
I.1. Origine biographique de ma démarche

Je voudrais tout d'abord m'excuser pour parfois avoir des difficultés avec le français pour la curieuse perte d'habitude, du fait de ma vie au Nicaragua et de ma quasi exclusive obligation de m'exprimer en espagnol. Et, en même temps, remercier Monsieur Professeur Daniel Payot et les membres du jury, pour leur ouverture d'esprit à un projet qui, à beaucoup, au fil des années, aura paru prétentieux, incongru, trop épars et touche-à-tout, confus, ou, plus simplement, impossible.

J'aimerais, d'autre part, mettre la présente présentation sous la double égide d'Aristote (sur lequel je reviendrai) et de Sartre, même si celui-ci (à l'origine probable des thèses d'Umberto Eco dans *L'oeuvre ouverte*, 1965, par l'idée du recours de l'écrivain à la pro-activité du lecteur), dans *Qu'est-ce que la littérature?* (1948)[2], écrit, dès les premières lignes du premier chapitre, ce qui va contre ma démonstration générale:

"Mais ceux qui veulent faire voir l'absurdité d'une théorie littéraire en montrant qu'elle est inapplicable à la musique doivent prouver d'abord que les arts sont parallèles. Or ce parallélisme n'existe pas."[3]

Toutefois, et c'est en cela qu'ici je veux le citer, dans *Qu'est-ce que la littérature?*, Sartre dit aussi que la littérature naît quand l'écrivain entre en conflit avec son époque[4].

---

[1]Membres du Jury: M. Daniel Payot, Esthète, Garant, Université de Strasbourg; Mme Juliette Vion-Dury, Comparatiste, Présidente, Université Paris XIII; et, par odre alphabétique: M. Jean-Marie Grassin, Comparatiste, Professeur Émérite, Université de Limoges; M. Frank Muller, Historien d'Art Moderne, Professeur Émérite, Université de Strasbourg; M. Carlos Tapia, Architecte, Université de Séville, Espagne.
[2]*"Si j'en appelle à mon lecteur pour qu'il mène à bien l'entreprise que j'ai commencée, il va de soi que je le considère comme liberté pure, pur pouvoir créateur, activité inconditionnée; je ne saurais donc en aucun cas m'adresser à sa passivité, c'est-à-dire tenter de l'affecter, de lui communiquer d'emblée des émotions de peur, de désir ou de colère."* (Jean-Paul Sartre, *Qu'est-ce que la littérature?*, Paris, Gallimard, 1948, p. 55)
[3]*Ibid.*, pp. 12-13.
[4]Cf. notamment les cap. II "*Pourquoi écrire?*" et III "*Pour qui écrit-on?*".
"Cependant, pour indifférent qu'il soit au succès de l'entreprise, le poète, avant le XIXe siècle, reste d'accord avec la société dans son ensemble; il n'use pas du langage pour la fin que poursuit la prose, mais il lui fait la même confiance que le prosateur. Après l'avènement de la société bourgeoise, le poète fait front commun avec le prosateur pour le déclarer invivable. Il s'agit toujours pour lui de créer le mythe de l'homme, mais il passe de la magie blanche à la magie noire." (Jean-Paul Sartre, *Qu'est-ce que la littérature?*, Paris, Gallimard, 1948, pp. 40-41)
"Sartre dans les essais théoriques Qu'est-ce que la littérature? *et* Que peut la littérature? *insiste sur l'écriture à la fois utile et efficace et dénonce les limites de la littérature humaniste; il y souligne que: "la littérature, la prose avant tout, est un élément de combat pour un homme qui a choisi d'écrire". Selon Sartre, l'écrivain, qu'il le veuille ou non, est "dans le coup", obligé de se battre avec le monde et la réalité qui s'impose à lui ; chargé de témoigner sur son temps, d'historialiser son écriture, de transformer ses exigences de forme et de style en revendications matérielles et datées. De plus, il évoque dans sa biographie: "..., je confondis la littérature avec la prière, j'en fis un*

Évidemment, pour lui, il s'agit d'un conflit, et donc d'un engagement, de sens politique. Il n'en est pas ainsi dans mon cas: mon parcours biographique explique la situation de ma proposition méthodologique actuelle, dont la genèse est à charger dans mon affrontement, bien involontaire, à mes champs disciplinaires.

En effet, j'ai commencé, comme cela est d'ailleurs souvent le cas, à peindre et à écrire des poèmes très tôt, dans la préadolescence (ce qui explique que j'ai fait ma première exposition individuelle à 17 ans). D'où mon intérêt pour trois champs disciplinaires lors de mon entrée à l'Université après le baccalauréat: les arts, la littérature, et la philosophie.

Or, après un premier et un second cycles en Histoire de l'Art, j'ai décidé d'entreprendre un troisième cycle en Littérature, mon approche, comparative, du matériel littéraire et artistique générant une certaine incompréhension entre les membres de mon jury de D.E.A., raison pour laquelle ma directrice de thèse, Mme Claude De Grève, de l'Université de Paris X-Nanterre, me conseilla, si je pensais faire un Doctorat en Littérature comparée, d'étudier les interstices méthodologiques entre ces deux disciplines, et m'indiqua pour se faire Roland Barthes comme auteur et sujet potentiel de thèse. J'ai suivi son conseil, en produisant mon étude sur *Roland Barthes et la théorie esthétique*, même si, finalement, mon directeur de Doctorat fut M. Robert Smadja, de l'Université d'Orléans.

I.2. Mon projet

Ainsi, mon projet, on le voit, partit, originellement, d'une posture excessivement ingénue, due à ma double orientation comme artiste et poète, qui me faisait considérer les arts et la littérature comme une seule et même chose. Et ce n'est que face aux délimitations disciplinaires existantes que je me suis vu obligé à définir ma propre approche, et, pour se faire, à justifier ma pensée.

J'avais, en outre, dans mes premières années d'études, qui coïncidèrent avec la traduction et publication française de plusieurs de ses ouvrages aux éditions parisiennes Hazan, découvert l'oeuvre d'Erwin Panofsky, dès le début de mes études, notamment grâce à M. Éric Darragon, qui avait été mon exigent Professeur d'Art Moderne à l'Université de Paris X.

Suite à mon D.E.A. et au conseil de Mme De Grève, j'ai découvert, notamment par la comparaison entre l'"*Introduction*" aux *Essais d'Iconologie* (1967) et l'"*Introduction à l'analyse structurale des récits*" (1966), les grandes similitudes (on voit que les titres sont, en outre, contemporains l'un de l'autre) entre la théorie panofskienne sur l'art et la barthésienne sur la littérature. Mais, en m'ouvrant à l'ensemble de la production de Barthes, je me suis, aussi, rendu compte de la différence de traitement qu'il donne aux arts, par opposition à la littérature, et qui

---

sacrifice humain". En outre, Sartre, en présentant le sujet de la mission de l'écrivain, rejette les écrivains comme Proust, Flaubert, Les Goncourt et même Balzac à cause de leur silence à l'égard des événements de leur époque. C'est là que Sartre apparaît comme un critique ; le critique qui s'efforce d'accomplir une vie aux frontières de 1'humanité normale." (http://www.teheran.ir/spip.php?article106#gsc.tab=0)

recoupent, pour le dire rapidement, les grandes lignes de la théorie esthétique traditionnelle, reprise et condensée, déjà, par Sartre dans le premier chapitre de son essai, précédemment cité.

I.3. Mon parcours

Mon parcours, encore une fois, explique, génétiquement, les grandes lignes de mon évolution et de ma démarche, évoluant de l'Histoire de l'Art et du bas Moyen Âge avec ma Maîtrise (1991), vers la Littérature et le passage entre modernité et contemporanéité, mais aussi entre arts et littérature, avec mon D.E.A. sur "*Les thèmes du Radeau de la Méduse de Théodore Géricault étudiés à travers leur récurrence dans l'oeuvre du peintre, et dans l'art et la littérature du XIXe siècle*" (1992), pour terminer avec ma thèse doctorale (1996), contemporanéiste exclusivement, essentiellement littéraire, métalingüistique, et, par le fait, d'approche esthétique et épistémologique.

Cette évolution, due aux mouvements intrinsèques de mon propre parcours, comme je l'ai dit, est cependant logique par rapport au synchronisme panofskien, qui considère qu'il n'y a pas de solution de continuité entre les différentes époques historiques, ce que mes domaines de compétence confirment très particulièrement, puisque le bas Moyen Âge, moment, également, du surgissement de la Renaissance, est fondateur et générateur de la contemporanéité. Il suffit, pour s'en convaincre, de rappeler que l'Histoire traditionnelle de début du XXème siècle, dont la démonstration la plus nette encore aujourd'hui sont les écrits de Karl Marx, considère comme un seul moment historique ce qu'elle appelle la "*modernité*", naissant au XIIème siècle, avec l'apparition de la classe bourgeoise, l'Histoire actuelle considérant le mouvement dialectique entre l'entrée dans la modernité, précisément, par l'apparition de cette classe, et celle dans la contemporanéité par son accès au pouvoir avec la Révolution française, et la naissance de la classe ouvrière, au XIXème siècle, par le double processus de la Révolution industrielle et la désaffection rurale au profit des centres urbains.

Parallèlement à ce parcours, désirant très jeune déjà me dédier à l'activité universitaire et, plus particulièrement, de recherche, je produisis, dans les années 1990 (ma première publication, dans la *Revue de la Bibliothèque Nationale de France* datant de Mars 1992) et au début des années 2000, plusieurs séries parallèles d'articles dans les domaines suivants, sans ordre d'importance:

1. Sur le cinéma et la publicité;
2. Sur l'art, bas médiéval et moderne, et m'intéressant au processus d'abstraction en art contemporain comme phénomène dérivé des débats modernes, traitant ainsi des sujet qui allaient de la *Crucifixon* romane au surréalisme;
3. Sur la littérature, m'intéressant tout particulièrement au surgissement et au phénomène de création et de renforcement de l'idéologie nationaliste par les genres littéraires contemporains.

Après mon premier retour du Nicaragua en 1999, j'ai augmenté le groupe de mes études cinématographiques par la section *Hablemos de Cine*, produite dans le journal national *El Nuevo Diario* entre 1997 et 1999 (et comprenant 73 articles publiés); mes études sur l'art et la genèse des processus d'abstraction par mes travaux, également de la même époque, sur le groupe nicaraguayen ArteFacto (22 textes); et mes études littéraires du surgissement du discours patriotique à travers mes contemporains essais sur l'oeuvre de Rubén Darío, ces dernières dans le cadre du Centre d'Études de la Pensée Nicaraguayenne CEPEN du Département de Philosophie de l'Université Nationale Autonome du Nicaragua UNAN, centre dont je fus le co-fondateur.

J'ai alors, au début des années 2000, décidé de rassembler ces textes, publiés internationalement et séparément, entre la France et le Nicaragua, essentiellement, mais aussi en Belgique, aux États-Unis, en Espagne (notamment par la revue de l'Université de Málaga *Katharsis*), au Mexique, en volumes séparés, dédié chacun d'eux à un champ disciplinaire spécifique, et se faisant écho, comme modélisations particulières de ma thèse doctorale (qui avait été publiée par les Presses Universitaires du Septentrion en 1997), à travers des séries d'études d'oeuvres individuelles, concrètes (selon le principe barthésien, également généré en beaucoup de cas par la publication en journaux, notamment en ce qui concerne son fondateur livre de 1956: *Mythologies*).

Je choisissais de présenter ces publications, selon le modèle des textes classiques édités à la fin des années 1990 par Norma au Venezuela, en ouvrages de double couverture se faisant face, pour chaque ouvrage la partie française d'un côté, l'espagnole de l'autre.

Similairement, lors de mon activité à la UNAN, où je créais la chaire d'épistémologie latino-américaine, et au CEPEN, j'avais augmenté le cadre méthodologique de ma thèse par un ouvrage, publié par la UNAN, sur *Arturo Andrés Roig y el problema epistemológico*, qui, dans les années postérieures servirait à l'introduction des études roigiennes dans l'Université française [5].

J'ai, en outre, durant ces années, produit un ouvrage en sept chapitres, autour de la question mythographique, autre grand champ des productions symboliques, avec les arts, la littérature, et le cinéma, ouvrage divisé en deux grands groupes: le rapport mythographique indo-européen (le premier texte traitant du lien entre le dieu de la Mort indien Yama et le conte de *Barbe-Bleue*) et l'origine duelle des contes nicaraguayens du Tío Coyote et de la pièce de théâtre coloniale, de même nationalité, et, en outre, fondatrice de la littérature latinoaméricaine, *El Güegüence* dans la mythographie mésoaméricaine, notamment du Chiapas (étudiée par Claude Lévi-Strauss), et celle des Winnebagos d'Amérique du Nord (étudiés par Carl Gustav Jung).

Finalement, après ma séparation de la UNAN en 2005, et mon entrée à l'Université Nationale d'Ingénierie UNI, dont j'ai mis en place et dirigé de nombreuses années la structure de

---

[5] Par la thèse doctorale à l'Université de Paris XIII de Luis Gonzalo Ferreyra, *Philosophie et politique chez Arturo Andrés Roig; vers une philosophie de la libération latino-américaine 1945-1975*, publiée par L'Harmattan en 2014.

2ème et 3ème cycles (2005-2007 et 2011-2014), j'ai produit les deux ouvrages d'Histoire moderne (XIIème-XVIIIème siècles) et contemporaine (XIXème-XXIème siècles) de l'architecture, qui sont venu compléter les quatre champs antérieurs, en abordant l'architecture, à ma connaissance pour la première fois, comme un matériel fondamentalement culturel, révélateur de l'histoire des mentalités.

I.4. La méthode

La méthode que j'ai assumée dans l'ensemble de ces ouvrages, et que j'avais analysée dans ma thèse doctorale, puis dans mon ouvrage sur Roig, est la méthode comparatiste, unitaire, bien que cela, là encore à ma connaissance, n'ait jamais été auparavant noté, de Charles-François Dupuis sur la religion chrétienne à la mythologie comparée de Friedrich Max Müller, au folklorisme (pour le dire en termes contemporains) de James George Frazer, à la littérature comparée de Georges Dumézil, et, avant lui, des études philologiques sur les textes latins du début du XXème siècle, à Marx, Sigmund Freud, Aby Warburg et Panofsky.

Méthode dont Warburg est, sans aucun doute, le plus illustratif avec les panneaux de sa *Mnémosyne*[6], d'élaboration d'un *corpus* permettant de comparer l'évolution des formes et des thèmes, méthode statistique que j'ai utilisée dans ma Maîtrise sur les *Tentations de Saint Antoine*, comme en donne témoignage mon article de la *Revue de la Bibliothèque Nationale de France* sur celles-ci.

Critiquée, notamment par les structuralistes, cette méthode, du comparatisme, disons traditionnel (notamment pour sa double caractéristique synchronique et universalisante du point de vue de son champ d'analyse géographique), est, ironiquement, à l'origine directe du principe de lecture verticale de Lévi-Strauss, déjà employé dans les, déjà citées, études lexicographiques et philologiques des textes latins du début du XXème siècle.

Sur la reprise de ce principe d'élaboration de *corpus* on citera aussi Roman Jakobson sur les voyelles, Vladimir Propp sur les fonctions des contes, les structuralistes et les post-structuralistes (Barthes, Philippe Ariès, Michel Vovelle, Carlo Ginzburg) en ce qui concerne, notamment, les attitudes devant la mort.

On voit, par ce dernier exemple, que cette méthode est donc aussi liée à la "*microhistoire*"[7] (développée pour la période moderne, entre autres, par Ginzburg), c'est-à-dire

---

[6]"*In its "last version," the Mnemosyne Atlas consisted of sixty-three panels (Tafeln). Using wooden boards, measuring approximately 150 x 200 cm and covered with black cloth, Warburg arranged and rearranged, in a lengthy combinatory process of addition and substraction, black and white photographs of art-historical and cosmographical images. Here and there he also included photographs of maps, manuscript pages, and contemporary images drawn from newspapers and magazines. The individual panels, in turn, were then numbered and ordered to create still larger thematic sequences.*
While in his later years Warburg increasingly deployed such panels in his lectures and presentations (most famously in his Hertziana lecture in Rome in 1929), he also hoped to publish the Mnemosyne Atlas. Indeed, he planned to supplement a volume of plates with two volumes of text, containing historical and interpretive material. However, as he left the Atlas at the time of his death, the balance of word and image is decidedly tilted toward the latter." (https://warburg.library.com ell.edu/about)
[7]https://fr.wikipedia.org/wiki/Microhistoire

de l'histoire des faits précis (dans notre cas les oeuvres) et des personnages concrets. Mais dont on peut dire, sans crainte de se tromper, qu'elle a été ouverte, dans le champ historique, par Warburg, introduisant les éléments des motifs astrologiques (science basse, jusqu'alors méprisée par les Historiens d'Art) permettant de comprendre le cycle du *Salone dei Mesi* du hall principal du palais Schifanoia à Ferrare; et, dans le cadre littéraire, par des auteurs comme l'auteur-éditeur Pierre Saintyves(-Émile Nourry) ou Emmanuel Cosquin, tous deux dans leurs études liées aux contes, Cosquin notamment par son ouvrage sur *Les Contes indiens et l'Occident* (1922), Saintyves ayant, pour sa part, une plus grande amplitude de thématiques dans sa production, notamment dans le champ de l'archéologie symbolique[8].

L'ensemble des points antérieurs définit donc, dès le départ, le présent projet comme une métathèse[9], proposant l'étude des passages - recherche des lieux communs, derrière l'élégance des symboles -, basée, méthodologiquement, sur trois modèles processuels: la division analytique (au sens étymologique strict, cartésien, du terme), la contextualisation (ésotérique et exotérique des oeuvres, selon le procédé que j'ai utilisé dans ma thèse pour comprendre Barthes) et l'étude des récurrences. Laquelle postule, et part de l'idée, que l'on ne peut comprendre complètement l'évolution des formes et des idées si ce n'est sur le long terme.

I.5. Mes apports personnels
Si, cependant, je dois reconnaître quels sont mes apports personnels dans l'amplification de cette méthode, j'en donnerais la suivante énumération:
1. Développement et amplification sur l'époque contemporaine et les avant-gardes (voir notamment mon travail sur *Le Cri* d'Edvard Munch).
2. Sur l'abstraction (voir notamment mon travail sur le *Carré noir sur fond blanc* de Vladimir Malevitch).
3. Dans ce cadre, par la division entre abstraction thématique et abstraction formelle, avec considération des motifs comme *"unités minimum, insécables, de sens "* (thèse établie dès mes études du début de la seconde moitié des années 1990 sur le surréalisme et sur les ArteFacto, elle apparaît ainsi dans l'introduction à ces derniers, et dans les travaux sur Moholy-Nagy et le surréalisme dès la première version, de 2001, d'*Iconologia*).
4. Application à l'ensemble des productions symboliques, d'où la mise en évidence des lignes générales constantes et interdisciplinaires de la méthode.

---

[8] Il suffit, pour s'en convaincre, de citer certains des titres de ses nombreux ouvrages: outre *Les Contes de Perrault et les récits parallèles* (1923), *Les Liturgies populaires: rondes enfantines et quêtes saisonnières* (1919), *Les origines de la médecine: empirisme ou magie?* (1920), *L'éternuement et le bâillement dans la magie. L'ethnographie et le folklore médical* (1921), *En marge de la Légende dorée* (1931), *Corpus du folklore des eaux en France et dans les colonies françaises* (1934), *Corpus du Folklore préhistorique (pierres à légendes)* (1934-1936), *Pierres magiques: bétyles, haches-amulettes et pierres de foudre. Traditions savantes et traditions populaires* (1936), *L'astrologie populaire étudiée spécialement dans les doctrines et les traditions relatives à l'influence de la Lune. Essai de méthode dans l'étude du Folklore des opinions et des croyances* (1937), ceci n'étant qu'une sélection arbitraire.
[9] Métathéorie, comme ma thèse doctorale sur Roland Barthes et mon ouvrage sur Arturo Andrés Roig.

5. Amplification au cinéma, à ma connaissance pour la première fois.

6. Et, également, à ma connaissance, pour la première fois, à l'architecture (voir par exemple mon rapprochement entre Malevitch et Adolf Loos, et mon étude du *palazzo*, *versus* le château-fort, comme étant le premier à la fois centripète et centrifuge, dans mes ouvrages respectivement sur l'Histoire de l'Architecture Contemporaine et Moderne).

7. La description, démonstration et justification du sens et du rôle (méthodologique pour l'analyse, sémantique pour le sens des oeuvres) de la récurrence (voir à ce propos, en particulier, les deux appendices à *Hablemos de Cine* dans l'édition de 2006 d'*Iconologiae*).

8. Le travail sur le principe d'inversion[10], auquel je dédie plusieurs pages du texte de mon H.D.R. pour sa centralité, dialectique évidemment, travail sur le principe d'inversion que j'ai développé en ce qui concerne l'inceste, et le rire, dans les deux cas les données ethnographiques contredisant les conclusions habituelles, puisque dans le cas de l'inceste à peu près tous les peuples, lesquels sont, en outre, généralement, endogamiques, l'ont assumé pour leurs monarques (du Japon à l'Europe, en passant par l'Amérique précolombine), et dans le cas du rire celui-ci est un évident moyen de cohésion sociale contre l'Autre, comme le montrent parfaitement les morts d'animaux dans les films comiques (par exemple dans *Un Poisson nommé Wanda* et *Fous d'Irène*) et les malaises systématiquement produits par le nourriture étrangère (par exemple dans *Le Père Noël est une ordure* et *Polly et moi*), respectivement, ces deux exemples symptomatiques, surdéterminant les formes les plus basiques de l'identité: l'être humain (par rapport à l'animalité de l'altérité[11]) et la cohésion fortement nationaliste du groupe autour d'une culture fondamentale, la culinaire, partagée.

9. La mise en évidence, à la suite de et dans la ligne de Chomsky (en ce qui concerne pour le lingüiste l'intérêt sémantique de la politisation des discours), de cette méthode pour son application à l'examen des champs politique et social (voir mes travaux sur le mensonge, aussi lié à la question de l'inversion, et sur les études de génocide avec M. le Professeur Jean-Marie Grassin dans les Congrès de 2014-2016).

---

[10]Ainsi: "*Les Égyptiens avaient pour usage de ne pas parler de la mort d'Osiris. D'une manière générale depuis les Textes des Pyramides et jusqu'aux documents gréco-romains, le meurtre d'Osiris, son deuil et son tombeau ne sont évoqués que par des allusions ou par d'habiles périphrases. On peut ainsi lire «Quant à l'arbre-ârou de l'Occident, il se dresse pour Osiris pour l'affaire qui est arrivée sous lui.» (Papyrus Salt 825). L'affaire en question est, évidemment, l'inhumation d'Osiris, l'arbre étant planté sur l'emplacement du tombeau divin. Les Égyptiens usaient aussi d'euphémismes, surtout à l'époque tardive. Ainsi au lieu de dire «il est arrivé malheur à Osiris», le propos est inversé en disant «il est arrivé malheur à l'ennemi d'Osiris». En postulant que la parole et l'écrit avaient en eux une puissance magique, les Égyptiens craignaient que le simple fait de parler d'un épisode mythique comme la mort d'Osiris risque de le faire advenir à nouveau par simple énonciation. Dans le Papyrus Jumilhac, le meurtre d'Osiris est ainsi éludé: au lieu d'écrire «Alors Seth renversa Osiris à terre», le scribe écrit «Alors il renversa les ennemis d'Osiris à terre».*" (https://fr.wikipedia.org/wiki/Myst% C3% A8res_d% 27Osiris#Cadavre_osirien)
[11]On pensera aux études sur la reconnaissance des cris inarticulés du singe de "*Double assassinat dans la rue Morgue*" comme des cris en différentes langues étrangères, selon la provenance ethnique de l'auditeur.

10. L'utilisation du Nicaragua comme modèle microcosmique de modélisation de tensions invisibles dans des sociétés plus grandes, utilisation inspirée, méthodologiquement, de l'utilisation par Freud du sadomasochisme dans les *Trois essais sur la théorie sexuelle*.

11. L'utilisation, donc, de la relation périphérie-métropole comme axe central pour penser et comprendre les phénomènes sociaux et anthropologiques mentaux (Devereux) qui sous-tendent, forment et prédéterminent l'existence psychique des sociétés, notamment en ce qui concerne l'émergence et la construction des nationalismes (voir mes études sur la littérature vendéenne de la seconde moitié du XIXème siècle et la première moitié du XXème siècle, et sur mon approche et révision de l'existence de symboles latinoaméricanistes dans l'oeuvre de Rubén Darío dès *Azul...* dans *Origines littéraires de la pensée contemporaine*, et sur le concept de pouvoir centripète et centrifuge dans mon Histoire Moderne de l'Architecture).

12. Pareillement, l'utilisation des éléments d'analyse des rêves (dérivation, superposition, accumulation) par Freud dans l'ouvrage qu'il leur consacre pour mon approche des phénomènes, par moi lus comme similaires, de l'abstraction (voir l'introduction aux études sur les ArteFacto).

13. Dans ce sens, la transdisciplinarité m'a permis de montrer "*Le coup de dés*" de Mallarmé comme une origine méthodique de l'art contemporain, par déconstruction de la phrase (niveau sémantique *versus* le niveau purement lingüistique, des sons, assumé par Julia Kristeva).

14. La poussée reproductible, finalement, de cette démonstration générale jusqu'à des "*oeuvres-limites*" (concept dérivé des "*situations-limites*" de Karl Jaspers): tels le poème "*Chef-OEuvre*" de José Coronel Urtecho (paradigmatique de la condensation polysémique - connotative, donc - du sens, obligatoirement référentiel par le fait, dans le motif: l'unique lettre "O" qui forme l'ensemble poème), *La merde de l'artiste* de Piero Manzoni, *Carré noir sur fond blanc* de Malevich, voir l'ouvrage *Le néant dans la pensée contemporaine*.

15. Un dernier élément, peut-être, est la démonstration expérimentale, à travers les textes, notamment, d'*Origines littéraires, Iconologia, Mythes, Essais d'iconologie filmique*, etc., dans la permanence synchronique des thèmes et des motifs, de la figure transversale d'un objet simple dans l'idéologie et la mentalité collective, représenté de manière récurrente dans les oeuvres littéraires, artistiques, et évidemment mythologique, à savoir celle de Dieu; réduction en quelque sorte logique, puisque c'est le noumène de tout discours impositif, c'est-à-dire de tout discours (pour le dire simplement).

II. UNE RAPIDE ÉBAUCHE DE THÉORIE GÉNÉRALE

Posant les grandes lignes théoriques de la méthode ici envisagée, je la décrirais, comme je l'annonçais initialement, en m'en remettant à l'autorité, incontestable, m'autoriserais-je à dire, d'Aristote.

Pour prendre un exemple simple de la démonstration, notamment présentée dans les cités deux appendices de 2006 à *Hablemos de Cine*, l'étude thématique des motifs part de leur récurrence, en assumant une cause. L'un des cas, pour moi, les plus évidents de cette constatation, qui met hors jeu l'idée d'un possible hasard, est le cas des héroïnes infantiles Disney, qui, selon leur contrat[12], doivent, entre autres, être des modèles à suivre, même hors du tournage et du plateau, mais qui, à partir de Britney Spears, sont devenues, dès leur sortie des programmes qui les rendent célèbres, des étoiles entourées de sexualité débordante (au moins dans leur vidéoclips, cas d'Hilary Duff) et, souvent, de scandales d'attitude personnelle (cas de Spears, Christina Aguilera ou Miley Cirus). La récurrence de ce nouveau modèle (par générations successives, les citées: Aguilera, Duff, Cirus, mais aussi, postérieurement, Selena Gomez, ou Bella Thorne) implique, évidemment, *une méthode* des Studios pour continuer d'obtenir de leur produit une nouvelle forme, inverse, de résultat, ne jouant plus sur la surdétermination de leur caractère infantile (lors de leur premier contrat il leur est ainsi demandé d'augmenter la tonalité aigue de leur voix, comme l'a notamment révélé Thorne[13]), mais, au contraire, sur leur caractère totalement pubère et sexué comme femmes nouvellement adultes, afin d'attirer les jeunes garçon et le public masculin en général, là où, visiblement, et inversement, encore une fois, elles servaient de miroir au féminin dans les histoires un peu niaises des programmes infantiles qui les firent connaître (comme le confirment, par exemple, les chansons d'autodétermination du film *Hannah Montana*, 2009, de Peter Chelsom).

II.1. Théorisation de la transmission

Aristote, dans la *Métaphysique* (Livre VII, cap. 13), écrit, sur la relation des universels aux particuliers:

"Si, en effet, il est impossible que la substance se compose jamais d'universaux, parce que les universaux n'expriment qu'une qualité et non point une chose particulière et individuelle, et si jamais non plus une substance ne peut être composée de substances réelles et effectives, il s'ensuit que toute substance est indécomposable, et que, par suite, il ne peut y avoir non plus de définition pour une substance quelconque. Tout le monde convient cependant, et il y a bien longtemps qu'on l'a dit, que la définition ne s'adresse qu'à la substance seule, ou, tout au moins, s'adresse surtout à la substance. Et voilà maintenant qu'on démontre que ce n'est pas même à la substance que la définition s'applique; avec cette théorie, il n'y aurait plus définition de rien."[14]

---

[12]https://www.youtube.com/watch?v=UpDXAbavwl8
[13]*Ibid.*
[14]https://fr.wikisource.org/wiki/La_M%C3%A9taphysique_d%E2%80%99Aristote_(Nau)/Livre_VII#Chapitre_13

Cette relation de la transformation de l'être universel en valeurs particulières est, de fait, celle engagée par Freud dans *L'Interprétation des Rêves* (cap. XII):

"*On ferait erreur toutefois si l'on s'imaginait que grâce à une connaissance plus approfondie de la symbolique du rêve (la Clef des Songes) nous pourrons un jour éviter de questionner le dormeur sur ses pensées de l'état de veille, et revenir aux procédés primitifs de l'Interprétation. Car, outre qu'il existe des symboles individuels et, dans l'emploi des symboles généraux, des fluctuations sans nombre, il est impossible de savoir a priori si le contenu manifeste du rêve doit être pris au sens symbolique ou au sens propre. Ce que l'on sait avec certitude, c'est que les matériaux ne sont pas tous des symboles. La connaissance des symboles peut nous aider, dans une large mesure, à travers ce qui reste obscur dans le contenu manifeste du rêve, mais elle ne rend pas inutile l'emploi du procédé énoncé plus haut; tout au plus nous servira-t-elle de moyen d'investigation dans le cas où les idées de rêve seraient nulles ou insuffisantes.*"[15]*

Comme chez Panofsky dans l'"*Introduction*" aux *Essais d'iconologie*, ou dans la lecture verticale lévi-straussienne, reprise du principe de la littérature comparée du début du XXème siècle appliqué à la lingüistique latine, ou de la mythologie comparée et du folklore appliqué aux contes et aux religions.

L'analyse et la proposition des et autour des méthodes des sciences humaines sur la question de la transmission pose ce complexe problème des modalités d'approche des oeuvres en ce qu'elles sont à la fois uniques (produit de l'esprit individuel qui les crée, donc *a priori* hors de toute analyse) et prédéterminées par leur époque et leur monde (c'est-à-dire accessible au travers d'une histoire des mentalités, ou en termes jungiens des archétypes, et en termes roigiens de la démarche "*culturologique*").

Le débat autour des bases interprétatives du matériel des différentes sciences humaines apparaît, dès lors, fondamental, pour en définir les possibilités et les limites.

---

[15] http://classiques.uqac.ca/classiques/freud_sigmund/reve_et_son_interpretation/reve_et_son_interpretation.html, pp. 62-63.

II.2. Transmission historique

Le premier degré de transmission est historique, synchronique ou diachronique[16].

Ainsi, par exemple, la réutilisation au bas Moyen Âge des mêmes attributs (le vaisseau, la cage et la bêche) pour Spes et Isis, implique, nécessairement, une raison idéologique sous-jacente. Sauf à considérer que tout n'est jamais que l'effet du hasard, ce qui, comme l'écrivent Aristote et Freud, limiterait, dès lors, l'analyse à rien, pour tout.

Une bonne démonstration de l'origine et de la présence de cette raison idéologique se trouve dans la reprise, très visible, de l'iconographie des livres d'emblèmes par les surréalistes, notamment chez Magritte et Delvaux[17], et chez Picasso, au moins dans son *Guernica*[18], mais

---

[16]L'opposition chez Federico Zuccaro, non pas entre le *Jardin des Vices* et celui *De la Vertu*, mais entre l'*Allégorie des Vices, un jeune homme entrant dans le Jardin des Plaisirs* (1574-1578) et *Le Jardin des Arts Libéraux* (1577-1583), nous indique un modèle préalablement existant pour l'idée répétée dans les films contemporains du sauvetage par l'art (dont nous étudions certains exemples dans *Hablemos de Cine*, tel *Billy Elliot* de 1999 de Stephen Daldry).

De la même manière que "*La chèvre de Monsieur Seguin*" d'Alphonse Daudet, aussi bien dans sa narration que dans sa morale, reprend l'emblématique classique, présente dès Alciati, de l'Ingratitude, dans l'Emblème XCI "*IN EUM QUI SIBI IPSI damnum apparat*" (http://www.emblems.arts.gla.ac.uk/alciato/emblem.php?id=A31a090; "*A ceux qui s'apprestent dommage*", http://www.emblems.arts.gla.ac.uk/alciato/emblem.php?id=FALd091):

"*Voyez moy povre & simple Chievre,*
Qui laisse un Loup mon pis teter.
J'en suis dolente, & pis qu'un fievre:
Car mal m'en sentiray traicter.
Mon maistre deust bien regretter
Cest acte, s'il fust homme expert:
Veu qu'on a sceu pieça noter,
Qu'en tous meschans plaisir se perd.
COMMENTAIRES.
La chevre, estant contrainte d'allaicter & nourrir un louveteau, se complaint, fort angoissee, de ce que le pasteur le vouloit ainsi. Car elle se doutoit bien, qu'incontinent qu'il seroit devenu grand, il ne faudroit point de la devorer: d'autant que les meschans & malicieux oublient incontinent les biensfaicts receus. On dit en commun proverbe, qu'il ne faut point nourrir les petits des loups: car le loup change bien de poil, mais non jamais de naturel."

D'après Ésope (*Fables* 313-5, http://www.emblems.arts.gla.ac.uk/alciato/emblem.php?id=FALd091#N1FALd091), ceci en ce qui concerne une preuve tangible, et indéniable, de transmission des symboles synchroniquement, diachronique Mickey Mouse, avec ses grandes oreilles, son gros crâne, sa très particulière articulation langagière, et son prénom même, remplacement du très similaire Oswald le Lapin chanceux, préalablement créé par Ub Iwerks et Walt Disney en 1927 et distribués par Universal Pictures, qui en détenait les droits (https://fr.wikipedia.org/wiki/Oswald_le_lapin_chanceux), est, pour nous, une toute aussi évidente interprétation visuelle (au-delà de la traditionnelle anecdote de la souris visitant Walt Disney dans son studio de dessin) de The Yellow Kid, avec son crâne chauve, ses dents de lapin (ou de souris) et ses grandes oreilles:

"*... lead American comic strip character that ran from 1895 to 1898 in Joseph Pulitzer's New York World, and later William Randolph Hearst's New York Journal. Created and drawn by Richard F. Outcault in the comic strip Hogan's Alley (and later under other names as well), it was one of the first Sunday supplement comic strips in an American newspaper, although its graphical layout had already been thoroughly established in political and other, purely-for-entertainment cartoons.*" (https://en.wikipedia.org/wiki/The_Yellow_Kid)

En effet:

"*Mickey Dugan, better known as The Yellow Kid, was a bald, snaggle-toothed barefoot boy who wore an oversized yellow nightshirt and hung around in a slum alley typical of certain areas of squalor that existed in late 19th-century New York City. Hogan's Alley was filled with equally odd characters, mostly other children. With a goofy grin, the Kid habitually spoke in a ragged, peculiar slang, which was printed on his shirt, a device meant to lampoon advertising billboards.*
The Yellow Kid's head was drawn wholly shaved as if having been recently ridden of lice, a common sight among children in New York's tenement ghettos at the time. His nightshirt, a hand-me-down from an older sister, was white or pale blue in the first color strips." (https://en.wikipedia.org/wiki/The_Yellow_Kid#Character)

[17]Cf. mes ouvrages *Iconologia*, 2001, et *Sur-Réalisme*, 2004.

[18]Cf. mon article "*Guernica*", *Nuevo Amanecer Cultural, El Nuevo Diario*, 23/7/2005, p. 10.

aussi chez Man Ray pour ses illustrations de Paul Éluard dans *Les Mains Libres* (1937)[19]. La reprise visuelle de l'emblématique moderne par l'avant-garde, non chez un, mais chez plusieurs auteurs, oblige à abandonner l'idée d'un hasard, comme la récurrence même, à l'intérieur de l'oeuvre de Magritte, de cette reprise, pour y voir, au contraire, un processus volontaire, raisonné, donc raisonnable et à décrypter.

II.3. Transmission interdisciplinaire

Le second phénomène de transmission est interdisciplinaire.

On le trouve entre les langages-objets: cas de la reprise de l'emblème de l'Ingratitude d'Alciati dans le thème et dans la morale de "*La chèvre de Monsieur Seguin*" d'Alphonse Daudet[20].

Mais aussi dans les métalangages: reprise de la lecture vertical, dans le cadre anthropologique, par Claude Lévi-Strauss, qui l'emprunte à la littérature et à la mythologie comparées. Ou, sans doute plus involontairement qu'autre chose, dans les théories, reconnues comme abstraites, de la physique quantique (notamment en ce qui concerne les multiverses, les fentes ou interférences de Young[21], ou le fameux chat de Schrödinger), qui se basent, essentiellement, sur la prémisses perspectivistes de la philosophie phénoméniste et postérieure, de la position du spectateur comme lieu de fondement et d'application de la validité de l'analyse.

III. CONCLUSIONS

Sans transition, pour les limites de temps, que j'espère n'avoir pas trop dépassées, je passe à la conclusion, ne pouvant, pour le reste, que renvoyer au groupe d'ouvrages présentés ici, dont l'unité méthodologique, régentée par ma thèse doctorale et l'ouvrage sur Roig, je crois est évidente, et au texte de mon H.D.R., où je développe plus précisément et complètement les éléments, seulement évoqués dans ce bref survol.

En conclusion, donc, les apports de ma proposition sont, en essence, ces deux-ci:

A. L'idée que le symbolique appelle le symbolique.
B. La constatation et la preuve expérimentale, au travers du champ des récurrences[22], que les oeuvres fonctionnent par un système, que, si l'on veut, on peut nommer, par simplification, de copier-coller - lequel, oserais-je postuler, résout la question du plagiat (les *Psalmos* et les *Epigramas* d'Ernesto Cardenal, le vagin de Patricia Belli repris d'*Hon*, les *Teoremas* d'Óscar Rivas inspirés de la représentation des systèmes

---

[19]Nicole Boulestreau, "*L'emblématique des Mains libres - Dessins de Man Ray illustrés par les poèmes de Paul Eluard*", https://www.lettresvolees.fr/eluard/boulestreau_1984.html; travail qui confirme, bien des années après, les miens, précédemme nt cités, sur le lien entre l'avant-garde et les livres d'emblèmes, et l'origine de l'iconographie de la première dans les seconds.
[20]Cf note 16 *supra*.
[21]http://www.tendencias21.net/Los-fotones-se-comportan-como-onda-o-particula-segun-el-observador_a1408.html; https://blogs.20minutos.es/ciencia-para-llevar-csic/2015/11/12/el-ex perimento-fisico-mas-hermoso-de-todos-de-los-tiempos-la-doble-rendija/
[22]Cf., de nouveau, les deux appendices d'*Hablemos de Cine*.

électriques et de distribution d'eau des plans architecturaux, Victor Hugo s'inspirant d'Eugène Sue, et, plus généralement, les genres des films états-uniens, marqués par les fameuses récurrences, parfois moquées dans les versions comiques de ceux-ci) -, copier-coller provoqué par quatre phénomènes:

i.   Les archétypes jungiens et l'"'air du temps" de l'esthétique matérialiste (pour ainsi dire - ou inscription de l'artiste dans les préoccupations de son époque -);

ii. Les goûts de l'artiste (et l'on sait que, comme l'enfant face à ses parents, l'on essaie, comme spectateur ou comme "*hacedor*" - selon le terme borgien -, de reproduire le bonheur des sensations ressenties face à l'oeuvre qui nous provoque du plaisir, soit en l'imitant, soit en en cherchant d'autres similaires);

iii. Le marché (toujours désireux de reproduire les succès financiers passés à travers les mêmes recettes);

iv. Et les limitations mêmes de l'âme humaine (qu'on le renvoie au champ, plus élégant, de la *maniera* [touche, forme reconnaissable], pour les grands artistes comme Jérôme Bosch, Charles Baudelaire ou Louis de Funès, ou à celui des redites, pour les petits, qui font que, souvent, les artistes, et même les intellectuels, cas des "*petits kantiens*" nommé par Marx, semblent ne pas savoir se renouveler, ou bien seulement taper toujours sur la même touche). Lieux communs[23] dans le cadre social[24], obsessions[25] dans le cadre individuel[26].

---

[23]Les lieux communs sont la forme de langage d'une époque, qui y emploie les mêmes motifs culturels, comme je l'ai montré, par exemple, dans mes études comparatives d'*Angel Heart* et *L'échelle de Jacob*. Et, dans le premier, par la récurrence, à partir de ce film, du symbole du ventilateur, et, à partir du second, de l'image des personnages aux visages en mouvement rapide pour représenter les défunts dans les films de terreur.

[24]Voir, entre d'autres très nombreux exemples, que je référence, obligatoirement très partiellement, mais en tentant de les organiser par groupes, dans mon texte "*Intertextualidad*", publié dans l'édition spéciale (en feuillet à part de mon travail) *Cuestiones de Estética General* (34 essais), http://www.revistakatharsis.org/Cuestiones_de_estetica_general.pdf, de la *Revista Katharsis*, Universidad de Málaga, No 11, Janvier-Avril 2012, l'épigraphe d'*Ubu Roi* (1896), qui exprime parfaitement la reprise par Alfred Jarry de l'histoire de *Macbeth*: "*Adonc le Père Ubu hoʃcha la poire, dont fut depuis nommé par les Anglois Shakeʃpeare, et avez de lui sous ce nom maintes belles tragœdies par eʃcript.*"

[25]Obsessions qui font qu'on ne sort jamais vraiment de soi-même, par exemple c'est le même livre que Fiodor Dostoïevski ou Émile Gaboriau a écrit toute sa vie, chacun avec ses propres mêmes thèmes, personnages, histoires, motifs, en un mot mêmes récurrences. On nous permettra ainsi de parioder les récurrences dans les narrations de certains auteurs célèbres pour démontrer notre point de vue: chez Dostoïevski, un jeune homme éduqué mais sans argent, qui tombe amoureux d'une entraîneuse, mais qui ne s'intéresse pas à lui; il tourne autour d'elle, voulant lui imposer son amour, mais sans jamais arriver à exprimer son amour, dont la force le rend muet et incapable de rien formuler; au bout du compte, son insistance et ses attentions font qu'à son tour le jeune femme répond à son amour, mais alors, se rendant compte, à son tour, lui de la différence de classe sociale, il l'abandonne à sa fin tragique. Chez Paul Féval, réclamant l'auteur contre le goût contemporain pour les voleurs, et se proclamant grand défenseur de la police, il nous raconte en une longue succession de romans les aventures d'un groupe séculaire, et presque mystique, de délinquants formant une société secrète continentale, avec les motifs des billets de change de la Banque d'Angleterre et du jeu de la spéculation financière du XIXème siècle, du couple d'amis moitié voyous moitié bonnes personnes, nous avisant souvent que le temps de la narration est plus long que les évènements racontés, rapides comme l'éclair. Chez Gaboriau, histoire d'un crime dans la région parisienne dans les années 1870, dont les racines, qui ouvrent une longue parties interruptive de la séquence narrative initiale et qui en devient parallèle pour l'expliquer, remontent au début du XIXème siècle, dans des conflits provinciaux entre nobles et révolutionnaires ou bonapartistes, sur des questions de propriété foncière, et dont les

conséquences atteignent le jeune héros, tombant amoureux d'une blanche demoiselle, souvent liée à lui, sans qu'aucun des deux ne le sache, par ce sombre passé. Chez Voltaire, un ingénu ou un pédant, un misanthrope ou un savant, embarqué dans un voyage planétaire, où d'innombrables mésaventures, sur le mode des contes arabes à moralité des *Mille et Une Nuits*, finalement le convainquent de rester chez lui, et que le bonheur tant recherché par lui n'existe pas, mais se trouve en Dieu.

[26]Pour paraphraser Genette, il s'agit donc d'une recherche des itérativités internes et externes.

VERS UNE MÉTHODE UNIFIÉE
POUR L'ANALYSE DES PRODUCTIONS SYMBOLIQUES:
- QUÊTE DÉCONSTRUCTIVISTE
DE LA PERMANENCE DE NARRATIVITÉ
IMMANENTE ET INTERTEXTUELLE DANS LES OEUVRES

HDR EN ESTHÉTIQUE SUR TRAVAUX

NORBERT-BERTRAND BARBE

GARANT: DANIEL PAYOT

DÉPARTEMENT D'ESTHÉTIQUE
FACULTÉ FACULTÉ DES ARTS

UNIVERSITÉ DE STRASBOURG

VALIDATION PREALABLE PAR RECONNAISSANCES DE MON TRAVAIL

1. Comme poète

Il faudra tout d'abord préciser, non comme une démonstration en soi, nous la ferons opportunément, mais comme expression incontestable de la réception de mon travail dans les domaines qui sont les miens, et sur lesquels je reviendrais dans la première partie biographique, qu'au moment de conclure l'écriture du présent texte, j'ai été publié par différentes revues, que j'énumère ci-après, dans dix pays: *Poètes du Nord-Pas de Calais, Flammes Vives, Revue des Ressources, Écrits-vains, Le chemin d'Arthur/Le moulin des loups, Ffwl Lleuw* (France), *Regarts, Traversées* (Belgique), *Letras Salvajes* (Puerto Rico), *Zona de Tolerancia* (Vénézuéla), *Club de Brian, Café Literario, Al margen.com* (Mexique), *Zona de Tolerancia* (Colombie), *Hispanic Culture Review* (États Unis), *Katharsis, La Botella Vacía, Ábaco* (Espagne), *Arte Poética* (Le Salvador), *Pluma Libre* (Costa Rica), et au Nicaragua: *ArteFacto, Estrago, Ojo de Papel, La Tribuna, El Nuevo Diario, La Prensa Literaria, Papalotl* (de laquelle j'ai été co-fondateur), *Voces Nocturnas.*

J'ai participé comme poète invité spécial aux Festivals Internacionaux de Poésie de San Salvador (2006), La Havane (2007) et Granada (2005, 2006, 2007, 2014).

À ce jour, le nombre de mes poèmes et nouvelles qui ont été publiés dans ces différentes revues se porte à 1018, ironiquement, puisque le chiffre de 999 fut atteint en 2016 avec le poème titulé: "*Mon Satan*", publié en 2015 par la française *Revue des Ressources*, et cette même année celui de 1000 avec le poème "*Hommage à ma femme (En 4 minutes et 16 secondes de "Blue Pepper" de Duke Ellington)*" publié par la revue belge *Traversées*, sachant que les deux premiers poèmes qui me furent publiés ("*Nuits sans songes (Nuits SS) - "Don't stop the dance""* et "*Frissons*") le furent par une autre revue belge, *Regarts*, en 1995, presque exactement 20 ans auparavant.

2. Comme écrivain

En 1995, j'ai reçu le Prix Arts et Lettres de France dans les Sections Narrative et Essais.

En 2006, le Centre Nicaraguayen d'Écrivains me reçut comme Membre, et en 2009 me rendit hommage pour l'ensemble de mon oeuvre.

3. Comme scientifique

En septembre 2015, l'Académie Nicaraguayenne de la Langue me reçut comme Membre Honoraire.

4. Comme enseignant

Je suis Professeur Titulaire de l'Universidad Nacional de Ingeniería où je travaille depuis 2005.

J'avais antérieurement travaillé durant plus de dix ans avec l'Universidad Nacional Autónoma de Nicaragua comme Professeur d'Esthétique et d'Épistémologie des Sciences Humaines de 1996 à 2005.

Je donne également des cours de Philosophie, notamment d'Esthétique, à la jésuite Universidad CentroAmericana UCA depuis 2005 également.

5. Comme artiste (au travers de mon CV d'artiste)

J'offre à continuation une liste de mes principales activités comme artiste:

I. PRIX ET OEUVRES CONSERVÉES DANS DES COLLECTIONS NATIONALES

1. Oeuvres conservées dans les Collections publiques du Banco Central de Nicaragua (5 oeuvres) et du Musée de Fontenay-le-Comte (85200, 1 oeuvre)
   1995:
2. Prix Arts et Lettres de France, section Prose pour le roman court *Pauvre Mister Snow*
3. Prix Arts et Lettres de France, section Essai pour le texte "*Le Prisonnier - Du Moi à l'Etre - Essai d'interprétation objective*"
   2002:
4. "*Lire/Aimer, Connaître/Ecrire, Editer/Publier: du Rêve à la Réalité*", partie centrale: "*Un Editeur, Un Homme*" dédiée à ma labeur de poète et d'éditeur, Bulletin d'Information et de Relation *L'Estracelle* de la Maison de la Poésie Région Nord-Pas de Calais, n° 4, 2002, pp. 30-33
   2007:
5. Ana Santos Ríos, *La obra poética y pictórica de Norbert-Bertrand Barbe*, Thèse en Littérature Hispanique, Université Catholique UNICA, Managua
   2009:
6. Reconnaissance pour l'ensemble de mon oeuvre comme poète, théoricien et diffuseur de la littérature nicaraguayenne, par le Centro Nicaragüense de Escritores, janvier
7. Reconnu comme principal traducteur et diffuseur de la littérature nicaraguayenne en langue française (Julie Marchio et Werner Mackenbach, "*Miradas cruzadas/configuraciones recíprocas - Sobre la traducción, difusión y recepción de las literaturas centroamericanas en Francia y Alemania*", *Centroamericana* 22.1/22.2 *Revista semestral de la Cátedra de Lengua y Literatura Hispanoamericanas*, ISSN 2035-1496, *Actas del II Coloquio-Taller Europeo de Investigación RedIsca - Rebeliones, (R)evoluciones e Independencias en Centro América*, Milano, 18-19 novembre 2011, Università Catolica del Sacro Cuore, EDUcatt 2012, p. 260)

II. EXPOSITIONS INDIVIDUELLES

- France:

1987:

1. *Origines*, Collège Lakanal, Sceaux (92330)

1988:

2. *Portraits*, Salle Maurice Cointe, Le Chesnay (78150)

1989:

3. *Natures mortes*, La Poste, Le Chesnay (78150)

1991:

4. *Cahiers de Voyage*, Accueil des Villes de France (AVF), Montbéliard (25200)

2003:

5. *Sectionalisations de partis pris conceptuels (Premiers pas de rencontres formelles en art et littérature)*, Maison Millepertuis, Fontenay-le-Comte (85200)

- Espagne:

1989:

6. *Paisajes*, Espacio Abierto, Plaza Costa del Sol, Torremolinos

1990:

7. *Série Champignons (Variations en blanc pour chambres d'hôtel)*, Hotel Guadalmar, Málaga

- Nicaragua:

1998:

8. *Muestra/s sobre vidrio*, Universidad Nacional Autónoma de Nicaragua UNAN-Managua

9. *Barbe Ocón García,* ArteFactoría, Managua

1999:

10. *Regionalismo Militar (Memorias para el Año Viento Inconstante): de Pinochet a "nuestra pequeña región de por aquí" (etc.)*, Banco Central de Nicaragua, Managua

2001:

11. *Ready-Mades*, Maison de La Culture (Casa de Cultura), Diriamba

2005:

12. *Up To U*, Galerie Añil, Managua

2006:

13. *Homenaje a los 80 Aniversario de Ernesto Cardenal* (parallèle au Concours en Hommage aux 80 Ans d'Ernesto Cardenal, duquel je fus Président du Jury), Bibliothèque Centrale de la Universidad Nacional de Ingeniería UNI-Managua

2007:

14. *Bienal-Espejo (Cómo No Ganar Una Bienal)*, exposition d'oeuvres à l'entrée de la Biennale et intervention des espaces extérieurs, Théâtre National Rubén Darío, ancien Parc Central et installations portuaires, Managua, novembre

2008:

15. *Apolo 13 costó más...*, Ministère de la Culture, Instituto de Cultura (édifice de l'Ancien Grand Hotel), Managua

2009:

16. *Don't Be Late*, performance urbaine, Centre Commercial Galerías-rond-point Jean-Paul Génie, Managua, 31 décembre

2009-2010:

17. *Obras racionales*, Casa de los Tres Mundos, Granada, décembre-janvier

- Happenings, performances et projets artistiques individuels réalisés:

- France:

2004:

18. *Premier Happening-Installation pour Usage Internet*, 10 janvier (envoi massif à 5.000 adresses email de contacts artistiques et co-diffusion par ceux-ci via *forwarding email* et *remailing*)

19. Présentation à la Maison de l'Amérique Latine de Paris d'un ouvrage formé à partir d'oeuvres et de poèmes réalisés sur les principes de l'art conceptuel (décomposition, parties et tout, séquence, minimalisme), publiés sous le pseudonyme de Janus Blood, et sous le titre: *Gibst du vielleicht die Hand zum Wiwimacher? gieb nicht die Finger zum weissen Pferd - Arráncame de tu corazón, amor... - L'Aréole du Pécheur - Blond PitBull for White Man in Hammersmith Palais*

- Nicaragua:

2006:

20. Manifestation *Calle-Arte* (organisateur et participant), Avenue Universitaire, Managua

21. Manifestation *Calle-Arte* (organisateur et participant), Calzada, Granada, 27 octobre

2007:

22. Manifestation *Calle-Arte* (organisateur et participant), Ministère de la Culture, Managua, novembre-décembre

2008-2009:

23. Manifestation *Calle-Arte* (organisateur et participant), Managua, décembre-janvier

2009-2010:

24. Manifestation *Calle-Arte* (organisateur et participant), Managua, décembre-janvier

- Virtuelles:

- Wikicommons et Wikipédia:

25. http://fr.wikipedia.org/wiki/Norbert_Bertrand_Barbe (galerie de 14 oeuvres)

26. http://commons.wikimedia.org/wiki/Category:Norbert-Bertrand_Barbe (galerie de 14 oeuvres)

- Autres:

2004:

27. *Club de Brian*, 3ème numéro de la revue mexicaine, www.clubdebrian.com (galerie de 6 oeuvres)

28. *Letras Salvajes*, 5ème numéro de la revue portoricaine, http://www.geocities.com/letrassalvajes/N5.html (galerie de 11 oeuvres)

2007:

29. *Club Literario*, revue mexicaine (galerie de 6 oeuvres), http://www.cafeliterario.com/index.php?option=com_content&task=view&id=426&Itemid=201

2010:

30. *Letras Salvajes*, Nouvelle époque, No 1, sept.-oct. 2010, pp. 38-39 (galerie de 3 oeuvres)

31. Idem, format internet: http://www.calameo.com/read/000235034de4695b582c6

- France:

2017:

32. Série poétique/picturale des *Sept Péchés Capitaux*, https://lemoulindesloups.blogspot.fr/search?updated-max=2017-02-03T10:48:00-08:00&max-results=7 et https://lemoulindesloups.blogspot.fr/search?updated-max=2017-01-12T01:23:00-08:00&max-results=7&start=7&by-date=false

III. EXPOSITIONS COLLECTIVES:

- France:

1996:

1. Collages (préalables à l'ouvrage *L'étrange disparition de la Hotte du Père Noël*), Artcolle, Plémet (22210)

- Nicaragua:

1998:

2. *Papalotes*, Casa de los 3 Mundos, Granada

3. *Papalotes*, Casa de los 3 Mundos, Managua

4. *Exposición para ciegos,* ArteFactoría, Managua

5. *Jóvenes artistas caraceños,* Centro de Convenciones, Jinotepe
   2005:
6. *29 de junio Presentación de la Revista Artmedia de Costa Rica,* Galerie Añil, Managua
7. *Otra Granada para Walker,* Macondo, Granada
   2006:
8. *Otra Granada para Walker,* Rufino Garay, Managua
9. *Fusión,* Casa de los Tres Mundos, Granada
   2007:
10. *Fusión,* Casa de los Tres Mundos, Granada, novembre
    2008:
11. *Fusión,* Casa de los Tres Mundos, Granada, novembre-décembre
12. *Cuerpos Pintados con la imaginería del Güegüence,* exposition d'oeuvres et *body painting,* Maison de
    La Culture (Casa de Cultura), Diriamba, décembre
    2009:
13. *Proyecto Gaia - Estrago ecológico 2009,* Bibliothèque de la Universidad Centroamericana UCA, Managua
14. *Proyecto Gaia,* École Nationale de Danse "Espacio Abierto"
15. *Proyecto Gaia,* Salle de Théâtre Justino Rufino Garay,
16. *Proyecto Gaia,* XV Festival de Danse Contemporaine dans la Salle-Théâtre Víctor Romeo, Managua, juin-août
17. *Fusión,* Casa de los Tres Mundos, Granada, novembre-décembre
    2010:
18. *Dejad que los niños vengan a mí - TURISMO SEXUAL: Todo incluído: CA,* Granada
19. *Estrago ecológico,* Coopération Allemande-Alliance Française, mars

IV. OEUVRES EN COMME ILLUSTRATEUR, METTEUR EN SCÈNE ET CINÉASTE

- Comme illustrateur:
   2002:
1. Illustration de la médiévale *Farce du Cuvier*
   2004:
2. *L'Étrange Disparition de la Hotte du Père Noël*
   2006:
3. Illustration du recueil de poésies *Alguien me ve llorar en un sueño* de Francisco Ruiz Udiel, Prix du Centro Nicaragüense de Escritores
   2014:

4. Recueil de poésies illustrées, en hommage à François Villon (et à la manière de William Morris dans l'édition): *La Ballade des Sept Péchés Capitaux*

- Comme metteur en scène et cinéaste:
    2004:
5. Scénario, direction et montage du court-métrage *Pastorcilla*
    2005:
6. Réalisation et édition du court-métrage d'animation *Y un ruiseñor aletea en mi dedo*
7. Réalisation de l'intervention urbaine à partir d'une nouvelle de Tania Montenegro, UNAN-Managua
8. Réalisation de l'intervention choréographique urbaine pour la célébration des 30 Ans de Danse Contemporaine au Nicaragua, Avenue Universitaire, Managua
    2006:
9. Adaptation, scénario et direction de l'oeuvre *Sex*, inspirée de *A puerta cerrada* de Sartre, Centre Commercial Galerías-rond-point Jean-Paul Génie, Managua
10. Adaptation, scénario et direction de l'oeuvre *Sex*, inspirée de *A puerta cerrada* de Sartre, Fortin, León de Nicaragua
    2007:
11. Réalisation de l'intervention-happening à partir d'une nouvelle "*No Quiero Engañarlos*" de Augusto Monterosso, Théâtre National Rubén Darío, durant l'ouverture de la Biennale Nicaraguayenne

V. CURATEUR ET PROMOTEUR/DIFFUSEUR CULTUREL

- France:
    2000 à l'actualité:
1. Créateur des Éditions Bès, principal diffuseur de la littérature nicaraguayenne (voir l'article cité ci-dessus)
    2003:
2. Organisation du Premier Colloque International sur Erwin Panofsky, Fontenay-le-Comte, 26-30 septembre
    2004:
3. Publication des *Actes* du Colloque
    2004:
4. Réalization et publication du doble CD audiovisuel *Como Gato Patas Arriba*, regroupant les oeuvres de 18 artistes et écrivains contemporains français, nicaraguayens et étrangers (Erick Aguirre, Carlos Barbarito, Norbert-Bertrand Barbe, Marvin Corrales, Leonidas Correa, Corinne de Popow, Porfirio García Romano, Frank

Mallet, Denis Nuñez, David Ocón, Roberto Quesada, Lucia Ríos, Oscar Rivas, Karla Rivas Larios, Xavier Romé, Yván Silén, José Angel Solis, Alicia Zamora)

2007-2010:

5. Anthologie *Le néant dans la pensée contemporaine*, 42 auteurs, 21 nationalités, 15 champs du savoir

- Nicaragua:

1996-2000:

6. Co-fondateur et membre du groupe littéraire *Papalotes* intégré en outre par Héctor Avellán (deux fois Prix du Centro Nicaragüense de Escritores), Carola Brantome (plusieurs Prix de Poésie, dont notamment le Prix Casa de las Américas, 2004), Porfirio García Romano et David Ocón (nombreux Prix en arts et plusieurs Prix du Centro Nicaragüense de Escritores)

7. Co-éditeur de la revue *Papalotes*

1997-2005:

8. Co-fondateur et membre du groupe artistique *Cualquier Nombre* intégré en outre par Marvin Corrales (Prix de Théâtre, UNAN-Managua, 2002), Óscar Rivas (plusieurs fois Prix de la Biennale Nicaraguayenne) et José Ángel Solís

2005-2006:

9. Directeur de la revue *La Palabra y el Hombre*, Universidad Católica UNICA, Managua

2005 à l'actualité:

10. Fondateur et directeur de la revue *Gojón* (http://revista-gojon.blogspot.com/), ISSN: 2418-2974 (26 numéros)

2006-2007:

11. Créateur et Directeur de la revue *El Hilo Azul* du Centro Nicaragüense de Escritores

2006:

12. Auteur, organisateur et participant de l'événement urbain *Calle-Arte* regroupant une centaine d'artistes nationaux, Managua, 28 février

2007:

13. Auteur, coordinateur et participant à *Calle-Arte*, Ministère de la Culture: Instituto de Cultura, Managua, Plaza de la Revolución/Parque Central/alentours de l'Instituto et du Palacio de la Cultura, du 11 novembre au 2 décembre

2008-2009:

14. Manifestation *Calle-Arte* (organisateur et participant), Managua, décembre-janvier

2009-2010:

15. Manifestation *Calle-Arte* (organisateur et participant), Managua, décembre-janvier

VI. PARTICIPATION EN RÉCITALS COMME POÈTE:

- France:
> **2002:**
> 1. Maison de la Poésie Nord-Pas de Calais
> **2003:**
> 2. Maison de la Poésie Nord-Pas de Calais
> **2012:**
> 3. Poèmes miens lus par Pierre Blavin à La Cave aux Poèmes, Paris, lundi 14 mai

- Le Salvador:
> **2006:**
> 4. V Festival Internacional de Poesía de El Salvador, octobre

- Nicaragua:
> **1997:**
> 5. Casa de los Tres Mundos, Granada
> 6. UCA, Managua
> 7. UNI, Managua
> 8. UNAN, Managua
> 9. UNAN, León
> **2004:**
> 10. I Festival Internacional de Poesía, Granada
> **2006:**
> 11. II Festival Internacional de Poesía, Granada
> 12. Posada Macondo, Granada, octobre
> 13. Alliance Française, Managua, novembre
> **2007:**
> 14. V Simposio Internacional Rubén Darío, Palacio de la Cultura, León de Nicaragua, janvier
> 15. III Festival Internacional de Poesía, Granada
> 16. Printemps des Poètes, Alliance Française, Managua, mars
> 17. Presentation de mon recueil de poésies *Caprichos nicaragüenses*, UNI, Managua, avril
> 18. Sábados de la Poesía, Palacio de la Cultura, Managua, septembre
> 19. Miércoles de la Poesía, Palacio de la Cultura, Managua, septembre
> **2008:**
> 20. VI Simposio Internacional Rubén Darío, Palacio de la Cultura, León de Nicaragua, janvier
> 21. Poesía Joven, Instituto Nicaragüense de Cultura, Palacio de la Cultura, février
> **2010:**

22. VI Festival Internacional de Poesía, Granada, février
23. Homenaje a Aragon, Ambassade de France et Café Literario Kolschitzky, Masaya, avril
2015:
24. XI Festival Internacional de Poesía, Granada, février
25. *Canons de Paix 3 millions de poèmes*, Festival International de Poésie, Sète, mars
26. *Cabeza de Gato con cantata poesis*, Plaza Toscana, Managua, mai

VII. PARTICIPATION DANS DES JURYS ET PRÉSIDENCE

- Nicaragua:
1. Membre des Jurys de Qualification, Concours de:
    a) Littérature (Poésie et Nouvelle);
    b) Déclamation;
    c) Oratoria;
    d) Arts Plastiques (Peinture, Dessin y Caricature);
    Dpt de Culture, UNAN, Managua, novembre 1997
2. Président des Jurys de Qualification, Concours de:
    a. Arts Plastiques (Peinture, Dessin y Caricature);
    b. Théâtre;
    Dpt de Culture, UNAN, Managua, novembre 2002
3. Jury Qualificateur, Concours Nacional de Arts Plastiques y Visuelles "*Ernesto Cardenal 80 Aniversario*", juillet 2005
4. Jury Qualificateur, TecnoUNI 2005, Événement Scientifique de la UNI, novembre 2005.
5. Membre du Jury de Qualification, Concours de:
    a. Arts Plastiques en Hommage aux 80 Ans d'Ernesto Cardenal
    Faculté d'Architecture, UNI, Managua, juillet 2005
6. Président du Jury de Qualification, Concours de:
    a. Théorie et Histoire de l'Architecture;
7. Et Membre du Jury de Qualification, Concours de:
    a. Design;
    b. Création d'Ensembles;
8. Feria Technologique Tecno-UNI, Faculté d'Architecture, UNI, Managua, septembre 2005
9. Jury Qualificateur, Concours du Centro Nicaragüense de Escritores, Section Poésie, juillet 2006
10. Jury Qualificateur, Concours Littéraire (dans les genres Nouvelle et Poésie) Jeunes Talents, Dpt de Culture, UPOLI, Managua, novembre 2007

11. Membre du Comité de sélection des oeuvres et artistes présentés, Exposition Fusión, Casa des Tres Mundos, Granada, novembre 2009
12. Jury Qualificateur, Concours de:
    a. Peinture
    b. Photographe
    c. Technique libre
    Concours d'Art Écológique, Dpt de Culture, UCA, 2011
13. Jury Qualificateur, Concours du Centro Nicaragüense de Escritores, Section Poésie, juin 2014

VIII. RÉFÉRENCIATIONS BIBLIOGRAPHIQUES COMME ARTISTE, POÈTE, CURATEUR ET ÉDITEUR:

- Bibliographie principale:
1. Ana Santos Ríos, *La obra poética y pictórica de Norbert-Bertrand Barbe*, Thèse en Littérature Hispanique, Université Catholique UNICA, Managua, 2007
2. *"Lire/Aimer, Connaître/Ecrire, Editer/Publier: du Rêve à la Réalité"*, *"Un Editeur, Un Homme"*, Bulletin d'Information et Relation *L'Estracelle* de la Maison de la Poésie Nord-Pas de Calais, n° 4, 2002, pp. 30-33
3. Wikipedia: http://fr.wikipedia.org/wiki/Norbert_Bertrand_Barbe
4. Wikicommons: http://commons.wikimedia.org/wiki/Category:Norbert-Bertrand_Barbe, 2009
5. Wikipedia: *"Artiste contemporain français"*, http://wikipedia.orange.fr/wiki/Cat%C3%A9gorie:Artiste_contemporain_fran%C3%A7ais
6. Wikipedia: *"Peintre français du XXe siècle"*, http://wikipedia.orange.fr/wiki/Cat%C3%A9gorie:Peintre_fran%C3%A7ais_du_XXe_si%C3%A8cle
7. Wikipedia: http://www.kontynentalny.atm.pl/wikipedia/w/fr/Portail:Art_contemporain
8. *"El regreso del Papalote - Una entrevista de Porfirio García Romano con Norbert-Bertrand Barbe"*, *El Nuevo Diario*, 2/8/2002
9. Idem, http://archivo.elnuevodiario.com.ni/2002/agosto/02-agosto-2002/variedades/variedades6.html
10. *"Norbert-Bertrand Barbe hoy en la Alianza Francesa"*, *El Nuevo Diario*, 14/8/2002
11. Idem, http://archivo.elnuevodiario.com.ni/2002/agosto/14-agosto-2002/variedades/variedades4.html
12. *"En los recintos poéticos del Dr. Barbe"*, *El Nuevo Diario*, 19/4/2007, p. 7B
13. Idem, http://www.elnuevodiario.com.ni/2007/04/19/variedades

14. http://www.evi.com/q/which_philosophers_have_been_painters

- **Bibliographie principale comme artiste sur GoogleBooks:**

15. *Arte Del Siglo Xx: Arquitectura Contemporánea, Arquitectura Deconstructivista, Arquitectura Del Movimiento Moderno, Arquitectura Del Siglo XX*, General Books, 2011, http://books.google.de/books?id=EumyZwEACAAJ&dq=norbert-bertrand+barbe&hl=es&sa=X&ei=7FSrUYaNMorU9gTYxoHwDg&ved=0CEoQ6AEwBT ha

16. *Arte Contemporáneo: Cubismo, Norbert-Bertrand Barbe, Arte Nazi, Arte Abstracto, Pintura Contemporánea, Arte EUA*, General Books, 2011, http://books.google.de/books?id=DTykZwEACAAJ&dq=norbert-bertrand+barbe&hl=es&sa=X&ei=rlOrUcGPB4Om9ATPilHQCg&ved=0CCwQ6AEwAD ge

17. *Artiste Contemporain Français: Norbert Bertrand Barbe, Jean-Jacques Birgé, Christian Jaccard, Richard Texier, Jean-Michel Othoniel*, General Books LLC, 2011, http://books.google.de/books?id=unUwLgEACAAJ&dq=norbert-bertrand+barbe&hl=es&sa=X&ei=clOrUaj8Mo3c9QThlYGYBQ&ved=0CDUQ6AEwAjg U

18. *Artiste Français: Raymond Savignac, Norbert Bertrand Barbe, Lucien Bégule, Henri Goetz, Jean Lurçat, Liste Des Artistes Français*, General Books, 2011 , http://books.google.de/books?id=92VpcAAACAAJ&dq=norbert-bertrand+barbe&hl=es&sa=X&ei=6VKrUam9Mlqg9QTjuYD4BA&ved=0CF8Q6AEwCTg K

19. *Peintre Français Du XXIe Siècle: Norbert Bertrand Barbe, Nasser Assar, Amar Ben Belgacem, Alain Valtat, Alain Plesse, Gérard Serée, Ronan Olier*, General Books LLC, 2011 , http://books.google.de/books?id=6KtKLgEACAAJ&dq=norbert-bertrand+barbe&hl=es&sa=X&ei=clOrUaj8Mo3c9QThlYGYBQ&ved=0CCwQ6AEwADg U

20. *Plasticien Contemporain Français: Yves Tanguy, Marcel Duchamp, Richard Baquié, Norbert Bertrand Barbe, Jean-Paul Thibeau, Yves Klein*, General Books LLC, 2011, http://books.google.de/books?id=lySKmQEACAAJ&dq=norbert-bertrand+barbe&hl=es&sa=X&ei=NVSrUYrxJpG49gSErlGlCg&ved=0CD4Q6AEwAzg8

- **Bibliographie secondaire:**

21. "*Papalotes en el día de los muertos*", *El Nuevo Diario*, Managua, 30/10/1999

22. "*Papalotes y posmodernos también celebran a la virgen - Ella que aparece en todas partes*", *El Nuevo Diario*, 3/12/1998

23. David Ocón, "*Salutación al Optimista*", *El Nuevo Diario*, Managua, 23 octubre de 1999.
24. David Ocón *Del bien decir y del mal decir*, Managua, Centro Nicaragüense de Escritores, 2002
25. Mayórit Guevara G., "*Literatura francesa en expo-venta*", *La Prensa*, 22/2/2003
26. Milagros Sánchez Pinell, "*En busca del último nombre de Dios*", *La Prensa*, sección cultural *Revista*, 12/6/2003
27. *Ouest France*, 12/10/2003
28. *Presse Océan*, 18/10/2003
29. Marta Leonor González, *La Prensa*, sección cultural *Revista*, 29/11/2003.
30. www.escritorasnicaragua.org/libros07.html
31. www.marcaacme.com/noticia.php?id=40
32. Marta Leonor González, "*Las Puertas se abren*", *La Prensa Literaria*, 2/4/2005
33. www-ni.laprensa.com.ni/archivo/ 2005/abril/02/literaria/comentario/
34. Auxiliadora Rosales, "*Arte digital a escena*", *La Prensa*, sección cultural *Revista*, 11/5/2005
35. "*El Autor y su obra*", *La Prensa*, 26/5/2005, p. 9C
36. Erick Aguirre, "*Las traiciones de Norbert-Bertrand Barbe*", *El Nuevo Diario*, 1/10/2005.
37. www.marcaacme.com/articulo-view.php?id=56,
38. www.elnuevodiario.com.ni/imprimir/2389.
39. Eunice Shade, "*Experimento erótico de Norbert-Bertrand Barbe*", *El Nuevo Diario*, sección cultural *Pluma Erótica*, 25/11/2005
40. David Ocón, "*Epístola para Norbert*", *Estrago*, Managua, No 3, octubre del 2005-febrero del 2006, pp. 46-49
41. http://www.marcaacme.com/foro/viewtopic.php?p=5729&sid=02d14e4c15f2f0993a79e5d077776258.
42. buscatextual.cnpq.br/buscatextual/ visualizacv.jsp?id=K4788249P6&tipo=completo
43. Canal 11, programme *De Sol a Sol*, Managua, 2/2/2006
44. Jorge Eduardo Arellano, "*Festival de Poesía en Granada*", *La Prensa Literaria*, Managua, 18/2/2006, pp. 8-9
45. Idem, *El Nuevo Diario*: 26/2/2006, p. 6B
46. Idem, *El Nuevo Diario*: 27/2/2006, p. 2-B
47. Eunice Shade, "*Todo listo para Calle Arte*", 28/2/2006, p. 6B
48. http://www.elnuevodiario.com.ni/2006/02/28/variedades/13735
49. *La Prensa*: Reyneris Cerda Aragón, "*Arte y cultura en las calles*", 24/2/2006, p. 11B
50. *Hoy*: Gloria Acosta Pérez, "*Calle Arte: Festival en la vía pública*", 28/2/2006, p. 23
51. G. Acosta Pérez, "*Fiesta con Arte - Realizan primer festival Calle Arte*", 1/3/2006, p. 23
52. MarcaAcme: www.marcaacme.com/noticia.php?id=133
53. http://www.ladooscuro.tv/reportarte/08_22abr06_dia_del_arte-groovinol.php, 2006

54. Jorge Eduardo Arellano, "*Festival de Poesía en Granada*", *La Prensa Literaria*, pp. 8-9
55. Portal de la cultura de la América latina UNESCO: "*Celebrado en Nicaragua II Festival Internacional ded Poesía de Granada*", http://www.lacult.org/noticias/showitem.php?id=453
56. "*Poetas de todo el mundo peregrinan al Festival Internacional de Nicaragua*", *IBLNews*, 2/2/2006, http://iblnews.com/story_se.php?id=9475
57. "*Granada capital mundial de la poesía*", *El Nuevo Diario*, 7/2/2006
58. www.elnuevodiario.com.ni/imprimir/12162
59. MarcaAcme.com: www.marcaacme.com/articulos.php
60. "*Poetas de 30 países a Festival de Poesía en Granada*"; Associated Press/Yahoo México: http://mx.entertainment.yahoo.com/060202/8/1m3f0.html
61. Blog de Poemas del Alma: www.poemas-del-alma.com/blog/
62. Literatura - Carátula - TERRA: www.terra.com.co/cultura/literatura/ caratula/08-02-2006/nota274852
63. Portal de la Cultura - América Latina y el Caribe: www.lacult.org/noticias/showitem.php?id=453
64. Frontera.info: www.frontera.info/edicionenlinea/ notas/noticias/20060207/99324.asp
65. El Deber: www.eldeber.com.bo/2006/02/20060207/al4.html
66. Milenio.com.bo: 7/2/2006, "*Más de 100 poetas de 27 países participan en II Festival Poesía*"
67. El Mostrador: www.laplazadigital.cl/modulos/noticias/ constructor/noticia_new.asp?id_noticia=180573
68. Helena Ramos, "*Marta Leonor González Orpheline Enragée Traducción y notas de Norbert-Bertrand Barbe Bés Editions, 2003*", Asociación Nicaragüense de Escritoras ANIDE, http://www.escritorasnicaragua.org/libros07.html
69. Rodrigo Peñalba, http://www.marcaacme.com/yosoy/
70. http://de.marcaacme.com, http://donernesto.deviantart.com/gallery, 13/3/2006.
71. MarcaAcme, http://marcaacme.com/foro/viewtopic.php?t=640
72. http://images.google.com.ni/imgres?imgurl=http://www.electroshot.com/fsol/lifef.jpg&imgrefurl=http://www.marcaacme.com/blogs/acme/index.php/2006/02/&h=339&w=343&sz=88&hl=es&start=18&tbnid=MwUXlVQC6u-bfM:&tbnh=119&tbnw=120&prev=/images%3Fq%3Dnorbert-bertrand%2Bbarbe%26gbv%3D2%26svnum%3D100%26hl%3Des%26safe%3Doff
73. *Zona de Tolerancia*, No 8, juillet-décembre 2006, http://www.geocities.com/zonadetolerancia/default.html
74. Inés Izquierdo Miller, "*A Puerta Cerrada en la ciudad de León*", *La Prensa*, 22/7/2006, p. 9B

75. Marcela Olivas Urroz, "*A puerta cerrada - Obra de teatro se presenta en la calle*", Hoy, 21/7/2006, p. 24

76. http://www.marcaacme.com/noticia.php?id=257

77. Raúl Quintanilla, "*Otra Granada para Walker*", *La Prensa Literaria*, 9/9/2006, p. 5

78. *400*   *Elefantes*, http://www.400elefantes.com/index.php?subaction=showfull&id=1156547177&archive= &start_from=&ucat=6&.

79. MarcaAcme, http://www.marcaacme.com/noticia.php?id=295

80. *Artísticas*, 18/09/2006, http://www.resonancias.org/ns/content.php?id=572&style=1

81. V Festival Internacional de Poesía de El Salvador, octobre 2006: *La Prensa Gráfica*, San Salvador, 5/10/2006

82. *La Prensa Gráfica*, San Salvador, 6/10/2006

83. http://latino.msn.com/noticias/articles/ArticlePage.aspx?cp-documentid=950154

84. *Diario Co Latino*, San Salvador, 20/10/2006

85. portal.sre.gob.mx/elsalvador/pdf/ProgPoes.doc

86. www.elfaro.net/secciones/el_agora/20061002/prgramapoesia.swf

87. http://www.ufg.edu.sv/ufg/modules.php?op=modload&name=News&file=article&sid=48 5

88. http://www.diariocolatino.com/tresmil/detalles.asp?NewsID=839

89. http://www.laprensagrafica.com/cultura/607686.asp

90. http://www.laprensagrafica.com/cultura/612805.asp

91. http://www.lostiempos.com/noticias/21-09-06/21_09_06_ultimas_vyf3.php

92. www.raissv.com/pdf/agenda%20cultural%20octubre.pdf

93. www.concultura.gob.sv/6.htm

94. www.concultura.gob.sv/3.htm

95. www.univision.com/contentroot/wirefeeds/11ny/6721461.html

96. http://www.terra.com/noticias/articulo/html/act493188.htm

97. Information internet de Concultura (Ministerio de Cultura de El Salvador): http://www.raissv.com/pdf/agenda%20cultural%20octubre.pdf

98. Luis Rocha, "*Notas culturales*", *Nuevo Amanecer Cultural*, 12/8/2006

99. http://www.elnuevodiario.com.ni/2006/08/12/suplemento/nuevoamanecer/3135

100. Tito Leyva, "*Palabras de Aniversario*" por Alicia Zamora, *Nuevo Amanecer Cultural*, 6/10/2006

101. http://www.elnuevodiario.com.ni/2006/06/10/suplemento/nuevoamanecer/2528

102. Martin Mulligan, "*Calle Arte-Granada se toma Plaza de la Independencia*", *El Nuevo Diario*, 7/11/2006

103. http://www.elnuevodiario.com.ni/2006/11/07/departamentales/33272.

104. http://www.marcaacme.com/noticia.php?id=495

105. http://www.400elefantes.com/noticias.php?subaction=showfull&id=1156350511&archiv
e=&start_from=&ucat=6&, puesta al día del 18/01/2007
106. http://www.elnuevodiario.com.ni/2007/05/05/suplemento/nuevoamanecer/5669
107. Rebecca Arcía M., "*Celebran al mejor reportero*", *La Prensa*, 23/1/2007, p. 12B
108. David Ocón, "*Miss-IVA a Norbert-Bertrand Barbe*", *Escritos Abrasivos*, Managua, Centro Nicaragüense de Escritores, 2006, pp. 131-134
109. Leo Carcamo H, "*Noticias de Occidente*", *Bolsa de Noticias*, 22/1/2007
110. http://www.grupoese.com.ni/2007/enero/22/occidente.htm
111.   Zona de Tolerancia, No 10, julio-diciembre 2007
112. http://www.marcaacme.com/noticia.php?id=966
113. Anulfo Argüello, "*Arte contemporáneo*", *La Prensa Literaria*, 17/11/2007, pp. 2-4
114. "*49 artistas exhiben las nuevas facetas del arte contemporáneo*", *El Nuevo Diario*, 17/11/2007
115. http://impreso.elnuevodiario.com.ni/2007/11/17/variedades/64022
116. Cindy Regidor, "*Festival de las Artes*", *La Prensa*, 19/11/2007
117. Idem, http://www.laprensa.com.ni/archivo/2007/noviembre/19/noticias/revista/227903_print.s html
118. http://www.vocesnocturnas.org/noticias/calle-arte-2007.html
119. http://www.vocesnocturnas.org/2007/11/
120. http://www.ombres-blanches.fr/pub/repere/auteur/niv5.php?id_chap=2574
121. *Voces   Nocturnas*,   noviembre   2007,   edición   digital, http://www.vocesnocturnas.org/noticias/calle-arte-2007.html
122. http://www.grupoese.com.ni/1999/bn/03/26/agenda990326.htm
123. "*Reconocimiento a escritores nicaragüenses - Escritor masón entre homenajeados*", http://www.elnuevodiario.com.ni/variedades/37353
124. *Nuevo Amanecer Cultural*, 17/4/2005
125. http://madc.ac.cr/mambo452/index.php?option=com_content&task=view&id=349&Itemi d=77 (site officiel du MADC, Museo de Arte y Diseño Contemporáneos de San José, Costa Rica)
126. http://funposal.org/festivalV/participantes.html
127. Maison   de   l'Amérique   Latine,   París, http://culturel.mal217.org/fr/Agenda/Litterature/Tribune-des-Livres-549.htm?keywords=passeur
128. María Dolores G. Torres, "*Gaia y la recuperación del espacio perdido*", http://estragoecologico-textos.blogspot.com/

129. "*Diez autores homenajeados - Celebran Día del Escritor Nicaragüense*", Centro Nicaragüense de Escritores, http://www.escritoresnicaragua.com/2009/01/15/celebran-dia-nacional-del-escritor-nicaraguense/

130. "*Escritores distinguidos*", La Prensa Literaria, 10/1/2009, p. 2

131. "*Diez Autores homenejeados*", Nuevo Amanecer Cultural, 10/1/2009, pp. 2-3

132. "*Escritores nicaraüenses distinguidos - Diez autores recibirán reconocimiento*", Hoy, 15/1/2009, p. 16

133. Luis Rocha, "*Día Nacional del Escritor Nicaragüense*", El Nuevo Diario, 15/1/2009, p. 10B

134. *La Brújula del Ocio*, La Prensa, Agenda, 15/1/2009, No 11, p. 15

135. http://estragoecologico.blogspot.com/

136. María Dolores G. Torres, "*Gaia y la recuperación del espacio perdido*", Nuevo Amanecer Cultural, 30/5/2009, p. 6B

137. http://impreso.elnuevodiario.com.ni/2009/05/30/suplemento/nuevoamanecer

138. Dora Roa, "*En pro del medio ambiente - Exposición de arte "Gaia Estrago Ecológico"*" El Nuevo Diario, 3/6/2009

139. http://www.elnuevodiario.com.ni/variedades/49257

140. "*Arte + Ecología*", La Prensa Literaria, 30/5/2009, pp. 1 y 6-8

141. http://www.laprensa.com.ni/archivo/2009/mayo/30/suplementos/prensaliteraria/arte/arte-20090529-1.shtml

142. Francisco Ruiz Udiel, "*Fusión de artes visuales en Granada*", El Nuevo Diario,29/10/2009

143. http://www.elnuevodiario.com.ni/variedades/58542

144. Arnulfo Argüello, "*Arte Contemporáneo*", La Prensa Literaria, 17/11/2007

145. http://archivo.laprensa.com.ni/archivo/2007/noviembre/17/suplementos/prensaliteraria/arte/arte-20071116-1.shtml

146. www.portalvianica.com

147. funposal.org/festivalV/participantes.html

148. http://www.ican.org.ni/2010/01/07/exposicion-obras-racionales/

149. http://www.escritoresnicaragua.com/2010/04/06/norbert-bertrand-barbe/

150. http://www.tlaxcala.es/pp.asp?reference=1431&lg=fr

151. http://webcache.googleusercontent.com/search?q=cache:rgP8aOe9S_4J:pufc.univ-fcomte.fr/download/pufc/document/sommaire/sommaire857.pdf+barbe+%22norbert+bertrand%22&cd=44&hl=es&ct=clnk&gl=ni&lr=lang_fr

152. http://labulleannuaire.com/Casa+Mia

153. *Dialogues: Webster's Quotations, Facts and Phrases*, ICON Group International, Inc., 2008, p. 82

154. *Letras* Salvajes, Nueva Época, No 1, 2010, http://barcoborracho1871.blogspot.com/

155. *Notigex   Noticias   del   Grupo   Extra,* http://www.diarioextra.com/notigex/show_news.php?subaction=showfull&id=11389188 59&archive=1138965665&template=

156. Iniciativa Alemana-Nicaragüense, http://www.ican.org.ni/2010/01/07/exposicion-obras-racionales/

157. http://www.escritoresnicaragua.com/etiqueta/hanzel-lacayo/

158. http://pipl.com/directory/people/Norman/Bertrand

159. http://www.skyscraperlife.com/city-versus-city/18047-antigua-guatemala-vs-granada-nicaragua-13.html

160. http://www.c3mundos.org/news/2011/01/27/casa-de-los-tres-mundos-during-2010

161. "*Los Miércoles de Poesía de la Peña Cultural de la Fundación Cultural Alkimia y los Tacos de Paco*", http://megasalbertos.blogspot.com/2011/09/participantes-de-los-miercoles-de.html

162. http://wdict.net/word/norbert-bertrand+barbe/

163. http://h-net.msu.edu/cgi-bin/logbrowse.pl?trx=vx&list=h-arthist&month=0306&week=b&msg=etPqvxtvRZP5RKYmgoHT2A&user=&pw=

164. http://enc.tfode.com/Norbert-Bertrand_Barbe

165. http://www.whoislog.info/profile/norbert-bertrand-barbe.html

166. http://zenfloyd.blogspot.com/2009_08_01_archive.html

167. http://worldmedia.mitrasites.com/norbert-bertrand-barbe.html

168. http://www.oocities.org/zonadetolerancia/opinion.html

169. http://www.oocities.org/zonadetolerancia/2009a/bertrand.htm

170. http://escritores-nicaragenses.blogspot.com/2007/07/rodrigo-pealba-franco-1981.html

171. http://www.elena-liliana-popescu.ro/sp/granada2006.html

172. http://www.poemas-del-alma.com/blog/noticias/ii-festival-internacional-de-poesia

173. http://elcorreonicaraguense.blogspot.com/2010_12_01_archive.html

174. http://es.pdfsb.com/barbe

175. http://www.foronicaraguensedecultura.org/2013/03/23/noche-de-poesia-y-recuentos-biograficos-en-masaya/

176. "*Papalotes en Granada*", El Nuevo Diario, 14/10/1998

177. http://archivo.elnuevodiario.com.ni/1998/octubre/14-octubre-1998/variedades/variedades1.html

178. http://www.esacademic.com/searchall.php?SWord=norbert-bertrand&stype=0

179. http://dic.academic.ru/dic.nsf/esp_rus/52936/papalote

180. http://es.pdfsb.com/20+poemas+de+amor

PREMIÈRE PARTIE: PARCOURS BIOGRAPHIQUE ET CONSTRUCTION EPISTEMOLOGIQUE DE LA METHODE

0. Travaux apportés
0.1. Avertissement

Les ouvrages qui forment les travaux présentés à l'Habilitation sont (selon la méthode utilisée par Roland Barthes dans la plupart de ses ouvrages, dont le fondateur *Mythologies*) des compilations d'articles publiés antérieurement en revues, et organisés par discipline, avec l'intention, mise en pratique ici, de les utiliser comme des preuves de la pertinence disciplinaire de la méthode proposée.

Échappent à ce principe, d'une part les deux ouvrages fournis comme base épistémologique, qui sont ma thèse, publiée originellement par les Presses du Septentrion, en 1997, et l'ouvrage sur *Arturo Andrés Roig y el problema epistemológico*, originellement publié par l'Université Nationale Autonome du Nicaragua UNAN-Managua, également en 1997, puis republié en 1998 par cette même Université; d'autre part les deux ouvrages d'Histoire moderne et contemporaine de l'architecture, produits au sein de l'Université Nationale d'Ingénierie UNI-RUSB Managua, respectivement en 2006 et 2007, pour la Faculté d'Architecture.

Enfin, à l'inverse des autres titres (qui regroupent donc des textes préalablement publiés en revues), l'ouvrage de mythologie présente, quant à lui, des études dont les conclusions furent présentées lors de plusieurs colloques et congrès en France et à l'étranger (postérieurs à la publication de l'ouvrage):

1. *"Le rire: désacralisation ou manière de diffuser le sacré? L'exemple du pet dans les textes et légendes populaires"*, Colloque International sur le Rire: "*Deux mille ans de rire - Permanence et modernité*", GRELIS, Université de Besançon, juin 2000;

2. *"Modelización de las figuras del pensamiento latinoamericano en la literatura nicaragüense: Los orígenes prehispanicos e indigenos de las figuras y motivos en El Güegüence y las aventuras de Tío Coyote"*, VIIème Congreso de la SOLAR (Sociedad Latinoamericana de Estudios sobre América Latina y el Caribe, présidée par Leopoldo Zea): "*Retos de América Latina a principios del Tercer Milenio*", Managua, novembre 2000;

3. *"Estudio comparativo de tres textos fundadores del teatro latinoamericano: El "Rabinal Achí" guatemalteco, El "Ollantay" peruano y El Güegüence nicaragüense"*, V Coloquio Internacional: Teatro y Tercer Milenio en Hispanoamérica - Dominios hispanoamericano y mexicano, CRILAUP - Centre Européen de Recherches sur le Théâtre Mexicain, Universidad de Perpignan, octobre 2001;

4. *"Aproximaciones a la estructura narrativa de El Güegüence"*, Jornadas Darianas, mars 2002;

73

5. *Peut-on penser le rire comme socialement constructif de l'appartenance à un groupe, par opposition implicite entre le(s) rieur(s) et le(s) moqué(s)?*", Colloque International sur le Rire, CORHUM, Université René Descartes, Paris, octobre 2002;

6. "*Aproximaciones a la estructura narrativa de El Güegüence*", Simposio "*El Güegüence: Tiempo, Paraje y Trascendencia*", Embajada de España e Instituto Nicaragüense de Cultura Hispánica, Diriamba, janvier 2003.

Qui furent postérieurement publiés, soit dans les *Actes* de ces mêmes congrès, soit en revues.

Toutefois, malgré le fait, important pour la validité méthodologique et référencielle des études ici présentées, que la grande majorité, comme je viens de le dire, a été publiée soit en revues, le plus souvent indexées ou avec comité de lecture, soit dans des journaux à tirage nationaux, et présentée en Congrès internationaux, l'ensemble des éditions jointes présente la version définitive, à ce jour, des différents ouvrages, publiée, comme auteur-éditeur, aux Éditions Bès.

Tous les ouvrages indiquent dans une note de début les références bibliographiques de publication des articles les intégrant.

0.2. Liste des travaux

Comme base méthodologique et épistémologique:

1. Thèse: *Roland Barthes et la théorie esthétique*, 2001, 1 vol., 453 p., français.

2. *Arturo Andrés Roig y el problema epistemológico y otros textos sobre Filosofía Latinoamericana*, 2004, 1 vol., 34 p., espagnol.

Comme application disciplinaire dans les différents champs:

3. *Iconologia (de Bosch et Bruegel à Géricault aux surréalistes: Delvaux, Magritte)/Estudio de los ArteFactos, grupo de artistas abstractos de Managua (artículos de diarios 1997-1999)*, 2001, 1 vol., 554 p., bilingüe francés-español.

4. *Essais d'iconologie filmique - Origine classique des représentations contemporaines (de Hitchcock à la publicité)/Hablemos de Cine - Sección de interpretación fílmica de El Nuevo Diario de Managua (1997-1999)*, 2002, 1 vol., 558 p., bilingüe francés-español.

5. *Origines littéraires de la pensée contemporaine XIXème-XXème siècles - Goethe, Poe, Huysmans, Mallarmé, Tolstoï, Wells, le roman policier, Jean Ray, Borges, Barthes, Alina Reyes/Darío latinoamericanista (série d'essais sur l'oeuvre du poète, depuis Azul... jusqu'à Canto a la Argentina y otros poemas*, réalisée sous la direction du CEPEN: Centro de Estudios del Pensamiento Nicaragüense de la Universidad Nacional Autónoma de Nicaragua - UNAN-Managua), 2002, 1 vol., 309 p., bilingüe français-espagnol.

6. *Mythes (autour du Dieu du Pet - de Hérodote à Barbe Bleue et de Rutebeuf à Dante)*, 2001, 1 vol., 174 p., français.
7. *Un ensayo sobre Historia de la Arquitectura Moderna - Siglos XII-XVIII*, 2006, 1 vol., 710 p., espagnol.
8. *Historia de la Arquitectura Contemporánea - Siglos XIX-XXI*, 2007, 2 vol., t. 1: 378 p., t. 2: 1024 planches, espagnol.
9. *Iconologiae*, 2006, 678 p. J'ajoute en outre par le biais de ce volume complémentaire les deux parties supplémentaires à *Hablemos de Cine*, présents dans la version rééditée *Iconologiae* de 2006, qui intègre les deux volumes augmentés et corrigés des deux parties respectives d'*Iconologia* et d'*Essais d'iconologie filmique*.

1. Les prémisses

Je voudrais ici commencer par mettre sous l'égide de deux idées la suivante proposition et exposition.

D'une part, en référence à l'étude de Panofsky sur la première page des *Vies des plus excellents peintres, sculpteurs et architectes*, où Vasari représenta une architecture gothique, que, pourtant, il critiquait, l'idée, montrée par Panofsky, que cette représentation illustre la prise de position des artistes et architectes de la Renaissance face au matériel antérieur existant.

D'autre part, l'idée, présentée par Sartre dans *L'existencialisme est un humanisme*, selon laquelle l'origine de l'acte d'écriture se présente lorsque l'écrivain (ou celui qui le deviendra) entre en choc avec la société dont il provient.

Ces deux prémisses pour mettre en évidence deux principes fondamentaux de toute démarche, et de celle-ci en particulier, qui est, d'une part, donc, l'obligatoire positionnement de l'auteur ou du théoricien face à son époque, et, d'autre part, dans ce même cadre, l'activité dialectique que ce positionnement implique par rapport au matériel existant. Dit autrement, si l'on ne se représentait pas comme problématique le savoir à notre portée, mais qu'il nous paraissait total et terminal, l'action de le penser et de le travailler n'aurait sans doute pas le même intérêt. L'urgence du moins en disparaîtrait.

2. Biographie et activité
2.1. L'Université et les années d'études (1987-1996)

Ce point de vue pour faire, dès l'abord, contrepoint à un autre mouvement, que l'on ne peut ni ne doit nier, et qui correspond à la question du parcours personnel, qui obligatoirement induit le professionnel et scientifique, mais dépend autant de la volonté que du hasard, en quelque sorte pour le dire en termes de Jacques Monod, du hasard et de la nécessité.

Ainsi, la démarche ici présentée part avant tout d'une réalité de vie, qui se doit d'être expliquée pour, sinon justifier, du moins comprendre le mécanisme qui la forme et la définit.

Je suis originellement avant tout artiste plastique (avec à ce jour 31 expositions individuelles - dont 8 d'entre elles virtuelles - et 19 collectives) et poète (avec, en 2014, quelques 979 poèmes et nouvelles publiés dans des revues dans une dizaine de pays, entre lesquels la France, la Belgique, l'Espagne, les États-Unis, le Mexique, etc.).

En 2002, la Maison de la Poésie Nord-Pas de Calais me dédia un numéro ("*Lire/Aimer, Connaître/Ecrire, Editer/Publier: du Rêve à la Réalité*", partie centrale: "*Un Editeur, Un Homme*" dédiée à ma labeur de poète et d'éditeur, Bulletin d'Information et de Relation *L'Estracelle* de la Maison de la Poésie Région Nord-Pas de Calais, n° 4, 2002, pp. 30-33) et en 2007 une thèse universitaire fut défendue sur mon oeuvre (Ana Santos Ríos, *La Obra poética y pictórica de Norbert-Bertrand Barbe*, Thèse en Littérature Hispanique, Université Catholique UNICA, Managua, 2007). D'autre part, le Centre Nicaraguayen d'Écrivains, CNE, en 2009 me décora pour l'ensemble de mon oeuvre comme auteur et comme diffuseur de la culture nationale.

Cette double activité d'artiste et de poète, formelle, c'est-à-dire d'attention et de modification des formes, orienta mon choix d'inscription universitaire originel. Ainsi, lorsque j'entrais à l'Université de Paris X-Nanterre en 1987, après un baccalauréat littéraire, je pensais m'inscrire parallèlement dans les trois filières d'Histoire de l'Art, de Littérature et de Philosophie, ce qui ne fut pas possible, puisqu'il n'y avait plus de place dans les deux dernières. Toutefois, je prenais les quatre classes libres des dix annuelles en littérature et en philosophie. À partir de la Maîtrise, que je défendais en Histoire de l'Art basse-médiévale (sur "*Les Tentations de Saint Antoine aux XIVème-XVIème siècles*"), je passais un D.E.A. en Littérature Comparée sur "*Les thèmes du Radeau de la Méduse de Théodore Géricault étudiés à travers leur récurrence dans l'oeuvre du peintre, et dans l'art et la littérature du XIXème siècle*" puis un Doctorat en Lettres sur "*Roland Barthes et la théorie esthétique*".

Si l'on regarde les titres de ces travaux, l'on s'apercevra de deux évolutions notables: d'une part, une dérive lente mais sûre du Bas Moyen Âge au passage de la modernité à la contemporanéité, puis à la contemporanéité, en ce qui concerne le champ historique; d'autre part, en ce qui concerne le champ sémantique ou disciplinaire, outre une interdisciplinarité naissante, un intérêt persistant pour les interstices entre art et littérature, mais aussi, plus significativement, pour l'aspect méthodologique et la théorisation des procédés d'analyse de ces interstices.

Toutefois, précisément, là encore, la biographie justifie, outre l'intérêt personnel, les causes de ce mouvement.

En cela, les figures d'enseignants furent importantes. Si bien, malheureusement, mes directeurs n'étaient pas forcément spécialistes, pour des raisons diverses, notamment de la constitution administrative de l'Université où je me diplômais, des champs que j'explorais (ainsi, mon directeur de Maîtrise fut M. Karol Heitz, haut médiéviste, spécialiste de l'architecture, non de la peinture, et ma directrice de D.E.A. fut Mme Claude De Grève, spécialiste de la littérature russe du XIXème siècle), ce sont cependant les enseignants qui furent les miens en Université, notamment dans mes premières années d'études, qui définirent, sans le vouloir, et de fait souvent sans le savoir, mon orientation générale.

En ce sens, il est important de les nommer et de leur rendre un bref mais nécessaire hommage. Tout d'abord, loin du champ méthodologique, mais pour l'amour aux représentations comme beaux objets, M. Jean-Pierre Suau, professeur d'Art médiéval, spécialiste des arts mineurs du bas Moyen Âge, qui me donna la passion pour cette période. Mais, plus significativement, et cette fois dans le cadre méthodologique, d'abord, dans ma première année d'Université, M. Gilbert Lascault, professeur d'Esthétique, auteur d'une thèse sur *Le monstre dans l'art occidental*, dont le principe d'enseignement était ce qu'il nommait "*séminaires de l'incertitude*", et dont il transporta postérieurement la méthode à La Sorbonne, où il termina sa carrière. Il m'apprit l'importance de l'inquiétude personnelle comme moteur d'apprentissage, mais aussi la pensée libre et la diversification d'intérêts dans l'approche esthétique (c'est-à-dire des oeuvres). Ensuite, M. Claude Frontisi, professeur d'Art contemporain, ancien mathématicien, qui avait la capacité de s'attarder sur une oeuvre concrète durant plusieurs sessions de classe, nous montrant ainsi l'amplitude de ce que l'on pouvait en tirer, coup de force d'autant plus important qu'il s'agissait d'oeuvres abstraites des avant-gardes. De manière concomitante, M. Smala, spécialiste de l'art du XIXème siècle et de l'art africain, qui nous enseigna une certaine structure de l'évolution artistique. Plus encore, M. Éric Darragon, professeur d'Art moderne, qui, bien que sans jamais nous citer explicitement les auteurs sur lesquels il se basait, nous transmettait les interprétations de l'École de Warburg, notamment d'Erwin Panofsky (sur Dürer ou Le Titien) et d'Edgar Wind (sur Botticelli). En outre, ce professeur, qui termina également sa carrière à La Sorbonne, après avoir défendu une HDR sur Manet, qui obtint une notable célébrité (après lui avoir créé certains problèmes initiaux pour la défendre à Paris X, à cause de son caractère interdisciplinaire, précisément), nous avait donné une classe sur la critique pictorique du XIXème siècle (ce que les écrivains de l'époque commentaient des artistes et des Salons de leur temps), cours qui sans doute fut en partie la base de son ouvrage sur Manet, mais qui m'orienta, par sa méthodologie, dans mon travail sur Géricault, que j'étudiais doublement à partir de la critique et des divers auteurs des récits du naufrage de la frégate.

Principe auquel j'ajoutais celui, si l'on veut panofskien, de la division de l'oeuvre en motifs (la mer, le crépuscule, la nudité, l'Orient et donc l'orientalisme, etc.) et de leur analyse à partir de la comparaison avec ceux-ci dans les oeuvres les plus populaires de la littérature (le crépuscule dans la poésie romantique, la mer comme symbole du Destin chez Horace) ou de l'art (la nudité comme symbole de la *Virtus* patriotique chez David, l'homme face à la Nature chez Friedrich, l'orientalisme et le combat psychomachique dans les peintures romantiques, notamment de Géricault et Delacroix). J'utilisais ce même principe comparatif dans mes travaux postérieurs, notamment, pour ne citer que les plus récents, sur *Le Cri* de Munch, que je rapprochais des mises en scène de soi-même comme suicidé ou comme personnage de théâtre dans les autoportraits de Courbet et de la récurrence du cri comme principe d'affirmation d'individualité face à la société, dans les débats philosophiques de la fin du XVIIIème siècle (Hegel dans *Croire et Savoir*) jusque dans la poésie romantique, et sur *Carré Noir sur Fond Blanc* de Malevitch, où je présentais aussi bien la correspondance idéologique du carré (ou du cube) comme forme parfaite pour l'architecture fonctionnaliste d'Adolf Loos, ce qui entre aussi en correspondance avec les architectones de la fin de vie de Malevitch, que la récurrence, déjà notée par la critique d'art états-unienne Rosalind Krauss, de l'utilisation du carré comme symbole de la chambre noire dans les avant-gardes, ce que, plus précisément, je réduisais à la récurrence dudit carré comme principe de restriction et fractalisation visuelle pour le Bauhaus, aussi bien dans son enseignement (chez Itten) que dans ses productions, chez Josef Albers, Man Ray ou Kupka.

La minimalisation de l'étude, sensible dans le choix de ce que, dans le cadre métodologique, j'appelle des oeuvres-limites (comme le *Carré Noir sur Fond Blanc*), et dans l'intérêt pour l'aspect théorique de la proposition investigative, provient sans nul doute de l'influence de M. Lascault. La plus importante expression de cette orientation peut se trouver dans l'anthologie que j'ai élaborée entre 2005 et 2012 sur *Le néant dans la pensée contemporaine*, dont la version finale présente 15 champs du savoir (religion, politique, littérature, arts, musique, agriculture, astronomie, etc.), 42 auteurs, et 21 nationalités.

De manière indirecte, mais par mimétisme, c'est à M. Darragon que se doit l'influence panofskienne initiale, et par conséquent la considération du matériel artistique comme un témoignage de l'évolution des mentalités, qu'il est possible de replacer dans son contexte pour le comprendre symboliquement.

C'est en fait ingénuement que la lecture des travaux de Panofsky m'a profondément marqué. Or plusieurs éléments s'y trouvent qui expliquent, ou sous-tendent, mes orientations postérieures.

Tout d'abord l'amplitude de la perception historique, puisque Panofsky, à l'instar (bien que dans un autre sens) de Georg Büchner, fit deux thèses: l'une sur Dürer, l'autre intitulée *Idea*, sur l'évolution du concept d'Idée de la philosophie platonicienne jusqu'à la Renaissance. Ceci veut dire que, depuis toujours, Panofsky s'intéressait doublement à l'oeuvre d'art, et à la littérature et la philosophie.

Ensuite, dans ce cadre, l'importance du matériel littéraire pour comprendre l'oeuvre d'art. Ainsi le pose explicitement Panofsky dans son introduction méthodologique aux *Essais d'iconologie*, lorsqu'il affirme, à juste titre, que la méconnaissance de la référence littéraire préalable empêche de comprendre l'oeuvre d'art. Ainsi, pour le dire par l'absurde, une personne qui n'aurait jamais entendu parlé de Jésus serait dans la totale impossibilité de reconnaître, au-delà d'une scène de martyre, le sens d'une *Crucifixion*.

Finalement, l'interconnexion des arts entre eux, qui était un intérêt de M. Darragon, puisque, comme il a été dit, le sujet de son HDR fut la critique littéraire et journalistique à l'oeuvre de Manet, thème d'un cours plus général qu'il nous donna sur la critique littéraire du XIXème siècle aux artistes et aux Salons, mais qui, plus spécifiquement, était aussi la base de l'activité des représentants de l'École de Warburg: aussi bien en sens vertical (connexion entre les arts populaires et nobles, comme le montre le travail fondateur de Warburg sur la galerie Schifanoia de Ferrare, où il réussit pour la première fois à analyser les figures féminines comme des allégories zodiacales), qu'en sens, on l'a dit, dérivatif (dans la relation entre le matériel littéraire et philosophique d'une part, et avec l'artistique de l'autre). En outre, Panofsky se lança dans l'analyse de l'emblème Rolls Royce, et s'intéressa au cinéma. De même, en sens historique, Warburg étudia les représentations du serpent entre les indiens d'Amérique du Nord.

Toutefois, si l'on excepte l'introduction aux *Essais d'iconologie*, ni Panofsky ni aucun membre de l'École de Warburg ne s'est intéressé pour présenter une justification méthodologique du procédé qu'ils employaient.

Je ne me le serais sans doute pas proposé non plus, si ce n'avait été par deux voies parallèles, différentes, mais étroitement liées.

Alors que je découvrais les rares ouvrages de Panofsky tardivement traduits en français, en plus grande partie dans les années 1980 par les éditions Hazan, et lisais les oeuvres de Freud, Marx, Dupuis, F. Max Müller, Frazer, Saintyves ou Dumézil, voyant une méthode similaire en tous, je m'apercevais qu'à cette méthode s'étaient explicitement opposées des figures comme Francastel, Van Gennep, Lévi-Strauss ou les membres de l'E.H.S.S. de Paris, notamment le groupe dont les principaux représentants étaient Daniel Arasse (avec deux ouvrages de critique directe à la méthode panofskienne: *Le Détail* et *L'Annonciation italienne*) et Hubert Damisch (directeur d'une thèse sur Panofsky et Warburg, sujet d'une conférence critique que je donnais et reproduite dans mon ouvrage sur *Les ArteFactos à Managua*).

D'autre part, passant de l'histoire de l'art à la littérature comparée (pourtant intéressée par la correspondance entre arts et littérature, depuis la référenciation sémiotique du lexique architectural jusqu'aux essais barthésiens), ma propre directrice Mme De Grève m'avouait qu'il était compliqué pour les littéraires de connaître et comprendre la méthode d'histoire de l'art, raison pour laquelle elle m'orienta à produire une thèse comparative sur les méthodes d'analyse littéraire et d'histoire de l'art, m'indiquant Barthes comme possible point de départ.

Or, en lisant Barthes, je m'apercevais que la méthode proposée dans l'"*Introduction à l'analyse structurelle des récits*" était similaire en tout aux autres que je connaissais, notamment la panofskienne, mais que lorsque Barthes sortait de l'application littéraire pour entrer dans le domaine des arts, il n'employait plus ladite méthode, mais se fondait, curieusement, sur les préjugés littéraires et philosophiques traditionnels de l'art comme *ut poesis*, et sur l'absence de sens, autre que formel (signifiant sans signifié), de l'art, par opposition à la littérature, pleine de signifié puisque possédant la base scripturaire (dénotative-connotative) dont manquait, selon lui, l'ensemble des autres arts (ce qu'il passa sa vie à répéter). Ainsi, je découvrais, chez Barthes, mais aussi chez Jung, chez Freud même en certains points, ou chez Adorno, entre autres, une récurrence de l'association sémantique-idéologique entre art et rien, c'est-à-dire de l'art comme rien. Toutefois, j'essayais de montrer comment chez Barthes une telle position correspondait en fait à la quête, même imparfaite, d'un point de départ du sens, alors que chez les auteurs postérieurs, cela tendait plus, comme chez Arasse (ou Umberto Eco) par exemple, à l'affirmation pure et simple d'une absence de sens.

Là encore, la centralité du concept de rien (ou de néant) comme point de départ (le fameux *Degré zéro de l'écriture*) m'induisit à suivre la piste postérieure de ce qui deviendrait l'anthologie déjà citée sur *Le néant dans la pensée contemporaine*, et, associée, encore une fois, aux enseignements du "*fais ce que voudras*" des "*séminaires de l'incertitude*" du "*régent du Collège de 'Pataphysique pour la chaire de Tératoscopie & Dinographie*" depuis le 4 mai 2005 (http://fr.wikipedia.org/wiki/Gilbert_Lascault), M. Lascault, à l'approximation chaque fois plus directe, dans le processus de passage de la modernité à la contemporanéité, et de construction du discours de cette dernière, à l'analyse des oeuvres-limites.

Ce qui correspondait, en outre, à une autre inquiétude. En effet, Panfofsky et l'École de Warburg, malgré tout, se cantonnèrent à l'étude de l'art de la Renaissance, par définition figuratif (malgré les considérations ahistoriques postérieures d'Arasse par exemple qui voudrait que le *close-up* ou les gros-plans arbitraires sur les parties des tableaux identifient lesdits espaces amplifiés comme de petites abstractions à l'intérieur de la figuration). Et il m'importait donc de savoir si la méthode pouvait fonctionner pour l'art abstrait.

2.2. La vie active
2.2.1. Avant le Nicaragua (1991-1996)

Évidemment marquée par l'interdisciplinarité des champs du savoir, puisque s'intéressant aux disciplines qui traitaient de l'art et leur vision respective (histoire de l'art, littérature et littérature comparée, psychologie de l'art, sociologie de l'art, esthétique), ma thèse me porta, une fois soutenue, à faire ma première conférence devant un public de doctorants de l'Université de Besançon, invité par M. Bruno Péquinot, ancien directeur du Département de Sociologie de cette Université, et aujourd'hui enseignant à La Sorbonne.

Alors que dans ces années j'avais commencé à publier, notamment sur l'influence aussi bien de l'idéologie antique dans les représentations médiévales ("*La Crucifixion romane*", "*Isis au Moyen Âge*") que de l'idéologie basse médiévale et moderne dans les productions contemporaines, notamment filmiques (par exemple la représentation de la Mort et les rituels face à celle-ci ou la compréhension mystique qui en était donnée dans des films comme *Angel Heart*, ou *L'Échelle de Jacob*, et les liens avec la Grande Mystique, entre autres de Suso et d'Eckhart), j'avais parallèlement, en tant que coopérant, connu le Nicaragua, où je décidais de résider après mon doctorat, restant cependant plusieurs années à cheval entre la France et l'Amérique Centrale.

Une des préoccupations qui retint mon attention fut, dès mon travail sur Géricault, et au travers de celui-ci, les phénomènes de passage et de création de la mentalité contemporaine, problème qui faisait pendant aux analyses mentionnées de la transmission idéologique entre les périodes historiques, principe synchronique d'absence de solution de continuité de Panofsky que je reprennais et pouvais constater dans mes propres études.

2.2.2. Au Nicaragua - Première étape (1996-2005)

Le Nicaragua m'offrait, en ce sens, trois perspectives importantes:

1. L'opposition de point de vue entre Premier et Tiers-Monde, ou entre colonisateur et colonisé;
2. La réduction des problèmes d'influences à un monde beaucoup plus petit, donc plus facile d'analyser car les saillies en sont plus visibles;
3. Dans ce cadre, la dédication possible à l'analyse du passage de l'art figuratif à l'art abstrait, et à la mise à l'épreuve consécutive de la méthode (ce dernier point à travers ma labeur d'enseignement mais aussi de collaboration avec les principaux journaux de diffusion nationale: *El Nuevo Diario, La Prensa, Hoy, La Tribuna, Barricada* - ces deux derniers aujourd'hui disparus-, se devant d'être précisé que n'existe aucune revue scientifique, moins encore donc de Sciences Humaines, au Nicaragua).

J'avais, dans ce cadre, déjà commencé à aborder la double voie du processus de passage des idéologies entre les époques (principe synchronique, par opposition au diachronique, de Van Gennep par exemple, ou des structuralistes), et de formation de l'idéologie contemporaine dans des travaux comme *Deux essais pour comprendre la publicité aujourd'hui*, l'un sur la publicité, l'autre sur l'iconographie du gros et son développement, d'un point de vue positif (le riche, le bourgeois, la grosseur comme symbole d'aisance et de commodité) au XIXème siècle, à un point de vue négatif (le profiteur, le paresseux, par un curieux retour, notamment dans les chansons, par exemple "*Orly*" de Brel, et dans les vidéo-clips, entre autres de Souchon, à l'iconographie médiévale de l'*Acedia*).

Il faut tout de suite préciser que la question diachronique (qu'on pourrait dire qu'en ligne contextuelle situationiste en termes de régions me posait le Nicaragua par rapport à l'Europe), que la question diachronique donc de l'apparition de nouveaux sens par modification était déjà au centre de ma Maîtrise, qui déboucha d'ailleurs sur la publication de mon premier article scientifique dans la *Revue de la Bibliothèque Nationale de France*, à propos de deux *Tentations* conservées à la BNF: celle de Schongauer, et celle des *Heures de Louis de Laval*. J'y démontrais en effet comment l'iconographie des *Tentations*, qui se répand en suivant exactement la carte d'évolution, à la même époque, des Universités européennes, semble présenter la mise en scène du débat entre Ordres traditionnels (dominicains) et mendiants (franciscains), ce dont je trouvais l'expression visuelle aussi bien chez Schongauer (l'ascète impassible au centre, alors que les démons, rejetés à la circonférence d'un cercle imaginaire, le maltraitent, symbole, conformément à la théologie depuis au moins Pseudo-Denys l'Aréopagite, de la proximité à Dieu ou de l'éloignement de lui - ce format iconographique est reproduit dans l'ensemble des *Tentations* par les démons -), que dans les *Heures de Louis de Laval* (où le Saint dans la cheminée n'est pas, comme on l'a dit trop vite, une représentation de sa fonction de soin contre le mal des ardents, mais une reprise de l'iconographie franciscaine des *Fioretti*, lorsque Saint François convertit une libidineuse servante musulmane en répondant à ses avances obscènes par une invitation dans ce lit où il ne se brûle point). Accessoirement, sans en tirer d'autre conclusion, j'avais pu montrer dans ma Maîtrise que les *Tentations* se divisent en deux époques chronologiques: l'une des *Tentations* par les femmes, l'autre par les démons (que représente bien la dichotomie complémentaire, pour ainsi dire, des deux oeuvres suscitées). M'étant arrêté dans ma Maîtrise, dont l'espace ne permettait pas de faire plus, à l'étude plus spécifique des *Tentations* par les femmes (XIVème-XVème siècles).

Ayant travaillé au Nicaragua à l'Université Nationale Autonome du Nicaragua de 1996 à 2005 au Département de Philosophie, où je créais les chaires, disparues depuis, d'Esthétique et d'Épistémologie appliquée aux Sciences Humaines, ainsi que le programme de Philosophie Latinoaméricaine, toujours en usage, promouvant l'interdisciplinarité avec les Départements de Littérature, de Français et d'Extension Culturelle, à tel point que nous tentâmes la création d'un Doctorat interdisciplinaire en Sciences Humaines (Histoire, Philosophie, Lettres, Sociologie), sur le modèle de celui qui à l'époque existait à l'Université de Costa Rica de Heredia, projet qui finalement fut abandonné par les autorités, comme souvent pour la réalité nationale, par absence de fonds propres attribués, j'ai pu, cependant, dans cette Université, et comme co-fondateur et co-directeur, avec la Dra Elisa Arévalo Cuadra, du CEPEN (Centre d'Études de la Pensée Nicaraguayenne) du Département de Philosophie (à partir de 1997), développer une systématisation d'études sur:

1. La littérature nicaraguayenne, notamment postmoderniste et d'avant-garde, dont les productions, publiées en revues, furent compilées dans l'ouvrage *Estudios latinoamericanos*;

2. La philosophie latinoaméricaine, et ses tensions idéologiques avec la philosophie européenne et africaine, dont les résultats, également publiés en revues, furent compilés dans l'ouvrage *Arturo Andrés Roig y el problema epistemológico y otros estudios*;

3. L'oeuvre de Rubén Darío, qui marqua la naissance de la littérature nicaraguayenne et la rénovation de la littérature hispanique, travaux présentés en de nombreux Congrès et Colloques nationaux et internationaux, publiés en revues et compilés dans l'ouvrage *Estudios darianos*; la UNAN ayant préalablement publié sous forme de volume mon texte: *La perspectiva política en Azul...*

4. La question épistémologique, que j'avais commencé à travailler et dont j'avais posé les bases dans ma thèse, et que je développais, aussi bien au Nicaragua que par des conférences à l'Université de Heredia, et dont les résultats furent publiés par la UNAN dans l'ouvrage *Arturo Andrés Roig y el problema epistemológico*, qui servit de matériel

de cours pour ma chaire d'épistémologie; ce travail fut aussi la base de la thèse en philosophie de Luis Gonzalo Ferreyra, intitulée *La morale de l'émergence chez Arturo Andrés Roig*, dirigée par Patrice Vermeren, à l'Université Paris VIII Vincennes/Saint-Denis en 2005;

5. Les problèmes de génétique de l'art abstrait, à partir de l'étude biographique des artistes du groupe dit ArteFacto de Managua, dans ses perspectives d'influences, de thématique et de motifs, travaux, qui, objets de cycles de conférences, et publiés en revues et catalogues, furent compilés dans l'ouvrage *Les ArteFactos à Managua 1997-1999*.

Parallèlement, j'abordais la question de passage des influences, non seulement dans le cas paradigmatique de l'*afrancesado* Darío, et dans celui des ArteFactos, mais plus précisément dans mes études du *Güegüence*, anonyme du XVIIème siècle (selon la date habituellement attribuée à l'oeuvre), pièce coloniale fondatrice du théâtre latinoaméricain, études dans lesquelles je me dédiais à aborder les origines précolombiennes, formelles (personnages muets, figures animales) et thématiques (succession, mariage comme résolution du conflit), et européennes (influence notamment de *La Marmite* ou *L'Aululaire* de Plaute et sa reprise par Molière dans *L'Avare*), de l'oeuvre. Ces études, plusieurs fois publiées, et qui, avec ma traduction du *Güegüence* servirent pour sa Déclaration comme Patrimoine de l'Humanité en 2002, furent abondamment commentées par l'écrivain, ancien Vice-Président du Nicaragua, Sergio Ramírez dans son ouvrage *Tambor olvidado* (2007).

En outre, par une collaboration avec *El Nuevo Diario*, je créais et produisait une section hebdomadaire d'études cinématographiques, intitulée *Hablemos de Cine* (1997-1999, 73 numéros), dont, fort des études précédemment référencées, sur des films, mais aussi sur la série *Le Prisonnier*, sur *La Corde* d'Hitchcock considérée comme un révélateur iconographique de son symbolisme chrétien (notamment de l'*Union mystique* par la récurrente figure du héros poursuivi et sauvé par une jeune femme, de ses premiers films jusqu'aux *Oiseaux*, qui diffère un peu, offrant une scène finale de Chute du Paradis terrestre), et sur la publicité (étude citée, où j'étudiais les symboles sociaux utilisés par la publicité, comme la figure christique de l'enfant, ou l'identification totémique et magique entre le produit et les qualités de l'Être du consommateur), la base idéologique était de démontrer et prouver, au-delà de la capacité et des connaissances propres de l'interprète (cependant, évidemment, nécessaires), que la méthode était applicable:

1. À un matériel généralement considéré comme non symbolique (mais technique et biographique);
2. Sur un temps prolongé;
3. Avec un choix limité d'objet d'études (puisque y étaient traités les films du moment).

Ce qui fut, à la fois, la manière de confirmer la pertinence intergénérique (entre genres ou objets) de la méthode, et le caractère symbolique des productions cinématographiques.

On se rend compte donc que les problématiques dont l'origine se trouve dans les années de formation, s'approfondirent, en acquérant de nouveaux éléments, plus particulèrement la question de la relation entre les discours et les contre-discours, et celle de la formation de l'objet contemporain (dans les arts plastiques et dans le cinéma notamment).

De fait, l'étude, philosophique, des discours (occidentaux) et des contre-discours (non-occidentaux), dans leurs tensions et leurs correspondances, qui déportait et amplifiait aux champs géographique et historique un problème qui, dans ma thèse, m'avait intéressé au premier chef dans le champ de la relation interdisciplinaire et méthodologique, offrait un double sens et une double importance pour de nouvelles études:

1. D'abord, la perception, historique, plus sensible et concrète des processus des discours nationaux, et donc de la création du discours contemporain (XIX-XXIème siècles), notamment dans son idéologisation institutionnelle (du Premier ou du Tiers-Monde), à travers ses symboles (idée du *volkgeist*, héros patriotiques);

2. La constatation, méthodologique, d'une dichotomie entre le Premier Monde, qui se basait, comme l'avait critiqué Büchner dans sa thèse su Descartes reprise par Roig, sur un fondement idéaliste pour ainsi dire de sa méthode (ce qui, pour moi, expliquait les tendances formalistes en sciences humaines), et le Tiers-Monde, qui, par la négation qui lui avait été faite ou ainsi du moins le proclamait-il, la chose étant, comme toujours, un peu plus complexe, de son humanité, avait dû passer, déduisais-je, d'une perspective sujectiviste (le *Moi* ou sujet observant l'objet) à une perspective objectuale (l'objet comme problème méthodologique d'approche de la réalité et, au risque de paraître redondant, du Moi considéré comme objet pour l'Autre dominateur). Autrement dit, les philosophes latinoaméricains posaient comme base de leur discours la question des conditions et possibilité de leur existence, problème qui n'avait jamais été au centre de la philosophie européenne, celle-ci assumant que le simple fait d'être lui donnait le pouvoir de penser (Gramsci ou Marc Sautet ayant amplifié jusqu'à l'absurde cette apparente évidence). Ainsi, se posant comme miroir, et, comme l'exprime Leopoldo Zea, discourant "*depuis la margination et la barbarie*", la philosophie latinoaméricaine offrait une perspective beaucoup plus proche de la perspective, selon le terme cette fois roigien, *culturologique* d'un Panofsky par exemple (l'oeuvre, objet concret, comme révélateur ou manifestation d'une mentalité collective), et, d'un point de vue épistémologique, dans un cadre plus matérialiste et popperien de ce qu'en référence à Barthes et son attention central aux processus de naissance du sens j'appelais la "*négativibilité*" (preuve par la négation). On peut encore le dire autrement, là où, à partir au moins d'Umberto Eco, le monde occidental a assumé que l'oeuvre n'obtient son existence qu'à partir de la vision qu'en a le spectateur (co-créateur, c'est-à-dire qu'avant d'être vue ou lue par le public, l'oeuvre n'existerait pas), au moins Roig, notamment dans son ouvrage *Teoría y crítica del pensamiento latinoamericano*, pose

le matériel culturel (dont le sens est donc considéré comme antérieur à l'analyse) comme point de départ de sa pensée philosophique, même si celle-ci n'est pas exempte d'un discours continentaliste que l'on doit contextualiser pour bien le comprendre sans assumer que cette idéologie soit vraie *per se*.

2.2.3. L'activité éditoriale comme action scientifique (2000 à nos jours)

On notera d'autre part que le procédé employé durant ces années, dans ce même sens, fut toujours d'étude d'oeuvres concrètes pour développer postérieurement (ou, selon le mot de Lénine, élever au rang de théorie généralisée) une définition méthodologique postérieure à cette mise à l'épreuve répétée.

Raison pour laquelle j'ai alors décidé de présenter sous forme de volumes les preuves de la possibilité, pour un même chercheur, d'aborder une diversité de matériaux symboliques, parallèlement à ma thèse.

Ainsi, ma thèse sur *Roland Barthes et la théorie esthétique* devint le fondement épistémologique et méthodologique, c'est-à-dire théorique, et donc la validation, des études concrètes dans les quatre champs spécifiques de l'histoire de l'art (ouvrage *Iconologia (de Bosch et Bruegel à Géricault aux surréalistes: Delvaux, Magritte)/Estudio de los ArteFactos, grupo de artistas abstractos de Managua (artículos de diarios 1997-1999)*), de la littérature (ouvrage *Origines littéraires de la pensée contemporaine XIXème-XXème siècles - Goethe, Poe, Huysmans, Mallarmé, Tolstoï, Wells, le roman policier, Jean Ray, Borges, Barthes, Alina Reyes/Darío latinoamericanista (série d'essais sur l'oeuvre du poète, depuis Azul... jusqu'à Canto a la Argentina y otros poemas, réalisée sous la direction du CEPEN: Centro de Estudios del Pensamiento Nicaragüense de la Universidad Nacional Autónoma de Nicaragua - UNAN-Managua)*), du cinéma (ouvrage *Essais d'iconologie filmique - Origine classique des représentations contemporaines (de Hitchcock à la publicité)/Hablemos de Cine - Sección de interpretación fílmica de El Nuevo Diario de Managua (1997-1999)*), et des mythes (ouvrage *Mythes (autour du Dieu du Pet - de Hérodote à Barbe Bleue et de Rutebeuf à Dante)*).

En 2001 je créais la maison d'édition Bès, pour le double motif de diffuser les oeuvres inconnues ou méconnues de la littérature centraméricaine, notamment nicaraguayenne, et de promouvoir les études dans le sens des ouvrages précédemment cités. Motivation augmentée postérieurement de l'intérêt pour rendre accessible au public des oeuvres classiques jamais publiées en France, cherchant toujours à organiser les oeuvres complètes (ou du moins les plus complètes possibles) des auteurs édités (tels que, sans ordre, Le Tasse, Boccace, Pétrarque, L'Arioste, Andrés Bello, Lope de Vega, Beaumont et Fletcher, Spenser, Middleton, Dickens, Durkheim, Diderot, Darwin, les Brontë, Goethe, Hobbes, Washington Irving, Kant, Ben Jonson, les Lamb, Marx et Engels, Pirandello, Poe, Maupassant, Walter Scott, etc.). Étant présents en 2014 132 auteurs dans ces éditions, et dans la collection, intitulée "*Les Originaux*", car elle présente les textes en langue originale, afin d'éviter la trahison qu'est toute traduction. Cette même collection regroupe plusieurs anthologies, telles que *Érotisme: Sexe et Sentiments XVIIIème-XXème siècles*, *Textes Fondateurs de Notre Pensée Politique*, *7 Textes Fondateurs des Nations Européennes*, *Origines de la Littérature et la Grammaire Latines*, *Ollantay - Rabinal Achí - Güegüence: Théâtre précolombien et colonial latinoaméricain - Édition critique*, ou *Utopies et Cités Idéales*, qui intègrent, de manière thématique, un problème ou une question intellectuelle, qui est montrée à travers les textes.

En ce qui concerne le matériel centraméricain et nicaraguayen, trois collections y sont dédiées: "*Les Grands Classiques de la Littérature Nicaraguayenne et Salvadorienne*", "*Nouvelle Génération d'Auteurs Centraméricains*" et "*Puño y Letra*", qui regroupent un total actuellement de 10 auteurs, raison pour laquelle fut déclaré au Congrès de Milan de 2011 que Bès a été le principal diffuseur, traducteur et éditeur à travers moi de la littérature nicaraguayenne, puisqu'il existe seulement 19 auteurs nicaraguayens traduits jusqu'à ce jour en langue française, les autres l'ayant été par de grandes maisons d'édition (voir Julie Marchio et Werner Mackenbach, "*Miradas cruzadas/configuraciones recíprocas - Sobre la traducción, difusión y recepción de las literaturas centroamericanas en Francia y Alemania*", *Centroamericana 22.1/22.2 Revista semestral de la Cátedra de Lengua y Literatura Hispanoamericanas*, ISSN 2035-1496, *Actas del II Coloquio-Taller Europeo de Investigación RedIsca - Rebeliones, (R)evoluciones e Independencias en Centro América*, Milano, 18-19 novembre 2011, Università Catolica del Sacro Cuore, EDUcatt 2012, p. 260).

À travers ces mêmes éditions fut réalisé en 2003 le Premier Colloque International sur Panofsky, dont les Actes furent publiés l'année suivante (*Actes du Ier Colloque International: Lectures de Panofsky aujourd'hui: Limites et portée de la méthode iconologique dans l'analyse de l'art moderne et contemporain*). Et, en 2012, y fut éditée l'anthologie *Le néant dans la pensée contemporaine*.

Dans cette activité d'administrateur et de diffuseur culturel, après avoir été le co-fondateur du groupe littéraire et de la revue *Papalotl* (1997-2000) et du groupe artistique *Cualquier Nombre* (1998-2004), j'ai, aussi bien au travers de la revue (2005 à nos jours, 30 numéros, http://www.revista-gojon.blogspot.com/), que j'ai créée originellement sous le titre *From Xtepetl* (car elle fut fondée à Jinotepe) puis sous le titre actuel de *Gojón* (ISSN: 2418-2974, en référence à un poème de l'un des principaux représentants de l'avant-garde nicaraguayenne Pablo Antonio Cuadra), qu'au travers de Bès publié un grand nombre d'auteurs, notamment contemporains, nicaraguayens, mais aussi centraméricains et latinoaméricains. Par exemple dans le CD *Como Gato Patas Arribas* (qui regroupe 18 auteurs), ou dans les numéros de *Gojón* réservés respectivement à la jeune poésie salvadorienne et nicaraguayenne, entre autres.

De même, j'ai organisé plusieurs années consécutives (2006-2010) l'événement artistique de rue Calle-Arte, en collaboration avec le Ministère de Culture, qui regroupa quelques cents artistes chaque fois, et servit de modèle, entre autres, aux postérieurs événements similaires promus au Nicaragua, mais aussi à ceux du Musée d'Art Contemporain de Costa Rica.

Dans le même cadre, il est bon de noter que j'ai participé à la fondation de la Revue du Centre Nicaraguayen d'Écrivains, auquel j'ai donné son nom *El Hilo Azul*, en référence à une tirade du *Güegüence*, qui définit ainsi l'Âge d'Or avant la Conquête.

Ainsi encore, la section bimensuelle dans *El Nuevo Diario*, intitulée, en référence à Roig, *Cultura Logia* (2005-2007, 137 numéros), fut pensée dans un double intérêt: d'une part, présenter l'art en mouvement ou en train de se faire de la région centraméricaine, à travers l'étude des oeuvres de jeunes artistes et de jeunes auteurs; de l'autre, aborder, amplement, sans limitation disciplinaire ou de domaine, des questions abstraites ou des oeuvres concrètes d'art, de littérature, de cinéma, d'architecture et d'urbanisme (d'où les articles sur Min Pei, Brasilia ou l'architecture nicaraguayenne et sur Managua), et autres. C'est ainsi qu'une grande part fut réservée à l'analyse de concepts qui, par leur transversalité, impliquaient ou ont formé notre mentalité contemporaine (comme ceux d'une part de la série Identité-Autoengendrement-Civilisation-Saleté, ou de celle Érotisme-Marquis de Sade-Greuze, et d'autre part de concepts formatifs du *volkgeist*, considéré non plus comme au XIXème siècle comme un état d'être immanent, mais au contraire culturellement créé, tels que le sont les séries sur Mouvement-Espace-Voyages, ou sur Enfance-École publique, ou l'article sur la question de l'Inceste).

2.2.4. Au Nicaragua - Deuxième étape (2005 à nos jours)

Beaucoup d'artistes nicaraguayens importants, notamment du groupe ArteFacto, ayant suivi des études d'architecture, en 2005, je me suis rapproché de l'Université Nationale d'Ingénierie, siège de la Faculté d'Architecture, où j'ai travaillé depuis.

J'ai produit, pour cette institution, en tant qu'enseignant-chercheur 11 volumes entre 2005 et 2014, ainsi répartis, tous accessibles sur le site des 2ème et 3ème Cycles de la Faculté d'Architecture (http://postgrados-farq-uni.blogspot.com/):

1. *Histoire de l'Architecture Moderne XIIème-XVIIIème siècles*, 2006, 1 tome, 704 p.
2. *Histoire de l'Architecture Contemporaine XIXème-XXIème siècles*, 2007, 2 tomes, respectivement 382 p. et 1038 p.
3. *Système d'Information Urbaine SIU Carazo*, 2008, 1 tome, 720 p.
4. *Encyclopédie de l'Ingénierie Civile au Nicaragua*, 2009, 3 tomes, respectivement 1022 p., 642 p. et 596 p.
5. *Citoyenneté, Identité et Patrimoine*, 2010, 1 tome, 474 p.
6. *La Recherche en Architecture*, 2013, 1 tome, 110 p.
7. *La Recherche dans l'Enseignement de l'Architecture*, 2013, 1 tome, 288 p.

L'intérêt, pour moi, d'approcher l'enseignement de l'architecture était, en premier lieu de pouvoir l'étudier comme matériel symbolique, ce qui a été pas ou peu fait. En effet, elle a été, notamment par les architectes, vue comme un objet idéologique (d'un mouvement, d'un courant ou d'un concept, comme pour Bernard Tshumi et la fragmentation urbaine, par exemple, dans son ouvrage *Architecture and Disjunction*), mais pas comme, encore une fois, un objet révélateur ou indicateur de changements sociaux dans le cadre de l'évolution des mentalités.

C'est la perspective que j'ai essayé d'apporter dans les productions ci-dessus référencées, en montrant comment chaque période historique est marquée - ou justifiée dans sa division - par des changements sociaux, qui produisent de nouvelles attitudes et de nouvelles productions, notamment artistiques, et par la suite de nouvelles typologies architecturales. Par exemple l'apparition du palais de la Renaissance, ouvert sur l'extérieur et la disparition du château médiéval, fortifié, ou l'apparition des prisons, écoles, orphelinats, etc., au XIXème siècle. Ce qu'il ne faut pas confondre avec une vision functionaliste de l'architecture, ce que j'ai montré en reprenant les substrats idéologiques du carré comme symbole dans l'art et l'architecture contemporains (chez Malevitch, contemporain de Loos, ou chez Loos lui-même qui utilisa le cube comme pierre tombale, donc hors de toute fonction réelle).

J'ai occupé de 2011 à 2014 la responsabilité de Coordinateur des 2ème et 3ème Cycles de la Faculté d'Architecture, lesquels n'existaient pas auparavant, et que j'ai donc créés, notamment par des mises en place d'accord interuniversitaires, et de programmes de Maîtrises, par exemple au niveau centraméricain en Gestion et Conservation du Patrimoine.

En 2014, après la stabilisation du programme des 2ème et 3ème Cycles et la mise en place du cadre administratif, légal et académique de celui-ci, dont les résultats sont également accessible sur le site des 2ème et 3ème Cycles de la Faculté (http://actividadesinvestigacionpostgrado.blogspot.com/), notamment les Plans Stratégiques des 2ème et 3ème Cycles 2013-2030 et d'Investigation 2013-2030, j'ai été nommé pour m'occuper cette fois de la Coordination d'Investigation, également inexistante jusqu'à présent.

Mon activité dans la Faculté est donc double: de production et de gestion universitaire.

L'intérêt accru pour, d'une part, les questions de gestion éducative, donc de méthodologie (dont rend compte l'ouvrage sur *La Recherche dans l'Enseignement de l'Architecture*), et, d'autre part, sur les phénomènes historiques concrets de passage de la modernité à la contemporanéité, non plus seulement au niveau des idées, mais aussi des productions très concrètes comme le sont les typologies architecturales et de leurs raisons d'être (ce dont rendent compte les volumes, notamment, d'*Histoire de l'Architecture Moderne XIIème-XVIIIème siècles* et d'*Histoire de l'Architecture Contemporaine XIXème-XXIème siècles*), ont favorisé, non seulement, l'approche dans ma production d'une pensée depuis les compétences (par exemple d'une série de problèmes sur les typologies, toujours dans *La Recherche dans l'Enseignement de l'Architecture*, à partir de leurs représentations dans les films et la littérature), mais aussi d'une pensée orientée vers l'interdisciplinarité (qui a débouché sur l'ouvrage *Le néant dans la pensée contemporaine*), et de la préoccupation liée aux oeuvres-limites (dont l'ouvrage sur *Le néant* est une exemplification), pour les concepts en soi, auxquels j'ai dédié la section déjà mentionnée *Cultura Logia*, dans laquelle j'ai abordé des sujets comme l'érotisme, l'identité, l'auto-engendrement, la saleté, l'icône, l'espace, le mouvement, etc.

Ces travaux orientèrent mon intérêt croissant vers l'étude particulière de problèmes concrets, qui débouchèrent notamment sur les ouvrages *Questions d'esthétique générale* et *La représentation: Problème iconographique de l'art contemporain*, ainsi que sur les anthologies citées de la collection *"Les Originaux"*.

Si la période antérieure à 2005 avait été dédiée à la compréhension des modalités méthodologiques et de transformation des motifs dans les oeuvres, celle postérieure fut dédiée à la compréhension de la construction du discours et de l'idéologie contemporaine, et à l'étude des oeuvres-limites (le poème d'une lettre *"Chef-d'OEuvre"* de José Coronel Urtecho, *Carré Noir sur Fond Blanc*, le cube architectural de Loos,...).

La préoccupation pour les procédés de création de l'idéologie contemporaine provient, évidemment, de l'intérêt pour les oppositions entre discours et contre-discours, et parfois leurs similitudes ou points de rencontre. De là naquirent notamment les ouvrages sur: *Métalangage et discours de domination dans la culture et la politique postmodernes* et *Éléments de la construction politique de la contemporanéité XIXème-XXème siècles - Critique et mensonges: de l'École Publique au Socialisme du XXIème siècle*, et la série de trois volumes sur *La construction du Moi: I. Dans la pensée moderne* (chez Shakespeare, Calderón de la Barca, Rubén Darío, José Martí, Walt Whitman); *II. Au passage de la modernité à la comporanéité* (entre autres chez Greuze, Chardin, Boucher, Sade, Pigalle); *II. Dans la pensée contemporaine - 4 Essais sur le héros monstrueux* (de Hoffmann au cinéma d'horreur, en passant par Vigny, Hugo, Courbet et Munch).

Plus précisément, le problème de la création et formation de la mentalité contemporaine est le centre des ouvrages: *Apparition de nouvelles structures narratives: les genres littéraires du XIXème siècle*, qui révise, comme son titre l'indique, l'apparition des nouveaux genres littéraires aux XIXème et XXème siècles (terreur, fantastique, science-fiction, policier, espionage, voyages, éducatif, régionaliste, historique, social), leurs liens, notamment de dérivation, et leurs causes historiques, esthétiques, idéologiques et sociales; et *Mythanalyse du héros dans la littérature policière (de Dupin, Lupin et Rouletabille aux super-héros de bandes dessinées et de cinéma*, qui précise et renforce cette étude autour du héros policier comme préfiguration du super-héros, et symbole de la société bourgeoise naissante (notamment dans son caractère d'orphelin: il doit se construire par lui-même, bien qu'il provienne souvent de la classe noble ou riche, de Lupin à Batman) et de l'idéologie de l'époque, aussi bien scientifique (par son action déductive, révélée narratologiquement, non seulement par son action de détective, mais aussi par l'extrême attention à l'ordre domestique et dans sa manière de s'habiller, ou au contraire la surdétermination parallèle de son désalignement, comme pour Columbo; les super-héros et super-méchants sont souvent des scientifiques dont l'expérience a mal tourné) que patriotique (par la récurrence du motif du voyage sur le territoire national, chez Conan Doyle, Leblanc, et dans les territoires occupés ou colonisés chez Léo Malet et son Nestor Burma durant la Guerre, Agatha Christie ou Anne Perry). La reprise des motifs médiévaux (notamment de la chambre fermée) dans la littérature policière, comme la dérivation ou la combinaison entre les genres fantastiques et policier (chez Poe, père reconnu des deux, mais aussi chez Ann Radcliffe, Leroux ou Stephen King), permet de voir, non seulement le passage du discours religieux au laïc (confirmé par l'esprit du temps, notamment dans le *Faust* de Goethe), mais aussi la mise en place de procédés de pseudo-rationalisation liés non à un changement proprement dit de mentalité, sinon à son évolution. On se trouve donc face à une substitution plus que face à une disparition.

Si la perspective politique, et idéologique, est sous-jacente et transversale à ces études, elle a débouché aussi pour moi sur une attention portée aux manifestations sociales, comme le décrit Durkheim quant au crime et à sa punition, en tant que processus de renforcement du lien entre les individus du groupe, que j'ai montré dans un phénomène, au contraire, généralement considéré comme une rupture de l'ordre social (Bergson, Bakhtine), dans l'ouvrage *Deux essais sur le Rire*, reprise de conférences données lors des Congrès de l'association pour le développement des recherches sur le Comique, le Rire et l'Humour CORHUM, et publiées dans les *Actes* correspondants.

Au bout du compte, la question est restée la même, que ce soit dans l'approche du phénomène du rire, dans celle des manifestations sociales, du néant ou de l'abstraction: c'est la question de la décomposition (et de la recomposition), qui me retint, aussi bien dans les ouvrages sur Malevitch ou les ArteFactos que dans celui sur *Stéphane Mallarmé Un coup de dés jamais n'abolira le hasard... ou Mallarmé et la question de l'art abstrait* (commenté par Adelina Morris, "*Un Coup de Dés: ou Stéphane Mallarmé et la question de l'art abstrait*", *Modern and Contemporary France*, février 2008, vol. 16, No 1, pp. 76-77), où je propose une lecture linéaire du poème, comme une longue séquence de propositions principales avec propositions subordonnées incises (qui le rendent incompréhensible linéairement, c'est là le jeu), mais dont le thème marin et du destin reprend des poèmes tels que le fameux "*Brise Marine*" et les motifs classiques que la tradition offre sur le sujet.

Dit autrement, c'est la question de la permanence au travers des époques (sur une période beaucoup plus longue que celle habituellement considérée, puisqu'elle va, selon les résultats de mes recherches, de l'antiquité jusqu'à l'époque contemporaine), dans la disparition des structures et leurs réapparition sous de nouvelles formes, dont on se surprend de voir qu'elles restent cependant intactes malgré les modifications, comme par une sorte de régénération interne, laissant comprendre que le matériel culturel est relativement monolithique, et que ses manifestations en sont sinon limitées, du moins répétitives. Ainsi, notamment dans le cas du *Güegüence*, et à partir de celui-ci, qui dériva sur les études sur le rire (s'agissant d'une comédie) en le comparant aux aventures infantiles et scatologiques du *Tío Coyote*, j'ai pu étudier précisément les phénomènes de passage du mythe (dieu de l'origine dont les excréments et le prépuce créent les nourritures basiques des sociétés indiennes dans les mythes des Winnebagos étudiés par Jung ou du Chiapas étudiés par Lévi-Strauss) au conte actuel (où le châtiment, injuste et pour cela comique, du coyote lui vaut les surnoms de "*dents brisées*" et "*cul brûlé*"), conte qui apparaît alors clairement comme ce que j'ai appelé la laïcisation du mythe, pour en permettre la persistance et la transmission.

C'est ainsi, de même (comme montré dans "*Du théâtre de boulevard aux "sitcoms": les relations amoureuses comme expression du modèle bourgeois*", VI Colloque International de CORHUM sur La comédie de l'amour, Université d'Ottawa, 5-7 mai 2005), que le théâtre de boulevard du XIXème siècle, repris par les *sitcoms* contemporaines (comme *Friends*), reproduit une structure sociale de classe (la famille bougeoise, et les domestiques) que l'on retrouve dans le théâtre d'avant-garde nicaraguayen ou chez Jean Genet (dans *Les Bonnes*), d'organisation (la relation matrimoniale et ses conflits dans le cadre légal, qui implique sa réassignation selon la décision de justice) et de contexte (le modèle bourgeois du rentier, oisif, dédié à l'activité sentimentale et sexuelle, non laborale).

3. La proposition méthodologique: description
3.1. Lien de la proposition avec l'activité biographique

Si l'on résume ce qui a été antérieurement évoqué, on voit que mon parcours, commencé en histoire de l'art, s'est dérivé vers la littérature, la philosophie (esthétique et épistémologie), ce dont rendent compte mes publications en revues à ce jour (218 publications en littérature, 434 en histoire de l'art, du cinéma et de l'architecture, 69 en philosophie, 20 en éducation, auxquelles s'ajoutent les 174 publications des deux sections précédemment évoquées *Hablemos de Cine* et *Cultura Logia* (338 si l'on compte les republications sur internet, par les mêmes journaux qui les ont accueillies et par d'autres), les 999 en tant que poète, 244 comme éditeur, les 12 numéros de *Papalotl* et les 25 numéros de *Gojón*).

En ce qui concerne le champ historique, celui-ci s'est amplifié du Bas Moyen Âge à la modernité puis la contemporanéité.

Le champ géographique s'est concentré sur l'Europe (notamment dans mes années d'études), puis l'Amérique Latine, avec un accent particulier d'une part sur la philosophie latinoaméricaine, et d'autre part sur la littérature et l'art nicaraguayens et centraméricains. Ainsi, outre les études et travaux cités, auxquels s'ajoute encore l'ouvrage *Estudios borgesianos*, j'ai traduit et publié aux éditions Bès, dans la collection "*Les Grands Classiques de la Littérature Nicaraguayenne et Salvadorienne*", le dernier ouvrage du salvadorien Roberto Armijo (qui fut professeur de Littérature latinoaméricaine à La Sorbonne), recueil de poésies intitulé *Le Pasteur des Équivoques*.

Le Bas Moyen Âge, qui couvre les périodes historiques du gothique, de la Renaissance, du maniérisme et du baroque, puisqu'il va traditionnellement du XIIème au XVIème siècles, est, par le fait, un moment de changements. Or, l'a montré Panofsky notamment, dans ses études en général, mais dans son ouvrage spécifique intitulé *Renaissance et renaissances*, où il étudie les différentes renaissances depuis la carolingienne jusqu'à celles qui forment la période généralement reconnue comme Renaissance avec une majuscule, mais qui sont également diverses (la Renaissance italienne, qui commence avec Giotto, Dante et Brunelleschi en architecture, dès le XIVème siècle, est antérieure à la française, du XVème siècle, à son tour préalable aux allemande et espagnole, on se souviendra ainsi de la thèse de Panofsky fit sur Dürer, l'introducteur de la Renaissance en Allemagne, au passage du XVème siècle au XVIème siècle, en Flandres ce fut Brueghel qui l'introduisit dans la première moitié du XVIème siècle).

Il est donc doublement logique qu'un bas-médiéviste doive s'intéresser, à la force, à un double mouvement: premièrement, on vient de le dire, de passage (avec l'apparition de nouvelles dialectiques et tensions entre les forces anciennes et nouvelles, ce que révèle l'iconographie, travaillée dans ma Maîtrise, des *Tentations de Saint Antoine*, remises dans le cadre des débats entre les Ordres traditionnels et mendiants et de la fidélité aux enseignements du Christ); mais, plus important encore, deuxièmement, de reprise et réappropriation de l'héritage antique. Nous le disent aussi bien l'histoire que le sens commun. Toutefois, contrairement à l'opinion générale, et comme le montrent Panofsky dans *Renaissance et renaissances* aussi bien que Jurgis Baltrušaitis dans ses différents ouvrages, notamment *Le Moyen-Âge fantastique - Antiquités et exotismes dans l'art gothique, Réveils et Prodiges, Le Gothique Fantastique* et *La quête d'Isis*, le processus de réappropriation est antérieur, et l'héritage antique n'a jamais été totalement perdu ni complètement oublié. C'est le point de départ des articles sur "*Isis au Moyen Âge*" et "*La Crucifixión romane: ¿événement cosmique ou voyage de l'âme?*", dans lesquels je montre comment les similitudes de l'iconographie médiévale de l'Espérance avec celle d'Isis au Moyen Âge (notamment dans ses attributs: la pelle, le vaisseau et la cage) a une origine théologique, qui se base sur la dérivation de la triade antique Spes-Fides-Fortuna ou Spes-Isis-Fortuna, reprise par le Moyen Âge (l'identification entre Isis et la Vierge chez Christine de Pisan), et comment la présence du soleil et de la lune comme *imago clipeata* dans les *Crucifixions*, plus ou autant qu'au caractère cosmique de l'événement, comme le mentionne les *Évangiles*, est une reprise iconographique de l'identique représentation sur les sarcophages romains, en allusion à la croyance répandue sur tout le bassin méditerranéen du voyage des âmes à travers les sphères pour se purifier (comme l'expliquent notamment Platon, *La République*, III, 392a, ou Virgile, *Énéide*, VI, 735-747 et 887-888).

Pour sa relation évidente aussi bien avec l'Antiquité classique qu'avec le Haut Moyen Âge, dans ses formes et dans ses thèmes, et pour sa relative longueur (il est plus court que l'Antiquité), le Bas Moyen Âge marque une double évolution: de modification du passé classique et médiéval, et de développement vers de nouvelles problématiques. Pour ne pas aller chercher très loin, par exemple de la sortie des artistes de l'atelier, de la nouvelle conception du " *génie*" individuel, et par conséquent du débat entre les Anciens et les Modernes, qui, trouvant en grande partie son origine dans le XVIIème siècle français (bataille entre les rubénistes et les poussinistes, prise de position de Perrault pour les *Hommes illustres qui ont paru en France pendant ce siècle*), est à l'origine de l'ensemble de l'évolution postérieure des arts, entre les courants néo-classiques d'une part, et organiques de l'autre, entre les tenants de la tradition et les romantiques puis les avant-gardes, d'Ingres face à Delacroix jusqu'à Bouguereau face aux impressionistes, puis de Loos face à Gaudí, de l'Arts & Crafts face à la Bauhaus, et de l'Art Nouveau face à l'Art Déco.

De cette dernière constation, on comprend bien que, comme pour M. Darragon, moderniste qui s'orienta vers la période contemporaine dès les années 1980, l'étude de l'art moderne implique, presque nécessairement, celle de l'art contemporain.

De la même façon, et on le voit peut-être plus clairement si l'on se repose le problème depuis l'étude de l'architecture, aucun des grands architectes modernes (qui sont le fondement formel et idéologique de l'architecture telle qu'on la conçoit, beaucoup plus que l'architecture égyptienne ou sumérienne, romane ou gothique) n'était vraiment architecte. Non seulement Suger, père du gothique, était un abbé, mais, sans ordre, Léonard, Michel-Ange, Raphaël, Alberti, Donatello, Brunelleschi, Bramante, Jules Romain, Bernini, etc., étaient avant tout peintres, voire sculpteurs; ce n'est que dans le cadre de cette activité qu'ils se dédiaient également à l'architecture, dans le cadre de laquelle parfois ils devenaient aussi ingénieurs civils et/ou militaires, en tout cas toujours auteurs de Traités (de peinture, de proportions,...), et dans ce cadre, de nouveau, auteurs aussi de Traités d'urbanisme. Ils étaient donc artistes avant tout, mais par là même architectes, auteurs (de traités aussi bien de peinture que d'architecture et d'urbanisme) et techniciens. Parfois, comme Michel-Ange, ils étaient aussi poètes. Les cercles dans lesquels ils vivaient et opéraient, de Michel-Ange au Titien (comme le montre Panofsky dans son ouvrage sur ce dernier), étaient intellectuels, souvent néoplatoniciens. Ils en reproduisaient donc les idées et les symboles (voir par exemple l'étude de Panofsky sur le tombeau des Médicis, par Michel-Ange toujours).

L'époque contemporaine, ironiquement, a renvoyé, par volonté propre, l'artiste dans l'atelier, de l'Arts & Crafts à la Bauhaus, en passant par le modernisme, l'Art Nouveau et l'Art Déco, ainsi tous ces mouvements, mais aussi le futurisme ou le surréalisme, se développèrent dans la relation entre les arts (photo, cinéma, peinture, littérature, notamment poésie, sculpture, architecture, vitrail, gravure, imprimerie, design en général).

Il est donc tout aussi correct qu'au niveau historique cela l'est de concevoir le cas de la modernité comme en relation avec l'Antiquité et la contemporanéité, de concevoir l'étude des arts comme une partie qui doit intégrer celle de la littérature et de l'architecture. En outre, comme on l'a dit, dans l'introduction méthodologique aux *Essais d'iconologie*, Panofsky s'attarde sur l'importance primordiale des sources littéraires pour comprendre les oeuvres d'art, ce que, dans la pratique, nous révèle le statut tout particulièrement central des livres d'emblèmes à l'usage des peintres, du XVIème siècle avec Alciati jusqu'au XIXème siècle.

À présent, un important phénomène de dérivation, on y reviendra, est celui du passage des symboles dans le cadre, complexe mais référenciable, indo-irano-européen, mais aussi celto-viking d'Est (Novgorod, la Holmgard des Varègues) en Ouest (York, ancienne province de

Northumbria et de Jorvik), en passant par l'île suédoise de Gotland sur la Baltique. Ceci est particulièrement vrai, comme l'a montré notamment Dumézil, dans le cadre de la mythologie et de ses figures. Mais un autre phénomène, impossible de passer sous silence, lorsqu'on étudie l'art et la littérature contemporains, c'est que l'Amérique a produit ou a dérivé beaucoup d'influences, c'est-à-dire soit les a absorbées, soit les a générées. Cas concrets: Poe, l'américain, père de la littérature policière, et, en partie, avec les anglaises Radcliffe et Shelley, de la littérature fantastique. Le monde contemporain est marqué par l'apport états-unien, dans le cinéma, la mode, la culture, les goûts gastronomiques, le mode de vie. À l'inverse, dans cette relation duelle avec l'Europe, le monde latinoaméricain en outre d'extrêmement francophile, en a absorbé l'influence, même si en beaucoup de cas littéraire. En même temps cependant, la production hispanophone actuelle est plus marquée par des noms latinoaméricains (García Márquez, Octavio Paz, Neruda, Borges, Mario Vargas Llosa,...) que proprement espagnols. En outre, Darío a été reconnu, par García Lorca lui-même, comme le principal rénovateur, ou du moins l'un des principaux rénovateurs, de la littérature en langue espagnole. Toutefois, là où en phénomènes sociaux, artistiques et littéraires, l'Amérique Latine, que dans une nouvelle Asimov considérait comme devant être le siège futur de l'Europe (sans doute pour cela même), a été soumise à l'Europe (l'ultraïsme borgésien n'est que la version argentine du surréalisme, antérieurement le modernisme est la version latinoaméricaine du parnassianisme), en matière politique elle se reconnaît comme "*non alignée*" (même si cela est discutable), alors que les États-Unis, qui ont modifié souvent pour le pire le goût européen (et sans doute pour cela aussi), sont, malgré tout (en particulier malgré les désaccord sur le traitement militaire ou non des conflits), le frère idéologique armé de l'Europe occidentale.

Il va sans dire que une autre valeur s'ajoute à l'importance de la considération d'une certaine amplitude géographique dans le champ des études humaines: non seulement est révélateur et symptômatique le cas des mythes, mais au XIXème siècle les pays européens, par leur expansion, avaient d'indéniables relations avec ce qui aujourd'hui ne sont plus que leurs anciennes colonies, phénomène qui a, cependant, au niveau idéologique, humain, social et urbain, une conséquence: l'arrivée massive de nouvelles populations (des harkis mais aussi des noirs africains en France, des indiens en Angleterre, des latinoaméricains en Espagne), qui forment souvent des ghettos. On ne pourra pas penser le goût gastronomique français sans les apports des Italiens, des asiatiques, des États-uniens. Ce qui est vrai en cuisine l'est aussi pour les productions symboliques en général. Le panorama visuel, pour ainsi dire, de l'européen actuel dépend autant des mangas et des films d'arts martiaux que des westerns et des séries états-uniennes (mélange perceptible chez un Quentin Tarantino, lequel a de toute évidence influencé, dans les thèmes et la narration, un Luc Besson).

Toutefois, cela va plus loin encore, les luttes anti-coloniales et les processus de libération autour de la Seconde Guerre Mondiale (en Inde avant, en Indochine, Algérie, Cuba, après) provoquèrent l'émergence de contre-discours, lesquels non seulement sont très similaires entre eux (de l'Afrique à l'Amérique Latine, les deux philosophies ont de nombreux points commun, le principal étant la critique au modèle de pensée occidental), mais encore soit ont influencé soit ont été influencées par les discours dans notre cas franco-français, bien que ce soit mal dit, de la négritude (de Frantz Fanon par exemple). Ainsi, comme on le voit par l'idéologie d'auto-conscience comme lieux de mémoire fragmentaires et fragmentarisés, le discours latinoaméricain continental métisse, dont une origine importante est le Mexique (donc la partie mésoaméricaine), l'autre étant l'Argentine, s'inspire directement des voies de la négritude de la zone Caraïbe, qui, par la triple nationalité (descendants d'africains, nationaux américains, mais ni blanc ni métisse, donc dans la zone commune aux noirs et aux indigènes) qui leur échoit et leur marginalisation à l'intérieur de la maginalité (être noir, encore une fois, c'est-à-dire rejeté, comme les indigènes, dans des systèmes construits par et pour les métisses), s'auto-proclame comme fragmentée, et se compare métaphoriquement aux mangroves de la zone (entre terre, mer, ciel), symbole à la fois d'une génétique identitaire compliquée, mais aussi d'une représentation territoriale concrète, "*archipiélagique*" comme ils y insistent (les îles des Caraïbes), cette auto-représentation a été, ironiquement, utilisée par le discours métisse. Ainsi, dans les années où l'Europe prônait la pureté raciale dans laquelle se reconnaissaient certains intellectuels latinoaméricains (dont Pablo Antonio Cuadra au Nicaragua), José Vasconcelos au Mexique vantait en 1925 la *Cinquième Race Cosmique*, qui était la sienne, pour contenir en elle les quatre autres (noire, européenne, asiatique, américaine). On voit ce que cette théorie doit à la conscience divisée de l'Être, au sens ontique, du discours de la négritude (parfaitement représenté par le terme, un peu ridicule, d'"*afro-américain*", qu'il faudrait s'il servait à représenter une quelconque réalité doubler d'"*asiatico-américain*" et "*européo-américain*"). La position concrète d'*isleño*, île-isolement, devient métaphoriquement l'expression d'un multiple éloignement (des centres politiques et économiques, de la terre ferme et des lieux de pouvoirs du Tiers-Monde dans le continent: Mexique et cône Sud, et des origines), sous le terme focal du discours de la négritude caribéenne d'"*archipiélagisme*" comme état de vie, de pensée et d'être.

En sus, ces contre-discours, par leur processus même d'analyse et de déconstruction, outre qu'ils s'intègrent et sans doute favorisent le discours fragmentaire propre de la postmodernité occidentale, permettent de mieux comprendre les procédés d'idéologisation qu'ils critiquent, c'est-à-dire la construction du discours contemporain dans nos propres sociétés. C'est, pour le dire en forme de clin d'oeil, le "*Faut rigoler (Nos ancêtres les Gaulois)*" de Boris Vian et Henri Salvador.

D'autre part, d'un point de vue de l'histoire des formes, mais aussi de celle des styles, on ne peut nier que l'art africain (qui n'en est pas à proprement parler un, mais une série d'objets cultuels) a influencé directement l'art cubiste, donc l'avant-garde, et Man Ray dans ses photos. La tribalité a marqué la pensée ethnographique, des études psychanalytiques aux sociologiques, notamment sur l'inceste, de Freud à Lévi-Strauss. Nos parents éloignés, considérés comme les tenants d'un Éden perdu (des utopies jésuites en Amérique aux *Mines du Roi Salomon* de H.

Ridder Haggard, en passant par Rousseau), ou comme des vestiges archéologiques à civiliser, ont formé notre vision du monde (on pense au discours civilisatoire encore présent, non seulement dans la guerre et dans la politique internationale, dans les séries de science-fiction comme *Star Trek*). En réponse, les nombreux ouvrages sur les républiques bananières comme *Big Banana* de l'hondurien Roberto Quesada, ou *Bananos* de Emilio Quintana au Nicaragua.

L'ethnographie (dans son principe de référenciation systématique, et de comparaison, en cela elle peut être considérée partiellement comme la mère des autres sciences contemporaines) a défini aussi le rapport à cet Autre polymorphe depuis les grandes découvertes à partir de Marco Polo et de Christophe Colomb, mais aussi jusqu'à l'apparition au XIXème siècles des nouvelles sciences, par les labeurs, entre autres, de Buffon, Humboldt, Darwin ou de l'ornitologue américain Audubon.

Or, si l'Antiquité déjà s'orientait à l'étude et aux relations avec les barbares envahis, le monde moderne débute bien, selon les classifications, avec les Croisades (1096-1291), qui marquèrent les retrouvailles du monde européen avec la culture antique préservée par les Arabes, comme le commémore Raphaël dans *L'École d'Athènes* sur les marches de laquelle apparaît Averroès, ou la Prise de Constantinople par les Turcs (1453), avec les voyages de Marco Polo (1255-1269 et 1271-1295) ou avec la découverte par Colomb du continent américain (1492).

Le monde moderne et contemporain se définit par son expansion et l'achat de marchandises nouvelles et exotiques, par l'importation de produits jusqu'alors inconnus mais qui aujourd'hui font partie intégrante de notre régime alimentaire comme la tomate ou la pomme de terre, et bien sûr les épices, les pâtes et, dans d'autres aspects, les tissus rares et la poudre.

Les chinoiseries du XVIIIème siècle, l'utilisation de la gravure japonaise par les impressionistes, la construction de Giverny par Monet sur le modèle asiatique, sont autant de préfigurations de l'intégration des masques africains au cubisme. On peut en dire autant, au début du XIXème siècle, de la substitution du Voyage d'Italie par le Voyage d'Orient, et les scènes arabes et maghrébines de Géricault ou Delacroix, et même d'Ingres, c'est tout dire. L'utilisation des narcoleptiques par Sherlock Holmes et la description par Doyle de fumeries d'opium londoniennes. Le mouvement hippie, les inventions musicales des Beatles, de Pink Floyd ou de Mike Oldfield, tout comme l'intérêt de notre société pour la sagesse hindoue (de Sai Baba et Deepak Chopra à *Eat Pray Love* de 2006 d'Elizabeth Gilbert et au film correspondant de 2010 de Ryan Murphy), à l'instar de la redécouverte à grande échelle du monde occidental des drogues hallucinogènes qui donnèrent naissance au style psychodélique en musique, au cinéma, et même en littérature (avec par exemple l'oeuvre de Philip K. Dick), ne sont que les signes visibles de l'influence de la Guerre du Vietnam et des interactions culturelles qui y furent subies par les soldats états-uniens. Tout comme, parallèlement, et consécutivement, l'immigration vietnamienne et cambodgienne des *boat-people* en avril 1975, notamment en France, formatrice du *chinatown* parisien du XIIIème arrondissement, et postérieur d'à peine une année au film de

Jean Yann *Les Chinois à Paris* de 1974 (où le "*péril jaune*" est représenté dans une métaphore de l'occupation qui ne peut manquer de nous rappeler que la guerre du Vietnam est la conséquence de celle d'Indochine de 1946-1954, première guerre de décolonisation française juste après la fin de la Seconde Guerre Mondiale).

Ainsi, nier le fait que, depuis l'Antiquité au moins, les régions asiatiques, indiennes, slaves (on le voit notamment dans l'étude des contes, notamment des groupes de Cendrillon et de la Méchante princesse), iranien, méditerranéen, européen, nord-africain et africain, sont étroitement liés historiquement et idéologiquement, c'est-à-dire culturellement, serait absurde (on le voit bien dans les cas d'Héraklès, Dionysos, Orphée et Mithra).

3.2. Conclusion méthodologique de l'activité biographique

Si nous résumons, l'étude des discours (au sens large) et de leur évolution impose non seulement une position synchronique (et non diachronique, débat de Dumézil avec Jean Bayet entre autres, ou les critiques à Frazer de Van Gennep et des structuralistes), mais aussi géographiquement ouverte, et interdisciplinaire, car les manifestations culturelles sont, dans la pratique (écoles comme la Bauhaus, ou réalité de vie comme celle des artistes de la Renaissance) comme dans leurs productions (tant au niveau des idées comme des oeuvres), impliquées les unes par les autres (ce que j'ai essayé de montrer aussi bien dans *Le néant...* que dans les ouvrages d'histoire moderne et contemporaine de l'architecture).

Lorsqu'on parle de processus d'idéologisation, ou, dit autrement, de construction discursive, on parle obligatoirement, d'un point de vue de méthode, de discours de domination, il va donc de soi de les étudier dans leur dialectique, qui s'impose, là aussi par logique à un autre état de chose, de nature ou de société.

Mais, comme l'exprime bien la moquerie, attribuée, entre autres, à Voltaire, sur la devise de Pic de la Mirandole ("*De tout ce que l'homme peut savoir*", l'ajout étant: "*Et du reste*"), étant impossible à un seul individu d'aborder l'ensemble des connaissances, ou simplement de les manipuler avec pertinence, la sagesse oblige à limiter tout problème dans le temps et l'espace. Ainsi, le champ géographique, décidé par le hasard biographique et par l'importance, encore une fois, méthodologique qu'il acquit pour moi, auquel je me suis dédié fut, en outre du monde européen, le centraméricain, en particulier le nicaraguayen.

Ainsi, comme leurs titres le montrent, les ouvrages présentés ici montrent, dans la variété disciplinaire, la concentration du moment historique et des lieux géographiques (l'Europe et l'Amérique Latine avec l'accent mis sur le Nicaragua) qui forment les centres qui les occupent.

Iconologia (de Bosch et Bruegel à Géricault aux surréalistes: Delvaux, Magritte)/Estudio de los ArteFactos, grupo de artistas abstractos de Managua (artículos de diarios 1997-1999), présente un parcours de la *Crucifixion* romane au surréalisme, avec un intérêt particulier pour l'époque moderne (*Tentations*, Bosch, Brueghel, Géricault), qui essaie de montrer la transversalité de l'influence antique dans les productions modernes et de l'influence des livres d'emblèmes dans l'iconographie surréaliste, en outre de se poser la question, par l'étude parallèle des surréalistes et de Moholy-Nagy comparé à certains auteurs populaires contemporains, des processus de mise en place thématiques de l'abstraction, problème, celui-ci, abordé dans le cadre de l'étude à cheval entre problématique d'histoire de l'art et interrogation littéraire de Mallarmé et l'art (entendu ce terme ici comme production) abstrait(e).

Origines littéraires de la pensée contemporaine XIXème-XXème siècles - Goethe, Poe, Huysmans, Mallarmé, Tolstoï, Wells, le roman policier, Jean Ray, Borges, Barthes, Alina Reyes/Darío latinoamericanista, qui part également de certaines études sur les représentations de la mort à l'époque moderne, selon Vovelle, ou de l'iconographie littéraire pour ainsi dire de la roue de Sainte Catherine, se centre sur le processus de passage de la modernité à la contemporanéité, en étudiant les questions de l'athéisme comme point de départ à partir de Goethe, puis les genres, au travers du roman policier, du fantastique (chez Jean Ray) ou de l'érotisme, ainsi que la reproduction à l'époque contemporaine (chez Poe ou chez Tolstoï) de figures symboliques du Moyen Âge et de la modernité, et terminant par le contrepoint, fondateur de la nationalité idéologique nicaraguayenne et latinoaméricaine, qu'est Rubén Darío.

Essais d'iconologie filmique - Origine classique des représentations contemporaines (de Hitchcock à la publicité)/Hablemos de Cine - Sección de interpretación fílmica de El Nuevo Diario de Managua (1997-1999), étudie, évidemment, un matériel qui n'est pas plus vieux que le XXème siècle, mais en essayant d'en démontrer l'origine des représentations, comme son titre l'indique encore, dans les figures symboliques héritées de la tradition (cas des iconographies dénotées du *Jugement dernier* dans *La Corde* ou de *L'Expulsion du Paradis* dans *Les Oiseaux*, ou de celles de l'*Acedia* dans la représentation du gros, et de la roue de la Fortune dans *Angel Heart*, qui crée en ce sens un motif que l'on retrouve postérieurement dans un grand nombre de films, cités en note à ce propos dans le travail correspondant).

De même, *Un ensayo sobre Historia de la Arquitectura Moderna - Siglos XII-XVIII*, et *Historia de la Arquitectura Contemporánea - Siglos XIX-XXI* s'intéressent à la naissance de la modernité (depuis le Moyen Âge), dans ses phénomènes sociaux, qui déterminent de nouvelles positions idéologiques et culturelles, lesquelles à leur tour se manifestent par de nouveaux types d'oeuvres, et impliquent de nouvelles typologies architecturales, et, selon le même principe, à la naissance de la contemporanéité et au passage de la modernité à la contemporanéité. S'il est vrai que l'idée d'amplifier ces deux volumes à l'étude de l'architecture antique et médiévale n'est pas absente, le fait que les premiers volumes produits traitent le premier de l'architecture moderne (donc, qui s'étend du Bas Moyen Âge, au XIIème siècle, avec la naissance du gothique, jusqu'à la fin de la modernité, avec la Révolution française), et le second du passage de la modernité à la contemporanétié, ou, pour mieux dire, de la formation de cette dernière à partir de la modernité, est la marque d'une position méthodologique et historique, ainsi que d'un intérêt de description et d'analyse de périodes très clairs.

Finalement, *Mythes (autour du Dieu du Pet - de Hérodote à Barbe Bleue et de Rutebeuf à Dante)*, s'il aborde de figures orientales (Yama) et antiques (l'Hermès thrace), se centre également sur l'étude triple: de Plutus chez Dante, du conte du Tío Coyote nicaraguayen comparé au *Güegüence*, expliqués comme figures de la modernité héritées de la tradition mythologique amérindienne, et, origine de l'ensemble de ces textes et problème transversal à tous, comme le rappelle, là encore, le titre du volume, du pet et de son symbolisme au Moyen Âge, que l'on essaie d'expliquer par une influence, là encore, dans la tradition antique. La figure même du dieu de la Mort hindou Yama est appelée comme pendant explicatif du Barbe-Bleue du conte moderne de Perrault.

3.3. Les origines de la proposition

Comme dans les contre-discours non occidentaux, s'il y a contre-courant, c'est qu'il y a un courant originel.

Ainsi, les critiques des structuralistes, notamment, à ce qui, par mépris, a été nommé folklorisme, se doit, précisément, à l'orientation des études de la mythologie traditionnelle, notamment dévalorisée pour la grande facilité avec laquelle elle reconnaissait en tout un symbolisme solaire, et par le fait que ce n'était pas une science de terrain, mais de bibliothèque. Dit autrement, elle ne vérifiait pas ses informations *in situ*, mais les soutenait à partir de sources secondaires.

Il faut dire que les deux critiques étaient pertinentes, notamment la seconde, qui est encore aujourd'hui la cause de l'enfermement disciplinaire (d'un point de vue historique et géographique) de nos sciences.

Toutefois, comme souvent, la critique, pressée et peut-être urgente, a préféré jeter le bébé avec l'eau du bain. C'est un peu le principe employé par Arasse dans *Le Détail*, et cependant contradictoire avec sa thèse. En effet, dans cet ouvrage, Arasse soutient que l'oeuvre étant un tout ne peut être divisée en parties, par conséquent ne peut être analysée. Mais, pour critiquer Panofsky en ce sens, il s'attache à des erreurs d'interprétations *sur des détails spécifiques* des oeuvres. De là que, s'il peut y avoir une erreur d'interprétation sur des détails, ceux-ci existent bien. Mais encore, le fait, pour faire une comparaison, que l'on puisse faire des erreurs en mathématiques, dans quelque opération que ce soit, n'invalide pas obligatoirement la méthode mathématique. Il faudrait que celle-ci: a) ne produise aucun résultat pertinent, b) se trompe systématiquement pour que la preuve que l'erreur d'un seul mathématicien sur une opération donnée invalide l'ensemble de la théorie de cette discipline puisse avoir un sens ou une logique quelconque.

Historiquement pourtant, l'on peut tracer une ligne de temps de l'évolution des sciences, et en elles des sciences humaines, depuis Descartes dans *Le Discours de la méthode* (division du problème et vérification du présupposé par négation ou limitation du champ de ses possibilités démontrables, "*Deuxième partie: Règles de la méthode*"), jusqu'à Kant (le *nihil negativum*), jusqu'à la preuve par "*falsifiability*" de Karl R. Popper. C'est curieusement la même méthode que, la critiquant dans ce qu'il nomme folklorisme, l'anthropologie structurale de Lévi-Strauss utilise dans son principe, central, de lecture verticale.

Or c'est cette méthode qui s'imposa à l'ensemble des systèmes d'étude et de référencement, aussi bien des sciences appliquées (de Mendel à Darwin) que de celle des sciences humaines.

En sciences humaines, les premières démonstrations de cette application sont celles de la mythologie comparée. La démonstration "*contre les méchants curés*", pour reprendre la terminologie de Dupuis, est celle qui consiste à reprendre le *corpus*, connu mais jusqu'alors présenté en sens typologique (comme les figures de l'*Ancien Testament* préfiguraient celles du *Nouveau*, les figures de la mythologie gréco-romaine et égyptienne étaient considérées comme des pendants, des allégories ou des préfigurations de celles de la *Bible*), des dieux de l'Antiquité et des similitudes de leurs actions avec celles des héros, saints, apôtres et dieux bibliques. La correspondance à peu près exacte, ou du moins la grande similitude entre les gestes d'Hercule, dieu solaire, Moïse dans l'*Ancien Testament* et Jésus dans le *Nouveau*, interprété depuis la perspective scientifique et non plus théologique, permet à Dupuis, dans son *Origine de tous les cultes*, d'affirmer que Jésus n'a jamais existé, et n'est qu'une construction mythologique, à l'instar de Mithra et des autres figures similaires.

Comme la pensée, au contraire du langage, évolue du haut vers le bas, la vulgarisation de ces thèses et l'importance de la mythologie comparée, amplifiée avec la croissance des empires notamment français et anglais au XIXème siècle, dès la Conquête d'Égypte et le processus de référenciation et d'inventoriation imposé par Napoléon, augmentation des Empires qui fut à l'origine de l'oeuvre ethnographique de Jules Verne, produisirent, premier pas vers ce qui sera dès les années 1960 les balbutiements du New Age, la folie théosophiste, que l'on retrouve entre autres dans l'osirisme de *La machine à assassiner* de Leroux.

3.4. Les points de la méthode
3.4.1. La création du *corpus* pour la mise en place statistique de la preuve par négation ou *falsifiability*

Ainsi, le point de départ de la méthode est donc double: la preuve par la négation et la création d'un *corpus*, celle-ci impliquée par celle-là, et lui étant nécessaire.

Si l'on excepte les dérivations populaires que l'on vient de mentionner, la mythologie comparée s'est ainsi développée de la fin du XVIIIème siècle (Dupuis) jusqu'à la première moitié du XXème siècle (F. Max Müller, puis Dumézil et la trifonctionnalité).

Mais ce qui était valide pour l'étude des mythes sembla l'être aussi pour les contes (Saintyves), et permettre l'étude sociologique et anthropologique des sociétés (Frazer, dialectisé mais repris par Van Gennep et Lévi-Strauss).

Ainsi, la lecture verticale, que Lévi-Strauss utilise pour comparer les différentes versions d'un mythe correspond, en littérature, tardivement, à la lecture linéaire promue par Barthes, mais, antérieurement à Lévi-Strauss, aux procédés de la littérature et la lingüistique comparées appliquées notamment à l'étude de l'évolution de l'utilisation de mots ou de groupes nominaux dans la littérature antique dans les études, par exemple sur Boèce ou sur Varron, de la fin du XIXème siècle et du début du XXème siècle.

C'est le même principe de récurrence qui permit à Freud de détâcher le sens des motifs des songes. Et c'est encore l'étude des motifs, dans leur permanence et évolution, qui permit, en histoire de l'art, à Warburg d'organiser ses panneaux de référenciation formels qui forment la Mnémosyne, et ainsi d'étudier, entre autres, l'évolution des plis des vêtements de la Nyké de l'Antiquité jusqu'à la Renaissance.

La littérature policière reprend ce même principe, en révélant ainsi l'importance logistique:

"Le logicien idéal, dit-il, dès qu'il a connaissance d'un fait dans tous ses détails, devrait non seulement en déduire la suite des événements qui l'ont précédé, mais aussi toutes les conséquences.

De même que Cuvier pouvait décrire un animal tout entier par la seule étude d'un os, de même l'observateur, qui a bien examiné un événement pris dans une série, devrait être capable de déterminer tous les autres, ceux qui précèdent comme ceux qui suivent. Nous n'avons pas encore saisi les conséquences auxquelles la raison seule peut nous amener. On peut résoudre par l'étude certains problèmes qui ont défié les efforts de la seule raison. Toutefois, pour arriver à la perfection de l'art, il faut que le logicien soit capable de tirer parti de tous les faits portés à sa connaissance; ceci implique, comme vous allez le voir, une science profonde, chose rare même à notre époque d'enseignement gratuit et encyclopédique. Il n'est pas impossible cependant qu'un homme arrive à connaître tout ce qui est nécessaire à sa profession; je puis dire que tel a été le but de ma vie. Si j'ai bonne mémoire, vous avez un jour, au début de notre amitié, défini et limité ma science d'une façon très précise." (Doyle, "*The Five Orange Pips*", The Strand Magazine, Novembre 1891, "*L'Aventure des Cinq Pépins d'orange*", Nouvelles Aventures de Sherlock Holmes, p. 66)

Et encore:

"C'est très suggestif, en effet, repartit Holmes. J'ai constaté, il y a longtemps déjà, à quel point les petits détails ont de l'importance." (Doyle, "*Un cas d'identité*", p. 28)

On voit donc comment, depuis la mythologie comparée, aussi bien les études littéraires et lingüistiques que l'anthropologie et l'ethnographie, l'histoire de l'art et la psychologie, réutilisèrent une même méthode, précisément, comparative.

C'est encore la comparaison des phénomènes et la possibilité depuis la voie négative de trouver en certains les caractéristiques d'autres qui permet à Barthes d'élaborer sa thèse sur *Le degré zéro de l'écriture*.

Tout comme c'est la permanence (d'une société à l'autre) d'un sens transversal dans l'utilisation des sons (notamment des voyelles, le o associé au gros et au puissant, le i au maigre et au petit) qui détermina l'opinion de Jackobson sur ceux-ci. Or l'on sait que Barthes s'inspira de Jackobson.

À son tour, Panofsky, dans son introduction aux *Essais d'iconologie*, invoque comme principe central de l'iconologie la prise en compte des modèles, c'est-à-dire des récurrences, à propos du sens que l'on peut déduire de figures féminines avec un sac et une épée, pour savoir s'il s'agit de Judith ou de Salomé. Le sac étant de Salomé, mais l'épée de Judith. C'est bien, comme le propose Holmes chez Doyle, par l'étude des détails ou motifs (les parents de Salomé et la servante de Judith) que Panofsky oppose les types. En même temps, c'est par l'établissement d'un prototype qui est celui de la tête sur un plateau, motif qui se détâcha de l'iconographie de Salomé pour devenir une représentation votive en soi, très populaire dans les pays nordiques et en Italie du Nord aux XIVème et XVème siècles, que Panofsky peut déduire que l'isolement de la tête sur un plateau favorisa l'association entre l'image votive et l'idée d'un porteur, qui peut facilement dit-il avoir été remplacée métonymiquement dirions-nous par celle du sac. Mais qu'au contraire, l'épée, symbole de Vertu et donnée toujours à la Justice et aux Saints, dans l'iconographie, empêche de penser qu'elle ait pu être attribuée à Salomé, principale figure négative du *Nouveau Testament*, puisque responsable de la mort du Baptiste, comme Judas, Pilate ou les Juifs le sont de celle du Christ.

L'enseignement de l'architecture passe pareillement par l'étude de ce que l'on appelle les modèles analogues, c'est-à-dire des prototypes ou typologies existantes (autrement dit du *type*, esthétique et normatif légalement, préalable à ou existant avant chaque édifice que l'on se propose de réaliser).

C'est déjà la possibilité d'existence qui permit à Kant de se former l'idée de Dieu comme rien négatif ou concept pur.

C'est la recherche de la morale comme élément pertinent de la définition des lois qui permit à Durkheim et à Kelsen de théoriser l'absence de bien et de mal absolu, mais la permanence de la rétribution comme fondement du droit et de la punition comme renforcement du lien social.

Ainsi, au groupe précédent, on ajoutera l'architecture, les études du droit et la sociologie.

3.4.2. L'idéologie formelle de la proposition
3.4.2.1. Forme de la proposition

Comme on l'a dit, la proposition présentée ici comprend, dans la partie d'application, des ouvrages formés par des articles regroupés par champ disciplinaire.

Même s'ils s'orientent, comme leurs titres l'indiquent, toujours vers une compréhension historique évolutive des manifestations culturelles, du Bas Moyen Âge à la période contemporaine, une question valide sera de se demander s'il est possible de créer un discours absolument conscient, linéaire et méthodologiquement solide à partir d'articles ou de conférences réalisés au cours de périodes plus ou moins longues, mais donc par les affinités de l'auteur avec tel ou tel thème particulier, sans relation obligatoire avec les autres thèmes des autres articles regroupés cependant dans le même ouvrage.

La critique, valide, comme je l'ai dit, intègre néanmoins en elle partie de la réponse.

Tout d'abord, comme je l'ai fait noté auparavant, et comme le prouve le fait que, par exemple, l'ouvrage d'iconologie filmique intègre la série *Hablemos de Cine*, augmentée postérieurement d'un addendum en deux parties d'une part sur les récurrences dans les oeuvres filmiques (217 exemples) et d'explication de récurrences (71 exemples), série créée avec une fin bien précise de mise à l'épreuve de la méthode ici présentée, il va de soi que le degré de divergence aussi bien de la méthode que des objets étudiés est ainsi limité.

D'autre part, comme l'indique la question même, les analyses, certes faites séparément, renvoient, dans tous les cas à des oeuvres avec lesquelles, comme lecteur, spectateur et théoricien, j'avais des affinités. Elles entrent donc dans le cadre d'oeuvres qui à la fois me provoquaient un intérêt (point qui leur est déjà commun), sur lesquelles il me semblait avoir quelque chose à dire et pouvoir discourir (autre élément d'unité), et, par conséquent, qui, d'une manière ou d'une autre, s'intégraient à des inquiétudes transversales et à des découvertes préparées par d'autres recherches antérieures des mêmes groupes. Principe que l'on trouve de façon normale et obligée car naturelle si l'on s'attache à l'oeuvre des chercheurs (par exemple l'étude répétée des figures de l'Amour chez Panofsky, ou de la question de la formation de la société bourgeoise dans la société féodale chez Marx). Même des auteurs moins systématiques, comme Maurice Blanchot, ont ce qu'on appelera alors des obsessions (chez celui-ci la mort, le processus d'écriture).

On connaît l'intérêt de Camus pour la mort, le suicide et le crime, qu'il arpège tout au long de son oeuvre. Du *Mythe de Sysiphe* aux *Réflexions sur la peine capitale*, en passant par *L'Étranger, La Peste, Le Malentendu, Caligula* ou *L'homme révolté*. Il y développe le thème de la responsabilité, comme Sartre, mais dans une perspective liée moins à l'engagement (*Les mains sales, Les séquestrés d'Altona*) qu'au choix (*L'Étranger, La Peste, Le Malentendu*). En ce sens, il préfère le crime passionnel au crime logique (*L'homme révolté, Réflexions sur la peine capitale*).

Un élément de compréhension et de justification peut encore être le fait que les titres furent posés postérieurement à la réalisation des ensembles (en exceptant le cas d'*Hablemos de*

Cine); c'est-à-dire qu'ils trouvèrent une suffisante unité pour être titulés ensemble, avec une précision de méthode (*Essais d'iconologie filmique - Origine classique des représentations contemporaines, Origines littéraires de la pensée contemporaine XIXème-XXème siècles, Mythes - Autour du dieu du pet*) comme paradigmes de systématisation, ou du moins qualités de systématicité.

D'autre part, Barthes, dans son oeuvre, nous absout de toute originalité, ayant, en beaucoup de cas fait la sienne par compilation d'articles, et, comme dans notre cas pour *Hablemos de Cine*, d'articles courts, ce qui indique que la limitation de dimension ou de nombre de caractères n'implique pas obligatoirement une perte de profondeur de l'analyse, même s'il ne l'aide pas exactement non plus.

Panofsky a procédé de même dans ses ouvrages, si ce n'est par regroupement de textes sur des sujets unis par une même période (comme c'est particulièrement le cas dans son ouvrage, et j'insiste sur ce point, le plus théorique: *Essais d'iconologie*), dans le regroupement de textes, par ordre chronologique de la biographie d'un artiste, autour des oeuvres de celui-ci (dans ses ouvrages sur Le Titien et sur Dürer). M. Darragon a procédé de même dans son ouvrage sur Manet. Je l'ai fait dans *Estudios darianos* par l'étude consécutive et chronologique par rapport à la biographie de l'auteur de ses différents recueils, des premiers aux derniers.

Freud l'a fait aussi dans *Cinq leçons sur la psychanalyse*, pour distinguer les types de pathologies mentales et pouvoir les opposer en les nommant à partir de cas concrets. Ou dans *Trois essais sur la théorie sexuelle*.

Bien qu'il n'ait pas réuni ses articles, et que ce sont postérieurement ses compilateurs qui l'ont fait, Marx, à l'instar de Durkheim dans le champ sociologique, a procédé souvent par textes courts, c'est-à-dire articles, sur des sujets précis.

Toutefois, je ne voudrais pas que cela laisse supposer que ma démarche est postmoderne, à la manière de Lyotard ou de Derrida, fragmentée, et explosée. Elle ne l'est pas, ne veut pas l'être, ni ne prétend l'être.

Elle s'expose de manière tentaculaire, c'est plutôt l'approche et l'idée, comme dans la série *La construction du Moi*, par auteurs et par oeuvres, afin de pouvoir mieux appréhender la complexité organique des mouvements de la pensée sociale. L'exposé long et démonstratif, qui peut être d'utilité et d'urgence (Marx l'a utilisé dans *Le Capital*, bien que ce n'ait jamais été, on vient de le dire, sa forme préférée), peut aussi être un leurre, une sorte de miroir de soi-même qui n'expose que la vision préjugée de l'auteur sur une longue distance, sorte de roman qui ne s'avoue pas, sans attention à son objet (cas, selon notre vision, de beaucoup des grands noms du mouvement structuraliste, de Blanchot à Bataille, en passant par Lyotard ou Derrida, et en psychologie nous pensons de même à Lacan).

Hegel, que l'on a pourtant critiqué pour faire des phrases longues et obscures, toutefois moins que son modèle Kant, s'est ainsi dédié à diviser sa pensée, en produisant pour chaque partie un ouvrage, relativement court toujours (si l'on excepte, pareillement *La Phénoménologie de l'Esprit*) sur: la philosophie, respectivement, du droit, de l'histoire, de l'art, de la nature, etc., reprenant sans doute le principe d'Aristote. Souvent même, Hegel se servait simplement de ses leçons de cours pour les publier. Cette même méthode a été utilisé sinon par du moins avec José Gaos lorsqu'espagnol exilé au Mexique, son cours donné à la UNAM et intitulé *Historia de nuestra idea del mundo* fue publié de manière posthume, en 1973, chaque chapitre correspondant à une conférence sur un auteur particulier (Shakespeare, Copernic), dont Gaos étudie l'influence dans la formation de notre pensée.

3.4.2.2. La proposition et la forme

Toutefois, on le voit notamment dans *Essais d'iconologie filmique*, la perspective ici employée n'est pas formaliste, c'est-à-dire d'étude de la forme dans les manifestations culturelles (orientation souvent utilisée en particulier pour le cinéma, étudié depuis sa technique, la biographie de ses acteurs et directeurs, et sa réception) comme pour l'histoire de l'art, mais toujours comme expression de la pensée d'une époque.

L'ampleur de la proposition se doit sans doute, d'une part à la genèse personnelle de l'inquiétude méthodologique sur laquelle je me suis beaucoup attardé, pensant qu'elle en donne une explication claire, mais aussi à des modèles concrets. J'ai cité Panofsky bien sûr, mais aussi l'interdisciplinarité de professeurs comme M. Darragon. J'y ajouterai l'importance de Barthes en cela qu'il a ouvert la voie des recherches contemporaines sur des objets qui avant lui n'auraient pas été considérés comme dignes d'être étudiés, ou comme ayant un signifié latent. C'est le cas, dans *Mythologies*, de la pensée populaire, et politique, du cinéma (bien que mal compris par lui), mais c'est aussi la mode dans *Système de la Mode*. Ce qu'a fait l'École de Warburg pour l'histoire de l'art, mettre à bas la division entre art cultivé et populaire, afin de pouvoir mieux comprendre les interactions entre ceux-ci, Barthes l'a fait entre littérature et matériel non littéraire.

Il n'a pas été le seul d'ailleurs, mais il a été l'un de ceux qui a permis, par exemple, avec d'autres structuralistes, comme Philippe Ariès, d'aborder les pratiques de l'homme face à la mort et face au sexe, et en général les relations du haut (l'esprit, l'intellect, la culture) avec le bas (le corps, les déjections, la scatologie), ce que rend la parole dans ces mêmes années 1960-1070 des féministes (on pense à *Hon* [*Elle*] de Niki Saint-Phalle), mais aussi, dans les années 1980, de folkloristes comme Claude Gaignebet et Jean-Dominique Lajoux, aussi bien dans *Art profane et religion populaire au Moyen Âge* que dans *Le folklore obscène des enfants* (ouvrage, celui-ci, de Gaignebet seul).

Toutefois, à la différence des auteurs précédemment cités, qui souvent, consciemment ou non, comme Barthes, hiérarchisent les arts et les manifestations culturelles, peut-être précisément pour être artiste et historien d'art, ma position est au contraire d'affirmation du caractère sémiologique plein de l'ensemble des productions symboliques, aussi bien dans leurs différentes manifestations (arts mécaniques et libres) comme dans leur évolution (art figuratif et abstrait). Bien qu'au contraire, là où souvent, ces mêmes auteurs assument une unité de nature entre productions symboliques (peut-être précisément parce qu'ils ne leur donnent qu'une valeur de signifiant, non de signifié) et les productions matérielles (sur la question des arts populaires, de l'artisanat, etc.), je considère que, sauf s'il y a un *design*, les productions matérielles se distiguent absolument des symboliques en cela que les premières n'ont qu'un rôle d'usage, sans aucun sens. La différence peut se résumer en comparant une simple paire de chaussures, qui ne sont rien d'autre que cela, avec celle peinte par Van Gogh, et qui renvoie (conformément à l'interprétation de Schapiro, de fait contre Heidegger) à la situation dénotée de pauvresse du travailleur, en référence en outre à une image littéraire que Schapiro cite d'un roman de l'époque (sans importer si Van Gogh l'a lu ou non). Dans un cas, les souliers réels ont une valeur d'usage, sans plus, dans l'autre ils ne l'ont pas, mais, en tant que représentation, deviennent dénotatifs de quelque chose. Ils transcendent la valeur d'usage, pour acquérir un sens symbolique et même moral. C'est la fameuse *Trahison des images* mise en scène par Magritte avec cette pipe, que je dirais platonicienne car elle n'en est pas une. Et dont Kosuth reprend l'idée dans ses *Trois chaises* (que j'ai étudiées dans ce sens platonicien, en référence explicite à la métaphore du lit de *La République,* X, dans un numéro de *Cultura Logia*).

3.4.2.3. La question du symbole

Si l'on pose donc comme un précepte de base l'interdisciplinarité, c'est parce qu'elle se substante sur l'idée que l'ensemble des productions symboliques - d'où leur dénomination (par opposition aux productions matérielles, qui ont une fonction, mais pas de sens hors de cette fonction) - a un caractère, précisément, symbolique. Pour préciser l'idée depuis la terminologie sémiologique, qu'elles ont, non seulement un signifiant, mais obligatoirement aussi un signifié.

L'idée, qui semblerait aller de soi, s'oppose en réalité à un grand nombre de courants des sciences humaines, qui voient soit dans l'art (Freud, Jung, Eco, Barthes), soit dans l'architecture (Hegel), soit dans le son et la musique (Adorno, Barthes), soit dans les phénomènes culturels populaires comme la mode ou la publicité (Barthes, McLuhan), des expressions sinon vides de sens, du moins vides de signifié. Ce sont des contenants, puisque ces manifestations ont bien une forme, mais sans contenu fort, puisqu'elles n'ont pas de degré de sens *a priori*. Soit que, comme l'architecture, pour la hiérarchie traditionnelle des arts, elle ait une fin d'utilité, ce qui la prive ou du moins ne lui impose pas de signifié fort, soit qu'elle soit privée de référant littéraire, absence de narration sans laquelle, comme l'expose Barthes pour les photos de mode, rend l'image creuse. Elle devient alors ce tout indomptable que travaille Arasse dans *Le Détail*.

Toutefois, un autre courant nous permet d'aborder le matériel non littéraire comme symbolique, c'est celui qui va de Barthes (paradoxalement, dans les *Mythologies* mêmes) à Noam Chomsky pour l'approche de la publicité et du message politique comme idéologisant. C'est aussi le point de vue de Marx, principal exposant du matérialisme, pourtant, lorsqu'il intègre sa vision de la philosophie, de l'économie et de la politique, depuis l'histoire des idées, même s'il n'arrive pas à l'étude des oeuvres d'art, mais si à celle de la société comme masse mouvante en permanent processus d'idéologisation. C'est aussi la thèse, implicite, mais présente chez Freud, qui favorisera sans doute, sans le vouloir, les développements jungiens contraires ou du moins parallèles, de la permanence du symbole qui permet de l'expliquer en ce qui concerne les images ou motifs récurrents dans le rêve, qui me servirent de base pour l'étude de l'art abstrait dans la dialectique thème-motifs.

Cela dit, il faut alors se poser la question: qu'est-ce que le symbole, ou comment le définir? Ses deux valeurs sont, d'une part, précisément, qu'il est transversal à toutes les productions symboliques (si l'on me permet la répétition), nous permettant ainsi de les analyser; et que, d'autre part, il est, par essence, dénotatif, étant cela son trait le plus important. C'est-à-dire qu'il renvoie toujours à une réalité antérieure, à un objet qu'il n'est pas en soi. C'est un peu comme le dérivé mathématique ou financier, c'est une représentation, on a cité Magritte, de quelque chose. Ce quelque chose devenant alors symbole d'autre chose.

Pour prendre un exemple concret et directement intelligible, un oiseau sur une branche en train de faire son nid, un brin de paille ou d'herbe dans le bec, n'est rien d'autre que cela.

Mais l'image, simplifiée, par Picasso d'une colombe portant un brin d'olivier dans son bec devient symbole de la Paix, pour les valeurs associées traditionnellement au brin d'olivier (de paix, précisément), et à la colombe (de blancheur, douceur et pureté, ainsi que de transporteur et de messager, comme dans l'histoire de Noé ou dans sa représentation comme Saint Esprit dans le *Nouveau Testament*). Les deux parties de l'allégorie étant liées dès la *Genèse*, VIII, 6-12:

"Il (Noé) attendit encore sept autres jours et recommença à lâcher la colombe hors de l'arche. La colombe vint à lui, au temps du soir, et voici qu'en sa bouche il y avait une feuille d'olivier toute fraîche. Alors Noé sut que les eaux avaient diminué de dessus la terre. Il attendit encore sept autres jours et lâcha la colombe, mais elle ne revint plus vers lui."

Une conséquence directe de ceci est que s'il y a symbole, il y a détail (comme Freud l'a montré, sans le vouloir directement, dans *L'interprétation des rêves*).

À l'inverse, et ceci est l'élément-clé sans doute de la méthode proposée, le symbole donne son sens à l'oeuvre (puisque, sans lui, elle n'aurait aucune discursivité, ce que la théorie sémiologique a compris intuitivement, mais en en cherchant l'objet dans une division arbitraire entre signifié et signifiant d'un point de vue purement lingüistique, comme extrapolation de sa méthode habituelle, alors qu'elle aurait dû appliquer cette méthode en en remontant le sens, comme nous venons de le faire, vers le comparatisme originel, source épistémologique de toutes les sciences humaines, pour, précisément, l'unité, jamais clairement ni explicitement constatée, mais implicitement utilisée de l'ensemble de son matériel).

De là que l'étude du symbole et de ses modifications dans les oeuvres est ce qui donne son sens à l'étude exégétique. Car, si l'on assume que l'oeuvre n'a pas de sens (comme le font, par exemple Barthes lorsqu'il considère les oeuvres non littéraires comme équivalentes à un degré zéro de l'écriture - il s'affirme ainsi lorsqu'il entre dans une salle de ciné, selon ses propres termes dans *Mythologies*, comme transformé en "*patate frite*", c'est-à-dire décérébré par l'absence de sens, qu'il exemplifie ou métaphorise par la noirceur [dirions-nous prénatale et introspectivement maternelle] de l'espace qui l'accueille [espace noir *comme une page laissée en blanc*], opposition qu'il reprend dans *L'obvie et l'obtus* - ou Eco lorsqu'il postule que l'oeuvre n'a de sens que lorsque les spectateurs l'interprètent, mais alors l'ensemble des interprétations étant valide, l'infinité même du sens ainsi obtenu [qui plus est hors toute *intentionnalité* créatrice, pour paraphraser en l'y opposant la terminologie de Schapiro sur l'art abstrait] fait qu'il n'y en a aucun), si l'on assume, disons-nous, que l'oeuvre n'a pas de sens, quel est le but de se dédier à l'étudier?

Une fois dit que l'oeuvre en soi n'a pas de sens, c'est-à-dire qu'aucune oeuvre n'a de sens, c'est axiomatique, le postulat imposerait la clôture de l'ensemble des instutitions liées à leur étude.

Bien qu'en disant cela il semble que nous enfoncions des portes ouvertes, celle-ci spécifiquement est le noeud gordien de la question interprétative sur les oeuvres.

De fait, on l'a posé implicitement en comparant la position d'Eco (même si dans son ouvrage *Confessions d'un jeune romancier* de 2013, il voit la nécessité de revenir sur *L'OEuvre ouverte* et de réduire le sens de cette absolue ouverture qu'il contemplait, je dirais, mais c'est mon opinion personnelle, comme un trou béant, dans les années 1960, à l'équivalence seulement des interprétations des spécialistes, qui se complémentent, mais non du public en général) et celle de Schapiro.

En effet, alors qu'Eco (lorsqu'il étudie par exemple les super-héros dans *De Superman au surhomme*) comme Barthes (lorsqu'il étudie la mode) considèrent que l'oeuvre plastique, sans l'appui du texte, n'a aucun sens (dit *ad absurdum* le dessinateur, le photographe, le graphiste ou le publicitaire n'ont pas de conscience propre, ils ne vivent pas dans un *En-Soi*, mais hors d'eux-mêmes dans la seule réception que le public a de leur oeuvre, il n'ont pas d'essence propre), Schapiro, pour justifier les incompréhensibles *non-senses* de l'art abstrait, se vit obligé à recourir à l'idée de l'intentionnalité, un peu comme Clémenceau avait fait pour les *Nymphéas* de Monet. Pour Schapiro ou Clémenceau, ce qui importe n'est donc pas la reproduction du monde tel qu'il est, comme le ferait un pompier ou un Bouguereau, mais tel que le sent l'artiste, selon la doctrine libertaire aussi bien du *Sturm und Drang* goethien que de l'esthétique hégélienne (aussi bien dans l'*Esthétique* que dans la *Phénoménologie de l'Esprit*), voire kantienne (le plaisir des jardins non travaillés), mais de la manière la plus sensible possible, où l'artiste nous invite à entrer dans son esprit. Ce n'est donc plus la nature qu'on représenterait, mais l'idée subjective que l'esprit de l'artiste se fait du monde. Principe qui débouchera sur l'oeuvre de Turner par exemple.

Mais, si l'on se contentait de penser la question depuis l'opposition de positions intellectuelles entre un clan et l'autre, on n'en serait pas plus avancé. Il semble que le pas décisif est la position lingüistique même, aussi bien génétique, lorsque la question du langage comme de son apprentissage s'exprime par une métaphore en entonnoir: toute oration est infinie, mais dès que le locuteur commence à produire la phrase, chaque nouveau mot, chaque nouveau son en réduit les possibilités exponentiellement. De même, le sens commun nous indique que, si bien il y a une différence certaine entre les trois termes: ce que l'on veut dire, ce que l'on dit et ce qui est entendu ou compris par les autres, la responsabilité, non peut-être du dernier terme, mais si des deux premiers est entièrement celle de l'énonciateur. Non du récepteur. Celui-ci n'a la reponsabilité que de ce qu'il comprend, et de son degré de compréhension. Dit autrement, sans créateur, pas d'oeuvre, sans main qui sculpte, peint ou écrit, pas d'oeuvre ni de scénario (c'est la morale du conte "*L'Âne et de la flûte*" de l'hondurien Augusto Monterroso: "*Tirada en el campo estaba desde hacía tiempo una Flauta que ya nadie tocaba, hasta que un día un Burro que paseaba por ahí resopló fuerte sobre ella haciéndola producir el sonido más dulce de su vida, es decir, de la vida del Burro y de la Flauta./ Incapaces de comprender lo que había pasado, pues la racionalidad no era su fuerte y ambos creían en la racionalidad, se separaron presurosos, avergonzados de lo mejor que el uno y el otro habían hecho durante su triste existencia.*"). Donc, sans l'esprit qui guide la main, et qui appartient généralement à la même personne (sauf cas d'école comme le cas de la Chapelle du Rosaire à Vence conçue par un Matisse déjà aveugle), encore moins de geste artistique. Car la pensée toujours guide le geste, même pour le simple acte de marcher et de se diriger vers un but quelconque, même le plus anodin, comme le rappelle Prévert dans "*Dans ma maison*".

Ces réflexions nous reportent de nouveau à la question concrète: niée par Francastel mais assumée par Panofsky, de l'intelligence des artistes. Et bien sûr de leur conscience relative, mais aussi de l'influence de la permanence d'une mentalité collective (Jung), ou d'un esprit du temps, qui détermine les productions d'une époque.

C'est, plus amplement donc, la question de savoir, on l'a vu dans le cadre du débat entre synchronie et diachronie, qui implique un autre débat, sous-jacent (Frazer-Van Gennep, Dumézil-Bayet) entre transmission ou non des mythes, des figures, et par conséquent des thèmes et des motifs d'une région à l'autre (Van Gennep le niait dans le cadre très réduit d'un possible passage d'une figure comme celle du Père Noël entre les régions françaises, puisqu'il voyait dans les plus infimes différences de nom ou d'attributs une preuve d'éloignement insurmontable et rédhibitoire), si l'on peut ou non assumer, cette fois dans un sens génétique et de hiérarchie sémiologique ou de sens (entre signifié et signifiant, entre textualité et atextualité), que toute oeuvre a un sens ou non.

Ce problème à la fois amplifie tous les antérieurs, et les réduit.

Mais là encore, la question du sens transcende l'oeuvre particulière et les artistes. Non seulement on connaît parfaitement les processus de mise en place de l'iconographie chrétienne dans l'art byzantin et son passage en Occident, mais les livres d'emblèmes à l'usage des peintres et des sculpteurs, répandus durant quatre siècles dans toute l'Europe, prouvent l'intérêt, non seulement des artistes, mais du public cultivé, pour la représentation symbolique, dénotative, allégorique. Ils prouvent donc, par leur seule existence (leur récurrence au long de quatre siècle) et, plus encore, par leur utilisation, évidente dans n'importe quelle oeuvre (que ce soit qu'on considèrent que les livres d'emblèmes expliquent les oeuvres, ou bien au contraire que celles-ci en suivent les préceptes), l'existence d'un code, dans ses deux caractéristiques: de nature (généralisation d'un modèle) et de fonction (diffusion du modèle).

3.4.2.4. La question du symbole et de la liste hiérarchisée des oeuvres

On vient de le dire, la question de l'interprétation des oeuvres est centrée sur la question de leur symbolisme. Pour deux raisons fondamentales: d'abord leur étude (dans sa nature, sa complexité, son ampleur, son extension, et sa nécessité) est impliquée par le degré de symbolisme qu'elles contiennent. Ensuite, parce qu'historiquement deux courants se sont opposés, l'un dérivé de ce que nous nommerons le comparatisme interdisciplinaire original, l'autre des sciences disciplinaires contemporaines.

Cette question-clé implique plusieurs divergences:
1. Entre synchronie et diachronie de l'approche analytique;
2. Entre limitation ou non du champ géographique du domaine d'études;
3. Entre différenciation hiérarchisée (implicite, comme dans les sciences humaines contemporaines, ou explicite, comme chez Hegel) ou non des arts entre eux.

L'École de Warburg et Panofsky, qui a été mon guide et mon Maître dans les travaux réalisés, et l'expérience personnelle m'ont orientés à ne pas faire de distinction:
1. Ni, comme le faisait le comparatisme traditionnel (de Saintyves à Tolkien), mais comme le font encore les études actuelles, entre mythes et contes, entre religions complexes et primitives;
2. Ni entre arts libéraux et mécaniques, pour le dire en termes médiévaux, ou entre arts mineurs ou décoratifs, et arts majeurs (différence faite, par exemple, par Gainsbourg, qui considérait la chanson comme un art mineur);
3. Ni non plus entre littérature et matériel non littéraire ou non textuel.

En effet, les études renaissantes de l'École de Warburg ont démontré que l'art et la mentalité modernes provienne, dans leurs symboles, de l'art et la mentalité antiques.

De même, c'est par l'étude des croyances populaires, qu'aussi bien Warburg face à l'astrologie, que des folkloristes comme Gaignebet et Lajoux face aux représentations

110

médiévales (des miséricordes de stalles aux chapitaux d'églises, aux laies ou aux fêtes populaires) ont pu comprendre la société basses-médiévale et ses permanences ou ressurgissements contemporains comme un tout significatif.

Comme l'expose Panofsky, la connaissance du matériel littéraire est indispensable pour comprendre les oeuvres non littéraires, mais, comme il le montre dans l'introduction aux *Essais d'iconologie*, l'histoire des formes et des styles contient, comme on le voit dans le cas de la reconnaissance iconographique de Judith et Salomé, une base non littéraire, et tout au contraire purement visuelle (la séparation d'un motif pour devenir un thème à part entière), et en outre, nous insistons, de symbolisme visuel (l'attribution morale de l'épée à certaines figures comme la Justice).

3.4.2.5. Thèmes et motifs: une amplification de la méthode comme projet et comme principe d'analyse systématique: vers une définition de l'histoire des mentalités comme orientation transversale

3.4.2.5.a. Projection de la systématisation interdisciplinaire à partir du modèle établi

Or, c'est précisément, dans cette introduction aux *Essais d'iconologie* que Panofsky insiste sur la différence entre thèmes et motifs, et sur l'intégration de ces deux concepts dans l'approche symbolique des oeuvres.

Cette idée en implique, obligatoirement, une autre, qui distingue l'École de Warburg et l'iconologie de l'ensemble des autres approches de l'histoire de l'art, même si, dans un certain sens, dès lors que l'on s'attache à étudier les oeuvres, certains diront que l'on fait toujours de l'iconologie.

Pourtant non. La différence entre l'iconographie et l'iconologie est la même qui existe entre l'ethnographie et l'ethnologie. Les premières décrivent, et s'intérressent aux aspects formels des manifestations qu'elles étudient, les deuxièmes interprètent, dans une recherche des substrats symboliques qui composent et imposent l'établissement dans une structure particulière de séquences narratives (qu'elles soient rituelles, mythiques, comportamentales/sociales ou visuelles).

Toutefois, la différence et la distinction entre thèmes et motifs, les premiers étant formés par l'accumulation d'un certain nombre des seconds, définis dans chaque groupe thématique par la tradition, comme les idiomatismes définissent les parties des groupes nominaux qui les conforment, est si apparemment connue qu'elle n'a jamais vraiment sembler nécessiter d'explication ou d'exégèse.

Et pourtant, ce sont les deux termes, implicites, mais présents dans la définition des deux parties de cette équation ou de ce binôme, qui à la fois nous permettent de systématiser méthodologiquement en la visualisant une méthodologie unifiée pour et dans les sciences humaines, et de l'autre d'en augmenter le champ d'action, non seulement interdisciplinairement mais aussi entre matériels (ce qui est impliqué par la pratique interdisciplinaire) et époques (ce qui ne l'est pas).

On voit bien là encore une fois l'importance de nous poser dans une perspective d'analyse symbolique. En effet, si nous rejetons l'idée que l'oeuvre contient des éléments référenciels et dénotatifs, l'analyse n'est plus alors possible, sauf dans un cadre purement iconographique, de forme, mais non de sens.

Par là aussi, on voit bien que l'intérêt des études des sciences humaines est celle de l'évolution des mentalités. Il est évident que la psychologie étudie la pensée individuelle, et les schémas qui la prédétermine, en les limitant ou inhibant, depuis les groupes et leur cultures respectives. La sociologie, l'ethnologie et l'anthropologie également s'intéressent aux phénomènes sociaux, dont les oeuvres, par leur réception ou les attitudes sociales qui s'y attachent (par exemple face à la mort et ses rituels, dont Michel Vovelle a défini une évolution depuis la Renaissance jusqu'à nos jours). L'histoire, si elle ne s'intéresse qu'aux faits, n'a de sens que pour en tirer certains enseignements, que ce soit pour déduire les raisons de l'évolution passée, ou plus modestement pour constater les modifications qui s'y sont opérées. L'histoire des styles n'est que l'expression la plus aigüe de cette tendance: elle est l'étude des dualités générationnelles entre courants et mouvements. Les études littéraires prétendent analyser, identiquement, les évolutions internes ou externes dans les oeuvres d'un auteur, d'une génération, d'une période, d'un lieu, etc. Il est redondant de dire que la philosophie s'intéresse aux phénomènes de la pensée, voire à l'en-soi de celle-ci. Mais qui plus est elle le fait depuis sa propre histoire, c'est-à-dire depuis cette constatation qu'une discipline n'existe que par et dans son langage, lequel se définit dans l'évolution et les thèmes du discours de ladite science.

Une fois enfoncée cette autre porte ouverte, mais qui est cependant souvent mise en question (Francastel reprochait ainsi à Panofsky d'être trop intelligent et de faire de la surinterprétation, en même temps que, pour se dédier à comprendre le sens des oeuvres, de ne pas en étudier les génialités formelles), et associée cette prémisse à l'autre, de l'origine méthodologique unique ou unifiée des sciences, et des sciences humaines en particulier, s'ouvre à nous ce que j'ai nommé il y a un instant la systématisation du processus d'analyse des sciences qui sont les nôtres.

En effet, si l'objet en est le même (les oeuvres, ou, si l'on préfère, les manifestations, pour intégrer les actes sociaux à notre ensemble), si sa qualité centrale est permanente et transversale (être symbolique), la méthode d'analyse sera similaire entre les diverses disciplines. Non seulement nous l'affirme l'hypothèse ici posée, l'expérience personnelle de mes travaux, apportés comme témoins et projet, mais aussi l'histoire des résultats des différentes sciences, notamment au travers de leurs plus grands représentants (Dupuis, Müller, Frazer, Freud, Marx, Panofsky,...).

Ainsi la question ne devient plus, comme pour Barthes, en quoi se distinguent l'oeuvre littéraire et les autres, mais au contraire, ce qui, d'un point de vue méthodologique (dans le cas précis) est plus pertinent, parce qu'il rapproche et augmente la possibilité d'analyse, en quoi elles se ressemblent.

De fait, l'étude des différences ne peut provenir que de la constatation des similitudes. Ainsi procèdent toujours les sciences, puisqu'elles mettent bien dans un même contexte différents spécimens, et leur appliquent différentes méthodes, afin de voir en quoi leurs réactions se distinguent. Mais ce n'est pas dans des ambiances différentes que peut s'opérer la comparaison, sinon dans un module de conditions exactement identiques.

L'oeuvre, quelle qu'elle soit (sans importer son genre, son style ou sa discipline), dans et par son caractère symbolique, nous informe donc, non seulement sur les procédés de l'artiste, mais avant tout elle nous informe sur son époque. Ainsi, des objets similaires (dès qu'on les assume depuis cette définition concrète que l'on vient de donner) réagissent donc identiquement aux tensions et aux actions sur eux (changements et évolution des idées).

3.4.2.5.b. Application du modèle amplifié aux objets chronologiquement jusqu'ici non abordés par les sciences

3.4.2.5.b.1. Les livres d'emblèmes: la question des allégories et des attributs, vers l'idée de la différence thème-motifs

La répétition de la séquence, que nous venons d'indiquer comme voie du comparatisme, implique donc le motif dans sa fonction, pour l'analyste, d'éclaireur du sens général de l'ensemble à étudier.

L'ampliation mentionnée du champ d'interprétation, une fois posée l'existence du motif conscientisée, non plus seulement assumée intuitivement, nous a permis d'aborder aussi bien les domaines de l'art contemporain, nous entendons par là dans ses processus vers l'abstraction, mais aussi le cinéma.

L'existence des livres d'emblèmes, que nous avons, précisément, dans la perspective d'approche de l'art abstrait, montrés comme preuves et bases de l'analyse des productions picturales contemporaines, dans une conférence donnée en 1996 à l'Université de Besançon, en Histoire de l'Art, invité par M. Frank Muller, l'existence des livres d'emblèmes, lesquels montrent que les allégories se définissent chacune dans sa spécificité en base à l'élaboration et l'attribution de ses attributs respectifs, permettent, si l'on s'y attarde, de voir que, déjà, l'art figuratif moderne fonctionne sur le détail (motif) qui compose un tout (thème). Le tout ne se comprenant qu'en fonction de la restructuration mentale, par le lecteur/spectateur cultivé (ou partageant la culture de l'artiste et de son époque), des indices qu'apportent les différents attributs et leur sens respectif, additionnés, ce qui est, de fait, l'une des causes principales des problèmes d'identification de nombre de figures dans les oeuvres dont l'époque, et par conséquent la compréhension de ses symboles mentaux, nous éloigne chaque fois plus.

3.4.2.5.b.2. Abstraction thématique et abstraction formelle: l'ampliation du modèle iconologique pour l'art abstrait

L'École de Warburg, laquelle s'est dédiée le plus systématiquement dans toute l'histoire de l'art, à considérer lesdits livres d'emblèmes, bien que transversalement (notamment dans *La boîte de Pandore* de Dora et Erwin Panofsky, dont les premiers chapitres s'attardent sur cette iconographie chez Alciati, ou encore dans l'étude des deux époux de la Galerie François Ier de Fontainebleau), alors que les autres courants les ont méprisé, non par une critique ou une opposition consciente ou une approche divergente, mais simplement en les passant sous silence, l'École de Warburg n'a cependant, nous semble-t-il, pas entièrement considéré les conséquences de sa propre découverte, se cantonnant au domaine de l'art figuratif de la Renaissance jusqu'au baroque (ou, plus généralement, de Panofsky à Wittkower, au maniérisme).

Le pas supplémentaire a donc été de prendre la valeur de cette implication jusqu'au bout: s'il y a attributs, lesquels déterminent systématiquement le sens des allégories, et donc des figures, par conséquent ceux-ci, les attributs, fonctionnent comme les motifs (concept plus vague, car il ne fait que définir une relation de la partie au tout, sans préciser la première en tant qu'objet spécifique).

Ces motifs-attributs, que nous avons pu retrouver chez Munch (le cri depuis les poèmes d'Hugo ou Vigny, et jusqu'aux autoportraits de Courbet, l'enfant peu sage de l'art du XIXème siècle, comme *Le Désespéré*, qui n'est que l'une des nombreuses mises en scène de soi-même comme personnage de la Comedia dell'Arte ou comme suicidé), ou dans *La Métamorphose* de 1915 de Kakfa (dans la relation initiale du portrait doré de la femme "*assise bien droite*" et au manteau de fourrure, seul luxe de l'habitation de Grégoire Samsa, qui se transformera en blatte, opposition entre la position verticale et l'horizontale, entre le mamifère supérieur, symbole de richesse et des aspirations ratées du héros, et la transformation régressive de celui-ci, avec, pour l'époque et l'image, une implicite reproduction du symbole de *La Vénus à la fourrure* de 1870), non seulement définissent les dérivations de l'art contemporain vers l'objectuel (les boîtes de soupes Campbell de Wharol ou la sculpture *Spoonbridge y Cherry* de 1985 des époux Claes Oldenburg y Coosje van Bruggen du Minneapolis Sculpture Garden), mais encore formalise une relation de perte, et cependant, et c'est ce qu'auparavant, les spécialistes n'avaient pas vu, de permanence. L'exemple peut-être le plus paradigmatique et le plus simple en est *Le Fils de l'Homme* de 1964 de Magritte. Titre qui renvoie à la figure eschatologique dans la tradition judéo-chrétienne, qui pour les chrétiens se confond avec le Christ, et titre d'un essai peu antérieur de François Mauriac (1958), mais aussi figure, chez Magritte, associée, précisément, à la pomme, qui ne peut (donc) que nous renvoyer au Péché originel, comme il le fait dans *La chambre d'écoute* (1952), où l'on reconnaît facilement, par conséquent, dans cette chambre-bunker qui donne sur le monde, la matrice féminine contenant l'enfant (la nombreuse descende d'Ève) à naître (lequel écoute, sans être vu, les bruits nouveaux du monde).

Cet exemple concret, que l'on peut reproduire, selon le principe freudien pour interpréter les images décomposées des rêves, nous invite à considérer, ainsi que je l'ai fait, le motif comme, selon la terminologie que j'ai développée dès *Iconologia*, "*unité minimum de sens, par conséquent insécable*", au contraire du thème qui, pour être formé par un ensemble de motifs ou symboles peut, en les perdant, disparaître par leur absence. Une crucifixion qui perdrait la Croix n'en est plus une (ce qui, en un sens, produit l'interrogation formelle sur la figure de Salomé ou Judith par Panofsky dans l'iconographie de la Renaissance). Mais une croix reste un symbole dénotatif d'un nombre limités de valeurs, au travers du temps. On peut dire la même chose de la pomme, de la main, de l'oeil, ou de tout autre symbole, ce qui a permet à Jean Chevalier et Alain Gheerbrant d'écrire leur *Dictionnaire des symboles* dès 1969, sur cette base conceptuelle, qui n'est qu'une simple constatation (non une déduction ou une hypothèse).

C'est en ayant créé cette nouvelle complémentarité entre thème comme ensemble de motifs et motifs comme "*unité minimum de sens, donc insécable*" que j'ai pu faire le pas suivant, déductif de l'expérience du pas antérieur qu'est cette complémentarité notée: diviser le problème de l'abstraction en deux grands groupes: celui de l'abstraction thématique et celui de l'abstraction formelle, division qui correspond d'ailleurs aussi bien au processus individuel (ontogénétique) de la grande majorité des peintres (Picasso par exemple, ou Mondrian, dont le passage de l'arbre aux formes géométriques rectangulaires simples marque bien l'équivalence du processus phylo et ontogénétique en ce sens) qu'au processus social, collectif (ou phylogénétique), de l'évolution historique des mouvements artistiques (du symbolisme et du Parnasse aux avant-gardes, du cubisme et du surréalisme à l'expressionisme abstrait), le premier type d'abstraction (thématique) étant antérieur chronologiquement au second.

Dans l'abstraction thématique, dont l'exemple peut être le surréalisme, l'on continue à reconnaître les figures (ou motifs: femmes nus, trains pour Delvaux, pomme ou pipe pour Magritte) mais sans reconnaître le thème, qui, socialement défini par une tradition, simplement disparaît, au profit de l'idée ou l'obsession individuelle de l'artiste; alors que dans l'abstraction formelle, un pas de plus se produit: on ne reconnaît plus ni le thème, ni la forme, l'exemple le plus clair en étant l'expressionisme abstrait.

3.4.2.5.b.3. Cinéma et permanence symbolique des motifs: ampliation du modèle au cinéma et variation dérivative du modèle d'analyse critique traditionnel du cinéma à un modèle sémiologique et iconologique

L'amplification du champ de l'analyse iconologique à l'art abstrait m'a également permis, je l'ai dit, de travailler le cas du cinéma, jusqu'alors considéré, et encore aujourd'hui, depuis la perspective critique (en grande partie par la forte influence française dans le monde, en paticulier ici de la Nouvelle Vague, et de ses auteurs, qui étaient avant tout des critiques de

115

cinéma, de fait Chabrol et Rohmer dédièrent un livre à *Hitchcock*). Jean-Luc Godard, François Truffaut, Éric Rohmer, Jacques Rivette, Claude Chabrol étant, à l'époque, avant de devenir des cinéastes, de jeunes cinéphiles qui firent leurs premières armes comme critiques des *Cahiers du Cinéma*, dans les annés 1950.

Ainsi, l'idée que les motifs peuvent nous mettre sur la piste permanente (par leur constance représentative: *comme* et *dans* les représentations) du sens que l'auteur, impliqué idéologiquement par la société dans laquelle il vit, a voulu donner à son oeuvre m'a permis de montrer (dans *Essais d'iconologie filmique*) la reprise d'un motif de l'iconographie médiévale (la roue de la Fortune) réinterprétée par Alan Parker dans *Angel Heart* (1987) comme un ventilateur en marche (ce qui double l'iconographie giratoire de la roue de la Fortune de celle, si l'on veut aussi, du moulin à vent jouet entre les mains de l'Enfant Jésus dans l'iconographie basse-médiévale). Ce motif, sans être compris (ni n'en avoir besoin, au plus) par les autres cinéastes, dans son origine, a, par la force évocatrice même qu'il représente (comme je l'ai annoté dans l'ouvrage précédemment cité), été sans cesse repris depuis comme leitmotiv avec une charge émotionnelle et symbolique prédéterminée depuis son utilisation par Parker. Il n'est ainsi pas rare, dans des moments de tension psychologique ou de débat actionnel, dans les films états-uniens postérieurs à celui de Parker, de voir l'image d'un ventilateur dont les pales tournent.

4. Résultats

Tout l'antérieur ne serait pas grand chose s'il ne permettait pas d'offrir des résultats concrets, dont j'espère pouvoir dire que les ouvrages présentés pour cette défense en sont les preuves modélisées suffisamment convaincantes et parlantes.

4.1. Conclusion biographique: les grandes lignes de mes travaux

Les grands thèmes de mon travail et qui en sont donc, si l'on résume, le centre sont:
1. L'unification d'une méthode d'étude des productions symboliques.
2. La permanence de modèles idéologiques entre les époques.
3. Le renforcement du lien grégaire par tous les actes sociaux, thèse contraire par exemple à celle traditionnelle du rire comme élément de rupture (Bergson, Bakhtine).
4. Le processus de laïcisation et de reproductions d'éléments mythologiques dans les oeuvres contemporaines, en particulier dans les films.
5. L'idée que toutes les expressions culturelles (cinéma, littérature, arts, mythes, architecture) dérivent de l'idéologie de l'époque.
6. L'utilisation de symboles permanents de la pensée collective par les discours de domination (dans *Deux essais pour comprendre la publicité aujourd'hui*, 2001), notamment gouvernementaux (dans *Éléments de la construction politique de la contemporanéité XIXème-XXème siècles - Critique et mensonges: de l'École Publique au Socialisme du XXIème siècle*, 2010).

7. La construction du discours nationaliste sur le discours religieux (*Éléments de la construction politique de la contemporanéité XIXème-XXème siècles*, et, publié en volume: *La critique de la Religion dans la première version du Faust de Goethe*, 2006).

8. La modification du discours en fonction des classes dominantes, en particulier de l'idéologie bourgeoise. Thème que j'ai étudié aussi bien dans la figure de l'orphelin qui doit se construire seul au lieu d'hériter ses qualités au contraire du noble, orphelin qui est une figure récurrente dans la littérature du XIXème siècle (*Apparition de nouvelles structures narratives: les genres littéraires du XIXème siècle*, 2010, et, en volume, *Mythanalyse du héros dans la littérature policière (de Dupin, Lupin et Rouletabille aux super-héros de bandes dessinées et de cinéma*, 2004), que dans la création de typologies normatives symboles de l'expansion du pouvoir (le palais renaissance) et d'observation des masses au XIXe siècle (école, asiles, police, armée, voir *Un ensayo sobre Historia de la Arquitectura Moderna Siglos XII-XVIII* et *Historia de la Arquitectura Contemporánea - Siglos XIX-XXI*).

9. Outre la synchronie des thèmes dans l'art (ou permanence des motifs), et de la répétition de ceux-ci dans tous les arts ("*Del placer del texto al placer de la lectura y la interpretación*", conférence donnée dans le cadre de Lire en Fête, Alliance Française, Managua, novembre 2006, et publiée sous le titre: "*Del placer del texto y la interpretación*", dans la revue méxicaine *Albatros Viajero*, 2007, sans date ni numéro de revue, pp. 23-30), le principe d'analyse de l'art contemporain que je propose depuis la double opposition thème-motifs, et abstraction thématique (on reconnaît les figures mais pas le thème: surréalisme, Le Fils de l'Homme) et abstraction formelle (on ne reconnaît ni le thème ni la forme: expressionisme abstrait), différence entre les deux abstractions que je mets en évidence historiquement, la première précédant la seconde (du symbolisme au cubisme et du surréalisme à l'expressionisme abstrait).

4.2. Conclusion méthodologique: les résultats positifs

L'interdisciplinarité permet de se servir des différents types d'oeuvres pour comprendre des phénomènes autrement trop complexes pour pouvoir être manipulés correctement depuis une seule perspective.

Ainsi nous n'avons pu montré les mouvements de création de la pensée contemporaine qu'au travers d'une approche de différents matériels, parfois conceptuels, comme l'école publique ou l'enfance, parfois typologiques, comme dans le cas des nouvelles architectures, parfois littéraires, comme les nouveaux genres, parfois artistique, comme les oeuvres-limites, de Malevitch, Coronel Urtecho ou Munch, et, dans le cas de Malevitch, éclairé par l'analyse comparée depuis les champs artistiques et architecturaux, avec Loos, même procédé utilisé pour Géricault comme clé dudit passage entre modernité et contemporanéité (étudié dans la comparaison des motifs dans l'oeuvre du peintre et dans l'art et la littérature de l'époque), Munch (*Le Cri* étudié par la récurrence du thème en art et dans la littérature romantique), ou, plus généralement, pour l'art abstrait (considéré à partir de la déstructuration du rêve selon Freud et de la décomposition narrative en propositions principales et secondaires en incise dans *Un coup de dés jamais n'abolira le hasard...* de Mallarmé). On citera encore *La merde d'artiste* de Manzoni (dans ses relations au haut et au bas, au *Souffle de l'artiste*, à la scatologie comme référence via Duchamp et les *Manifestes* Dada, et au corps comme objet du discours des structuralistes dans les années 1960).

La méthodologie proposée se définit, par tout l'antérieur, comme une histoire ou science de l'évolution des mentalités, laquelle se présente par la mise en évidence du symbole, dans sa permanence et récurrence (ce qui implique une tradition et une séquence, non une rupture, bien qu'elle puisse exister, mais toujours dialectiquement depuis la tradition, non hors de celle-ci). Ce point fonde, historiquement, et doit fonder, comme nous l'indique l'étude et la proposition présentes, le mouvement des sciences humaines et leur point focal.

Cette méthode, qui peut à la fois paraître apeurante, car elle semblerait imposer une seule ligne, et à la fois peu de choses car l'histoire des sciences humaines dit qu'elle en est la racine, doit faire face à ces deux objections: la première étant balayée par la seconde. En effet, l'utilisation de fait par les sciences humaines de cette méthode, partagée avec les sciences appliquées, montre qu'elle a toujours été celle, originelle, de nos disciplines. Elle n'est donc pas arbitraire, mais bien fonctionnelle (en ce sens que si nos disciplines l'ont utilisée, c'est parce qu'elle leur a été d'utilité).

La seconde objection se résout par l'augmentation des champs déjà étudiés à de nouveaux par la mise en place d'une ampliation interdisciplinaire (non d'une simple similitude entre disciplines, comme jusqu'à présent). La systématisation du modèle en est une autre réussite. Ainsi que par l'ampliation aussi bien aux champs des non-arts (comme le langage publicitaire), aux parallélisme des faits sociaux étudiés depuis les productions symboliques (comme le rire ou l'inceste) et modélisés depuis une preuve négative (dans le cadre d'une épistémologie empruntée à l'études des modèles de la philosophie non occidentale), au cinéma (jusqu'ici jamais considéré comme un art symbolique, dont le discours pouvait s'étudier au-delà du contexte direct qui l'impliquait, comme par exemple les films états-uniens de la guerre froide sur la question atomique), et à l'art abstrait (c'est-à-dire à la permanence du symbole hors de la figuration qui, jusqu'ici, semblait le contenir, laissant penser qu'il ne pouvait exister hors d'elle, comme le signifié semblait n'être étudiable pour les exégètes que dans les limites du matériel langagier explicite).

L'ampliation du champ implique et impose, on l'a vu, aussi l'abandon de la hiérarchie des arts, vraie parfois dans ses prémisses, mais fausse dans ses applications et conclusions. Alors que les contes peuvent souffrir, chez certains auteurs comme Perrault, par leur simplification et leur mise en scène baroque, comme évocation d'un message de prévention (cas du Chaperon Rouge), la plupart du temps, on sera bien en peine, aussi bien dans la classification d'Aarne-Thompson que dans les contes de Straparole (*Nuits facétieuses*), de Basile (*Pentamerone*), de Mme D'Aulnois, de Mme Leprince de Beaumont, ou même des Grimm, de Hoffmann (pour preuve l'interprétation de Freud de "*L'Homme de sable*") ou d'Andersen de trouver un message moral, éducatif direct ou simplement visible dans aucun conte en particulier. Ce qui réduit à néant l'idée que les contes évoluent depuis un cadre primitif, de nécessités personnelles à un autre, plus élevé et moral, comme le soutenaient des auteurs aussi éminents que Saintyves (pour différencier les contes africains des européens). De même, l'architecture, si bien elle est l'un des arts appliqués, n'en est pas pour autant moins symbolique. Les limites du profane et du religieux se troublent encore, non seulement comme l'a montré Warburg, mais aussi dans l'analyse, de fait, mythographique: les contes ne sont souvent que l'évolution et la laïcisation des mythes. L'opposition entre le monde cultivé et le populaire, valide, autant que celle entre le cosmos de Nature et celui de Culture, marque toutefois ses limites, dès lors qu'on voit que la pensée populaire reprend, en les modifiant, les thèses savantes, et que les classes supérieures se plaisent à utiliser des idées populaires, soit pour s'en moquer, soit parce que, simplement, elles y croient, comme le prouvent les nombreux hommes politiques qui ont utilisé des voyants, entre autres Mitterand, l'Université française ayant d'ailleurs délivré, comme le font couramment les états-uniennes, un doctorat à Élizabeth Teyssier en sociologie. Ainsi, horizontalement et verticalement, historiquement et géographiquement, ou encore socialement, si les divisions entre sociétés primitives et complexes, entre populaire et cultivé ou savant, entre profane et religieux, sont pertinentes, elles ne sont que des marges fluctuantes, et deviennent inopérantes dès lors qu'elles servent à fermer le discours, plus qu'à l'ouvrir. Comme le prouve sans cesse l'expérience investigative.

La méthode, comme étude de phénomènes concrets, se positionne, dans le cadre des sciences contemporaines, plus du côté d'un matérialisme scientifique que d'un idéalisme humaniste. Elle conçoit donc, et de fait, différemment son matériel. Elle considère que l'étude des sciences humaines est l'homme, lequel se définit par ce qui le distingue: la dérivation symbolique de ses actes (transcendance de la sexualité ou sexualisation dérivative, productrices de l'art pour Freud dans *Malaise dans la civilisation*; utilisation du langage et des signes articulés et écrits selon une codification très précise pour s'exprimer et pratiques rituelles, notamment autour de la mort, pour la sociologie et l'anthropologie; conception dédoublée du *Soi*, le *Je* se pensant dans l'acte de penser, de Descartes au romantisme selon Walter Benjamin dans *Le concept de critique esthétique dans le romantisme* pour la philosophie; évolution des sociétés vu au travers de leur attitude devant certains phénomènes concrets, comme la Mort ou l'érotisme, pour le structuralisme et l'histoire; étude du mythe comme centralité référencielle pour la mythologie et la littérature comparées). De là qu'elle est avant tout *culturologique*, étudiant la société à partir et au travers de ses oeuvres, donc de la *culture* (formée par l'ensemble des oeuvres d'un époque), considérant le matériel culturel ou symbolique, non seulement comme un *bel objet*, comme le font à peu près tous les courants, mais aussi comme un révélateur, car dénotateur, de la pensée d'une époque.

La méthode, dans un sens de procédé, marque également, sur le modèle des auteurs comme Panofsky certes, mais surtout comme Barthes, un procédé investigatif qui privilégie la recherche précise sur un objet concret, la théorisation postérieure n'étant que la conséquence de l'élévation, pour paraphraser Lénine (sur ce qu'est le concept de définition), de l'expérience reproductible à un niveau de généralisation et d'abstraction. Par conséquent l'article sur la thèse est souvent l'expression choisie, impliquant la précision et spécificité de l'étude.

De là même, l'utilisation, pour ce faire, d'oeuvres dont les arêtes sont le plus visibles possibles afin de bien mettre en évidence la preuve exosquelettique pour ainsi dire de la démonstration. Ce sont le choix de ce que j'ai dénommé des *"oeuvres-limites"*.

C'est aussi, et finalement, l'élection des ensembles les plus petits (non obligatoirement les plus simples) pour mettre en place l'expérience *in situ* de la modélisation. Raison pour laquelle, comme je l'ai déjà exposé, le Nicaragua m'a servi, jusqu'à aujourd'hui encore, de permanent terrain d'expérimentation.

Mais ce que paraîtrait, au premier abord, une voie structuraliste ne l'est pas, car, au contraire, la méthode proposée impose l'amplitude universelle de la recherche des formes similaires pour amplifier et valider le *corpus* dans l'explication de ces motifs. Cas concret d'une recherche actuelle dans laquelle, sur la figure féminine des contes modernes européens (en cours), les données antiques et non européennes, m'ont servi à faire ce va et vient, que certains théoriciens ont jugés dangereux, mais qui est indispensable (comme d'ailleurs l'ont montré les études de Dumézil), afin de pouvoir s'approcher et s'éloigner autant de fois que nécessaire du thème pour en comprendre en les décomposant les motifs.

Freud fonde, là aussi, notre position sur les oeuvres-limites, puisque dans les *Trois essais sur la théorie sexuelle*, il justifie l'abordage du sadomasochisme du troisième essai car, dit-il, si en latence nous avons tous des perversions, celles-ci sont plus visibles chez ceux dont la maladie est plus aigüe. C'est le principe de l'épilepsie, dont nous souffrons tous (ce sont les moments où l'esprit se déconnecte sans prévenir), mais pour étudier le phénomène, il est plus sage de l'approcher par les crises des malades d'épilepsie, non par les invisibles crises que nous avons tous, sans nous en rendre compte.

Ainsi, le principe nous a servi doublement:

Géographiquement, tout d'abord, par l'utilisation du Nicaragua comme cas plus simple en tant que société moins complexe et moins organisée, en particulier pour plus petite, que la française ou l'européenne;

Méthodologiquement, ensuite, par l'intérêt centré sur les oeuvres les plus minimalistes ("Chef-d'OEuvre" de Coronel Urtecho, *Carré Noir sur fond blanc* de Malevitch) pour analyser les postures les plus absolues comme contrepoint d'une utilisation pour nous plus claire des motifs seuls. Comme le dit Sherlock Holmes (et même si, dans le cas présent, il faudrait moduler cette affirmation - mais nous l'utilisons ici pour *make our point* -):

"Tout ceci vous paraît étrange, continua Holmes, parce que dès le début de l'enquête vous n'avez pas saisi l'importance du seul indice véritable que nous ayons relevé. J'ai eu la bonne fortune de m'en rendre compte; tout ce qui est arrivé depuis, n'a fait que confirmer mes premières suppositions, ou, pour mieux dire, en a été la déduction logique. En conséquence, ce qui n'a fait que vous embarrasser et vous embrouiller davantage n'a servi qu'à m'éclairer et à confirmer mes suppositions. C'est une erreur de croire que ce qui est étrange soit un mystère. Le crime le plus ordinaire est souvent le plus mystérieux parce qu'il ne présente aucun côté saillant auquel on puisse accrocher ses déductions. L'assassinat qui nous occupe aurait été infiniment plus difficile à débrouiller, si le corps de la victime avait été trouvé tout simplement étendu sur la route, sans aucune des circonstances sensationnelles qui l'ont tout de suite mis en relief. Ces détails étranges, loin de rendre l'affaire plus difficile, ont au contraire facilité notre tâche." (Doyle, *Un Crime Étrange*, I-VII, pp. 110-111)

4.3. L'exemple paradigmatique de l'architecture

Si nous nous reportons à l'idée hégélienne (et de la tradition en général) que l'architecture, on l'a dit, est le plus bas des arts, pour être fonctionnel, semblent alors plus paradigmatiques encore les résultats obtenus sur ce matériel, à partir de la méthode ici présentée, notamment dans les volumes *Un ensayo sobre Historia de la Arquitectura Moderna - Siglos XII-XVIII*, et *Historia de la Arquitectura Contemporánea - Siglos XIX-XXI*.

Il semble alors important de les énumérer. En ce qui concerne le premier volume:

1. Résolution du problème historique des moments d'apparition et de finalisation de la modernité, en présentant les motifs historiques qui valident cette chronologie;
2. Identification de la relation entre typologies architecturales et les événements historiques qui impliquent leur apparition et/ou développement;
3. Présentation des typologies architecturales comme conséquence de la mentalité d'une époque, laquelle, au travers de ces typologies, représente sa forme symbolique de comprendre et de percevoir la réalité;
4. Identification des traits déterminants de l'architecture moderne, qui la distinguent de la médiévale;
5. Mise en évidence des éléments de changement d'époque qui permettent à l'architecture de développer un nouveau rôle et de s'ouvrir à de nouvelles perspectives;
6. Étude de la relation entre l'architecture et les arts plastiques, du fait que les architectes modernes furent tous peintres et sculpteurs, et que pour cela l'architecture moderne, religieuse et civile, aussi bien dans ses façades que dans ses intérieurs, utilise la peinture, la fresque, le trompe-l'oeil, et la sculpture;
7. Présentation des raisons idéologiques du plan central des baptistères paléochrétiens aux églises baroques;

8. Présentation des dérivations formelles du plan central des baptistères paléochrétiens aux églises baroques;

9. Spécification de la relation entre le plan central et la nouvelle structure du pouvoir: centripète et centrifuge;

10. Étude de la relation entre les modifications du château médiéval pour arriver au palais renaissance et son extension dans les jardins comme expression de la nouvelle structure du pouvoir amplifié du Prince;

11. Découverte de l'étroite relation entre les typologies modernes religieuses et les visions cartographiques de la Jérusalem céleste;

12. Explication de la présence du labyrinthe dans les églises gothiques et dans les jardins baroques comme conséquence de l'idéologie de la Jérusalem céleste;

13. Présentation de l'étroite relation entre les nouvelles typologies architecturales (bibliothèques, université, hôpital) et la récupération de l'héritage gréco-romain, par les Croisades;

14. Présentation des raisons diachroniques de l'apparition des universités de médecine, par l'apparition de nouvelles pandémies;

15. Démontration de l'origine du problème de la nature, depuis le gothique jusqu'au rococo et au néo-gothique, rémanent tout au long de la période moderne, dans l'idéologie intellectuelle, théologique et philosophique, de l'époque, dans son complexe processus d'évolution;

16. Explication de la manière dont la récupération de l'héritage gréco-romain provoque des réalisations complexes et mélangées avec un style de permanence bas-médiéval à la Renaissance;

17. Revalorisation du rôle permanent de Panofsky dans la compréhension de la mentalité moderne et de son art;

18. Mise en évidence de la manière dont les éléments diachroniques (récupération de l'héritage gréco-romain, découverte de nouvelles terres, grandes pestes) provoquent des changements dans le statut et la position sociale des artistes et des architectes;

19. Mise en évidence de la manière dont se transporte la forme militaire du château médiéval européen aux Amériques durant la Conquête et les premiers temps de la Colonie;

20. Mise en évidence de la manière dont les préoccupations urbanistiques modernes, et leurs processus de résolution, dépendent de la nouvelle constitution sociale et politique de la société moderne, en particulier avec l'apparition de la bourgeoisie;

21. Mise en évidence de la manière dont la théorie de la cité idéale s'attache à la conception du Prince et à la fantaisie des nouveaux territoires récemment découverts;

22. Mise en évidence des particularités de l'architecture latinoaméricaine par rapport au panorama de l'architecture occidentale moderne.

Quand au second volume, les résultats en furent :

1. Débat des raisons de l'apparition de la contemporanéité par rapport à la modernité, et de la manière dont ces raisons influèrent de nouveau dans l'apparition de nouvelles typologies ;

2. Distinction claire des typologies modernes et des typologies contemporaines ;

3. Mise en évidence de la contemporanéité comme un tout organique dont les manifestations idéologiques, artistiques et architecturales doivent s'étudier ensemble ;

4. Mise en évidence de la manière dont les structures du pouvoir nationaliste provoquèrent l'apparition à partir du XIXème siècle de nouvelles typologies (asiles, prisons, casernes, école publique, édifices administratifs, police et services secrets, supermarchés, musées, music-halls) ;

5. Mise en évidence de la manière dont plusieurs de ces typologies proviennent de modifications de typologies de la fin de la modernité (musées, prisons, casernes, édifices administratifs, marchés) ;

6. Présentation des valeurs unificatrices, centralisatrices, autoritaires des nations contemporaines à la fois comme conséquence d'un processus historique qui vient de la modernité, et comme productrices de nouvelles typologies ;

7. Mise en évidence de la manière dont l'idéologie architecturale de la contemporanéité est la conséquence logique de la moderne ;

8. Mise en évidence de la manière dont, dans cette perspective, aussi bien la relation de l'architecte au problème architectural, que sa compréhension de son propre statut dans la société, proviennent de la définition moderne de l'architecte ;

9. Dans cette même perspective toujours, Mise en évidence de la manière dont l'apparition des propositions urbaines contemporaines (cité linéaire, cité-jardin, cité industrielle, New Towns, Charte d'Athènes, architecture futuriste) provient de l'idéologie et des modèles des cités idéales modernes ;

10. Mise en évidence de la manière dont l'ingéniérisme contemporain provient de la division des rôles entre architecte et ingénieur à l'époque moderne ;

11. Mise en évidence de la manière dont la dérivation du Traité moderne au Manifeste contemporain pour l'expression des architectes provient d'un processus d'évolution médiatique propre du XIXème siècle, et des nouvelles nécessités de diffusion de l'époque ;

12. Mise en évidence de la manière dont le rationalisme est un mouvement idéologique de la contemporanéité, basé non pas tellement sur des valeurs logiques mais au contraire émotives, conformément à ce qui arrive dans les autres mouvements artistiques, de recherches parallèles de son époque, comme en particulier le suprématisme de Malevitch ;

13. Étude des interprétations et malinterprétations des symboles de la modernité dans l'architecture nicaraguayenne, en particulier de celle de la capitale, a partir du séisme de 1972.

4.4. Des questions de motifs, de récurrence, de *corpus* et d'analyse des oeuvres: force de la méthode

Pourquoi, se demandera-t-on, dans *After* (2012, Ryan Smith), les protagonistes, alors qu'ils se trouvent dans un moment de forte tension, et en outre d'urgence face à un danger inconnu, prennent-ils le temps de faire un tour en barque sur un lac?

Comme le titre l'indique, s'agissant de deux personnes luttant contre la mort, après un accident de bus, dont l'une (l'héroïne) est dans le coma, la référence est évidente: il s'agit d'une référence smbolique au fleuve de l'Achéron que doivent passer les morts, et, où, sur le modèle dantesque, s'aventurent les personnages de *What Dreams May Come* (1998, Vincent Ward).

C'est ainsi que l'on se rend compte comment, rebondissant ainsi nos conclusions sur l'art abstrait et le rôle central qu'y tiennent les motifs (*Iconologia*, 2001), ceux-ci ricochent des mythes aux contes, agissant séparément, mais conservant le symbolisme propre (c'est-à-dire individuel du motif) aussi bien que de groupe (du contexte initial, même si dérivativement, où il apparaît dans la narration originelle, fondatrice d'un point de vue génétique des récits).

Cet étonnant pouvoir de conservation du sens (de signifié [contenu symbolique, de sens fort, de dénotation conceptuelle et culturelle, du motif], non seulement de signifiant ou contenant [vase ou aspect externe du motif]) est ce qui nous permet de comprendre, en les replaçant dans des séquences plus grandes mais fluctuantes (fonctions de Propp, classification d'Aarne-Thompson), les éléments isolés, dans un cadre ayant une suffisante permanence, malgré les divergences structurelles de chaque texte (changements de séquence des motifs, altération de l'ordre ou des fonctions des personnages, etc.), pour que l'on puisse y voir une histoire qui perdure, sous les couches diverses des versions et leurs contradictions.

C'est ce qui permit à Warburg de créer le principe du *corpus* de sa Mnémosyne. C'est aussi ce qui, en cinéma par exemple, permettra de procéder identiquement. Prenons l'exemple du jour qui se répète, que l'on trouve dans:
1. La série *Back to the Future* (1985, 1989 et 1990, Robert Zemeckis);
2. *Groundhog Day* (1993, Harold Ramis);
3. *The Butterfly Effect* (2004, J. Mackye Gruber et Eric Bress);
4. *Star Trek* (2009, J.J. Abrams);
5. *Looper* (2012, Rian Johnson);
6. *X-Men: Days of Future Past* (2014, Bryan Singer);
7. *Edge of Tomorrow* (2014, Doug Liman).

Une fois encore, comme parenthèse, on voit que le mélange des genres est propre de la narration contemporaine. Aussi bien les genres fantastique et policier se confondent, de Poe ("*Le coeur révélateur*") à Borges ("*La muerte y la brújula*"), en passant par Alan Parker au cinéma (*Angel Heart*, 1987), ce que nous avons étudié dans *Mythanalyse du héros policier* (2004), comme, de fait, la distinction entre genres devient chaque fois plus floue, par exemple, d'un point de vue, non plus des motifs (ici en tant qu'éléments de signifié, on l'a dit), mais de la forme (visuelle), entre cinéma, *comics* et mangas, comme dans *Unbreakable, Kill Bill, 300, Oldboy* (2013, Spike Lee), *So Close* (2002, Corey Yuen) ou le cité *After*. On mentionnera aussi, bien que tangentiellement (puisqu'il ne s'agit pas de dérivation symbolique ou formelle, mais de simples adaptations et franchises), le succès des films Marvel, notamment dans les années 2000.

Si l'on change, de nouveau, de genre, et se reporte à présent aux arts plastiques, on voit comment, dans les séries de Monet, le motif (l'objet en soi, sans valeur ajoutée, la meule ou l'église comme points de lumière, sans construction narrative autour) devient le centre, ce qui provoque notre intérêt de faire un essai sur "*Le statut de l'objet dans l'art contemporain*".

Le motif, comme élément de centralité (non seulement unité minimale de sens, mais en outre, dans l'art et la littérature [les *Odes élémentaires* de Neruda par exemple] contemporains, point focal thématique [remplaçant la narration traditionnelle, c'est-à-dire mise en place par la tradition - en ce sens, les revirements postmodernes des narrations traditionnelles, notamment de ses figures, comme on le voit dans *Maleficent*, 2014, Robert Stromberg, qui réinterprète le personnage de *La Belle-au-bois-dormant* de 1959 des mêmes studios Walt Disney, montrent cet intérêt et ce processus pour la réécriture et le caractère de palimpseste des oeuvres dans chaque genre, puisque toujours dénotatives d'un modèle antérieur -]), le motif, comme élément de centralité marque pour nous, dans le cadre interprétatif, la possibilité d'analyser les oeuvres grâce à cette double valeur:

1. D'irréductibilité du sens dans le motif;
2. D'amplification focale (nous insistons sur ce concept de focalisation, dans le sens de *close-up* de l'oeuvre vers le motif, qui peut être d'ordre individuel, au détriment du thème, traditionnel), qui permet de le mieux voir, comme sous l'effet du microscope.

C'est cette importance de la simplification (réduction, amplification) et du rapprochement possible consécutif qui nous a installé théoriquement au Nicaragua comme point de mire des attitudes sociales, par conséquent des productions et des représentations, le pays, par ses dimensions extrêmement réduites: politiquement, géographiquement, administrativement, culturellement, historiquement, permettant de mieux apprécier les ressorts, qu'il est beaucoup plus compliqué d'étudier, dans des civilisations plus complexes (plus grandes géographiquement et démographiquement, plus riches historiquement et économiquement, plus productives intellectuellement et scientifiquement, avec une plus grande diversité politique et structurelle, plus ethniquement métissées, ironiquement, mais par le fait d'être des métropoles, ce que Darío cherchait, sans le trouver dans son pays, très régional.

C'est, encore une fois, ce que disait Freud, et que l'on peut l'exemplifier par le cas de l'épilepsie, dont les crises sont plus visibles, donc plus pertinentes pour le scientifique chez le malade que chez l'individu commun (où elles sont de microsecondes, et pas même perceptibles à celui qui les souffre), à propos de son choix d'aborder le sadomasochisme pour comprendre les agissements des personnes ne souffrant cependant d'aucun fétiche ou perversion visibles.

Par contrecoup, la perspective culturologique a une autre importance. En créant un *corpus* (lequel permet la vérification par discrimination, comme dit Hercule Poirot dans le chapitre XVI de *Mort dans les nuages* de 1935 d'Agatha Christie, la base de tout est qu'"*Il faut éliminer*"), elle évite les *a priori*, voir par exemple le cas de l'inceste, jusqu'ici considéré comme une prohibition (Durkheim, Lévi-Strauss,...), alors que, non seulement les sociétés sont toujours endogamiques (par phénomène raciste ou religieux, notamment), mais qu'en outre l'inceste est réservé aux rois et aux dieux, du Japon à l'Égypte, en passant par les sociétés précolombiennes, la mythologie gréco-romaine, ainsi que la royauté et la noblesse européennes.

Dit autrement, le fait de pouvoir considérer la récurrence d'une forme ou d'une idée dans une société, au travers de ses représentations (qui sont, on l'a dit, la manière dont la société interprète le monde, et en même temps veut se montrer à lui), permet d'en déduire le sens.

Si l'on ne considère plus (et c'est là l'intérêt de la posture [intellectuelle, non pratique] de la philosophie latinoaméricaine, d'un point de vue méthodologique, sur l'européenne [en effet, ironiquement, l'Europe applique l'étude des objets à partir d'une analyse thomiste inconnue de l'Amérique Latine, qui, faute de recours bibliographiques, les voient à partir de la pensée étrangère toujours: les livres qui arrivent par donations, la science exogène faute d'en avoir une propre]) l'objet à partir du sujet qui le pense, mais à partir de la tradition qui le détermine, on peut alors éviter les erreurs, pourtant répétés, de nos sciences, sur le rire, l'inceste, les études cinématographiques, l'anti-panofskianisme qui révèle un préjugé formaliste sur les arts, etc.

Ainsi, le phénomène est toujours le même, historiquement ou géographiquement, et c'est là le point de départ de tout (nous y insistons donc, de nouveau): les modèles se transposent, par exemple du super-vilain anarchiste (symbole de l'État dans ses fonctions [impersonnel, mystérieux, au pouvoir absolu, formé en sociétés complexes et hautement hiérarchisées, qui ont des attaches dans notre propre société], en même temps que modèle d'opposition renforçant le pouvoir bénéfique supposé de l'État [selon le principe de l'"*affiche rouge*", dont on sait que l'effet a été contraire à celui espéré,

126

http://fr.wikipedia.org/wiki/Affiche_rouge]): Mabuse, Fantômas, ou à *The Secret Agent* (1907) de Joseph Conrad, jusqu'à l'espion de la littérature et de l'audiovisuel de la Guerre Froide.

L'analyse cinématographique, quant à elle, pour aller plus loin, m'a ainsi permis l'étude des lieux communs mythographiques, qui permettent et déterminent leur critique.

L'ensemble de mes recherches m'a fait découvrir un élément important, jamais observé, ou mentionné, à ma connaissance: que toute affirmation exposée par l'idéologie dominante offre, à peu près sûrement, le négatif de ce qui, dans la vie réelle, se fait. J'en citerais deux exemples, l'un d'affirmation éthique, l'autre d'induction comportementale (élus les deux dans le fonds propagandistique de l'actuel gouvernement ortéguiste du Nicaragua):

1. Alors qu'on sait, pour le scandale national et international qu'elles ont provoqué, les fraudes électorales répétées aux municipales en 2008 puis à la présidentielle de 2011, le CSE (Conseil Supérieur Électoral), à la solde du gouvernement, et pour cela même accusé et vilipendé par la population, a, ironiquement, et paradoxalement, comme devise: "*Fortaleciendo la democracia*" (la contradiction fut notée par Eduardo Enríquez, "*El CSE fortalece la democracia*", *La Prensa*, 26/11/2011);

2. L'organisme de Sécurité Sociale INSS, partidisé également, à l'instar aujourd'hui de tous les organes gouvernementaux, montre, pour sa part, dans ses succursales des affiches expliquant comment être un "*bon sandiniste*", ce qui, expliqué en trois ou quatre points, se résume à l'obéissance aveugle au parti (sans questionnement), et à la dévotion sans aucun espoir de contrepartie, deux éléments, comme beaucoup d'autres, dérivés, dans l'idéologie du FSNL ortéguiste, de la structure religieuse catholique (ce que celle-ci a critiqué pour réutilisation abusive de ses symboles et de son idéologie) dans son affirmation permanente de la nécessité d'une hiérarchie forte.

C'est cette même constatation, que nous venons d'exemplifier par le cas nicaraguayen, qui a été au centre de nos démonstrations sur le rire d'abord, puis sur d'autres objets, comme l'inceste ou le concept d'enfance.

Et elle peut encore s'amplifier à un grand nombre de phénomènes sociaux:

1. L'affirmation de socialisme du gouvernement d'Evo Morales, alors qu'il vient en juillet 2014 de faire approuver à l'Assemblée Nationale une loi qui réduit l'âge minimum de travail pour les enfants de 14 à 10 ans;

2. Le slogan "*El pueblo presidente*" de l'ortéguisme, alors que la structure gouvernementale de ce régime est extrêmement oligarchique, hiérarchique et autocratique, rien ne pouvant se faire sans passser, auparavant, par l'approbation de la Première Dame;

3. La publicité gouvernementale de 2014 au Nicaragua pour la réserve naturelle de Bosawas en tant que l'un des poumons de la planète, alors que le même

gouvernement, au travers du pouvoir militaire, rase parallèlement les arbres de cette forêt tropicale pour les vendre, ce qui a d'ailleurs fait grand scandale dans le pays;

4. L'affirmation de Hugo Chávez avant son décès, lorsqu'il créa en 2012 les cinq buts du millénaire de son mouvement, dans le cinquième, de la préservation ambientale, alors qu'en même temps ils s'est toujours glorifié, tirant son pouvoir de l'argent du pétrole, d'avoir pour deux cents ans de pétrole dans l'Orinoco (le fonds pétrolier continuant d'être encore la base économique du chavisme après Chávez);

5. Son combat maintes fois déclaré contre les États-Unis, alors que c'est son principal acheteur;

6. La préoccupation pour la "*Terre-Mère*" de Rosario Murillo de Ortega, pour laquelle ont surgi dans toute la capitale nicaraguayenne de gigantesques arbres de métal peints en jaune à chaque rond-point (version moderne du trône doré de Bokassa), alors que les bus et tous les véhicules, de la moto au véhicule particulier ou collectif, tire dans l'air d'abondantes fumées noires, révélatrices de l'absence de vigilance sérieuse sur le problème écologique (en outre du fait que tous les chauffeurs de bus dans les terminales, sous l'oeil impassible de la police, laissent en marche le moteur de leur véhicule), et du fait simplement *que des arbres ne métal ne sont pas des arbres et ne donnent pas d'oxygène*;

7. Les valeurs d'amour au prochain du christianisme, colportée par celui-ci même au travers de l'Inquisition en Europe et du massacre des peuples indigènes en Amérique, ce qui a fait que les philosophes latinoaméricanistes ont souvent noté l'illusion d'"*humanisme*" axiologique de l'humanisme théorique de la Renaissance européenne (critique que l'on peut renforcer par le cas de l'esclavagisme des noirs dans le Triangle d'Or);

8. C'est dans les pays où les droits de l'homme sont bafoués, comme le Nicaragua ortéguiste, que l'État s'ingénie à se préoccuper des droits des minorités, cherchant ainsi à augmenter son pouvoir en donnant l'impression de réduire le vide juridique qui protège les citoyens contre les crimes du régime; la loi 779, non appliquées dès lors que le violeur ou maltraiteur est un membre du parti (d'où les nombreuses dénonciations de l'état de fait, sans suite [le cas le plus visible ayant été celui de la dénonciation avortée dans les années 1990 de la fille de Rosario Murillo contre son époux Daniel Ortegua, puis en juin 2013, http://www.confidencial.com.ni/articulo/12446/capturan-y-deportan-a-pareja-de-zoilamerica et http://www.confidencial.com.ni/articulo/12449/zoilamerica-039-esto-es-una-guerra-personal-039, de la sortie forcée par voie de police du fiancé étranger de cette même fille, pour la punir, selon récit de l'intéressée d'une conversation lors d'un coup de fil téléphonique postérieur et explicatif de sa mère, de s'opposer au gouvernement de main-mise de sa mère et de son père adoptif sur le pays]), imposée

depuis le gouvernement, avec l'aide d'associations créées par lui, s'applique ainsi à s'occuper des maltraitances machistes (ces processus de division des Droits de l'Homme, ouvertement bafoués par le gouvernement, par essence globaux et insécables, en îles séparées, nous rappelant les vers du poète national Carlos Martínez Rivas "*Dieu nous fit un/ Le Diable nous divisa*");

9. Dans un pays sans droits de l'homme, le couple présidentiel a prétendu, en contrepartie, devenir le chantre de la question écologique, des droits des homosexuels, de la question de la violence contre les femmes au travers de la loi 779, de celle contre les animaux au travers de la loi 747, et, reprenant un discours vénézuélien initié par Chávez avant sa mort, et lié au cas, notamment, des FARC, mais sans raison d'être au Nicaragua depuis le désarmement du début des années 1990, le thème "*Soy Nica... No quiero armas*" des affiches qui couvrent en 2014 la capitale; le principe est d'ailleurs ancien, puisque éjà l'utilisa Richard III pour justifier son pouvoir assassin: "*Toutes ces péripéties ont forgé une véritable "légende noire" autour de Richard III. Face à elle, divers historiens ont fait noter les aspects positifs de l'action du roi. On lui doit, par exemple, un système de justice gratuit pour les pauvres, ainsi que le processus de liberté sous caution pour les accusés de droit commun. En outre, Richard libéralisa la vente de livres et établit la langue anglaise comme langue officielle des tribunaux, au lieu du français qui avait primé depuis la conquête d'Angleterre en 1066 par les normands. La violence et le manque de scrupules de Richard III sont des traits de l'époque même dans laquelle il vécut. Pourtant, de tels arguments difficilement vaincront le verdict condamnatoire de Shakespeare*" (Michael Alpert, Université de Westminster, "*Ricardo III, un tirano en el trono de Inglaterra*", *Historia*, National Geographic, No 111, 5/2013, p. 13, la traduction est nôtre). Ce sont les toiles de zinc et les cochons offerts par le régime ortéguiste aux pauvres qui s'affilient à son parti, les oeuvres de bienfaisance des Somoza et de Hope Portocarrero, l'épouse du dernier au pouvoir (notamment au travers de la Junta Nacional de Asistencia y Previsión Social ou, par son sigle, JNAPS, "*obras sociales para damnificados en hospitales, asilos de ancianos y orfanatos*", comme l'évoque Erick Blandón dans sa nouvelle "*La ira del cordero*", *Malagana*, No2, 2014);

10. Le principe d'inversion est tel qu'en 2014 furent créées deux lois, l'une pour obliger les restaurants à pratiquer des prix en córdobas, et non en dollar, l'autre pour les empêcher d'intégrer le pourboire (10% du coût total) aux factures, le laissant ainsi libre au client, et non imposé, or aucune de ces deux lois ne s'appliquent réellement, en particulier pas dans les centres commerciaux, les marques franchisées imposant des variations de coût du prix en fonction du dollar, dans le meilleur des cas, et dans le pire continuant à afficher leurs prix en dollar, non en córdoba, monnaie nationale;

11. L'idée qui veut se perpétuer du Nicaragua comme lieu de paix (renforcé par les campagnes originelles du gouvernement ortéguiste de menace sous-jacente "*heureux de vivre en paix*", le commandant comme le dit un de ses sbires "*s'il le voulait, pouvant ne laisser* [face à ses adversaires] *que des décombres*"), et mis en scène par l'absence de correcte référenciation policière des délits (par faute de moyens et par incompétence), permet au gouvernement, dictatorial, et coercitif, d'afficher que "*Nicaragua est le pays centraméricain avec le plus bas taux d'assassinats*";

12. Alors que Daniel Ortega a concentré les pouvoirs autour de lui, notamment policier (à partir des deux fraudes électorales de 2008 puis de 2011) puis militaire (en 2013-2014), et fait rétrocédé l'ensemble des acquis démocratiques des années 1990 à 2006, son slogan, sur les affiches qui le représentent chaque année avec un nouveau à étrenner, est "*Haciendo Patria*", alors qu'on l'y voit agiter un petit drapeau nicaraguayen;

13. De même, alors qu'une simple comparaison montre qu'en "*16 années de gouvernements néo-libéraux*" (1990-2006) l'inflation a été de 200%, et qu'en 7 années de gouvernement ortéguiste (2006-2014) elle a atteint 300%, le slogan des affiches d'Ortega en 2013 était: "*Prosperado y en victoria*";

14. Identiquement, les récits policiers du monde entier nous présentent une très compétente justice et un système qui ne se trompe jamais, et s'il se trompe, finalement, sait se rattraper, alors que ceux qui y ont à faire savent bien que c'est tout le contraire qui arrive (voir les sites: http://www.innocenceproject.org/, http://aidocredur.blogspot.com/, http://www.observatoire-justice.fr/pourquoi_erreurs_judiciaires.html, https://temoinsgenants.wordpress.com/author/temoinsgenants/);

15. Comme souvent, lorsque la société nous donne un concept, il faut s'en méfier, ainsi alors qu'on nous parle, pour excuser la participation sociale (nous voulons dire de l'ensemble de la société) dans les génocides et démocides du XXème siècle, ou antérieurs (de l'Inquisition et les massacres des populations indigènes, ou des massacres religieux de celles-ci, jusqu'à l'Holocauste, le cas palestinien, les Grandes Purges staliniennes ou la Révolution Culturelle), du "*culte à la personnalité*", on se rend compte, au contraire que c'est la charge qui permet à l'individu de s'abstraire pour devenir El Hombre (surnom donné à Somoza au Nicaragua), le Kaiser (Hitler), le Petit Père des Peuples (Staline), le Commandant Suprême de la Révolution (nom donné par le gouvernement de Nicolás Madura à Hugo Chávez après sa mort, avec la double finalité, comme dans le cas de Lénine pour Staline, de sanctifier la figure et d'ainsi valider la séquence, s'autoproclamant Maduro, ainsi que les apôtres le furent du Christ, comme continuation de Chávez, qui d'ailleurs, prévoyant sa propre mort, avait appelé à l'avance à voter pour celui qui allait être son successeur), s'adjectivisant ainsi Dieu,

contrairement à ce que nous disent Parménide ou la *Bible*, celui-ci, lorsqu'il n'est qu'humain, devenant plus grand, et justifiant de cette manière particulière sa permanence (si Adolf - un homme entre d'autres - est remplaçable, le Kaiser - représentant symbolique permanent de l'État - est indispensable);

16. La contre-partie de l'identification de la personne au poste est l'impossibilité de l'en quitter; ainsi, une fois posée l'identification absolue, elle a permis l'alternative de chantage, faite notamment par les chefs moyen-orientaux, comme Kadhafi, si ce n'est pas moi, ce ne peut être personne, qui impose une impossibilité, une unique voie de salut, justifiée par l'adéquation mystique ou divine entre la personne et son poste. Kadhafi le disait juste avant sa mort à l'Occident: moi ou l'islamisme. Au Nicaragua, Unión Fenosa utilise cette même dialectique, insistant sur le fait que si elle provoque des *apagones* ou coupures de courant répétées c'est parce que les plus pauvres, *qui ne sont pas ses clients*, lui font perdre de l'argent en se branchant illégalement aux circuits électriques; la solution en serait bien simple, si Unión Fenosa avait eu l'intérêt d'enterrer ses lignes, ce qu'elle n'a jamais fait. L'intéressant du cas est qu'elle justifie le fait de quitter le service arbitrairement à ses clients, qui la paient, pour se venger de ceux qui ne sont pas ses clients, et ne la paient donc pas (c'est le principe de La Fontaine, "*si ce n'est toi, c'est donc ton frère*"); on voit bien alors comment l'entreprise privée utilise les mêmes inversions logiques que les politiciens; de là aussi l'affirmation d'Unión Fenosa pour justifier son incompétence, voulue ou non, comme quoi personne d'autre n'accepterait de faire le sacrifice qu'elle fait, labeur sociale donc selon ce discours, *de ne pas rendre le service pour lequel on la paie*, parce qu'elle perd de l'argent (ce que personne d'autre n'accepterait, bien sûr), en d'autres termes il faudrait encore la remercier pour priver le pays d'électricité, et faire payer pour ce mauvais service;

17. Alors que la prison pour dettes a disparue au XXème siècle, on ne s'étonne cependant pas, selon le principe que nous venons de définir, du double discours qui fait qu'elle continue d'exister pour l'individu face à l'État (cas de l'acteur Wisley Snipes aux États-Unis, emprisonné trois ans entre 2010 et 2013, voir http://en.wikipedia.org/wiki/Wesley_Snipes#Income_tax_conviction).

18. Dans le cadre qui nous intéresse plus précisément, qui est celui des manifestations symboliques (la politique et l'économie en faisant partie, comme le confirme l'intérêt qu'y a porté Noam Chomsky en marge de ses études lingüistiques), c'est depuis l'audiovisuel (cinéma et télévision, de *Star Trek* au *Prisonnier* de 1967-1968 de Patrick McGoohan, en passant par *eXistenZ* de 1999 de David Cronenberg, *RoboCop* de 1987 et *Total Recall* de 1990, les deux de Paul Verhoeven, *Natural Born Killers* de 1994 d'Oliver Stone, *Surrogates* de 2009 de Jonathan Mostow, ou la série de films *Matrix*) que s'est développée, ironiquement et paradoxalement pour le moins, une

critique systématique aux phénomènes de violence ou de perversion des sens au travers des nouvelles technologies, notamment internet et de narration cinématographique;

19. Alors qu'au XXème siècle, et à présent au début du XXIème siècle, la plupart des espèces ont été massacrées et exterminées par le double fait de la chasse alimentaire ou non, et de la perte d'espace vital (http://www.planetoscope.com/biodiversite/126-disparition-d-especes-dans-le-monde.html), c'est là où les hommes ont le plus dédié leur temps, depuis Buffon, Darwin et Audubon jusqu'aux innombrables émissions, programmes, chaînes de télévisions, et films actuels.

20. Les romans policiers et le genre en général, qui, alors qu'il nous raconte des histoires basées sur la déduction et l'approche scientifique (Sherlock Holmes, Hercule Poirot, Philo Vance de S.S. Van Dine, Kay Scarpetta de Patricia Cornwell), la réalité est d'interrogatoires et de torture (comme le prouvent les installations de Guantanamo; le film de re-création politique *Zero Dark Thirty* de 2012 de Kathryn Bigelow; ou les executions d'innocents, par exemple aux États-Unis, voir http://en.wikipedia.org/wiki/List_of_wrongful_convictions_in_the_United_States, http://www.deathpenaltyinfo.org/innocence-and-death-penalty, http://www.youtube.com/watch?v=LkDCWLSLv1Y, http://www.pnas.org/content/111/20/7230.abstract, etc.).

21. Alors qu'Émile Gaboriau dans ses romans, sur lesquels on reviendra, et l'ensemble de la production symbolique (pensons, par exemple, à *Good Will Hunting* de 1997 et *Finding Forrester* de 2000, les deux de Gus Van Sant) nous parlent d'un état de méritocratie de la société, dans lequel les compétences exceptionnelles sont toujours reconnues, dans les années 1994-1995, la revue *Quipos* de l'association Mensa France publiait un résumé d'une thèse doctorale, faite par un surdoué, sur la situation d'échec scolaire de la plupart des surdoués, qui n'arrivent pas à être intégrés, car ils rompent le modèle social espéré, c'est ce que, plus généralement, exprimait José Ingenieros en 1913 dans son ouvrage *El hombre mediocre*.

22. Alors que les films dits romantiques s'ingénient à représenter des histoires d'amour où chacun des deux passe par de nombreuses aventures postérieures à la séparation pour finalement se retrouver au bout de décennies (le modèle initial pouvant bien être *When Harry Met Sally...* de 1989 de Rob Reiner, et à peu près, sinon la fin, du moins le film le plus marquant le plus récent à ce jour de ce genre, être *A Lot Like Love* de 2005 de Nigel Cole), modélisation de l'idée absolue de l'amour par-dessus tout, dans la réalité, le plus commun est que, très probablement, deux personnes séparées, et entre lesquelles se sont additionnées des histoires d'amour postérieures ne se retrouvent pas sentimentalement pour recréer un couple qui ne pourrait plus, ou que très difficilement exister.

23. De même, la Tentation par les femmes (Saint Antoine; ermites du désert; femmes fatales du cinéma; la série de films des années 1980 avec Michael Moore) inverse la réalité sociale, dans laquelle c'est l'homme qui tend à harceler sexuellement la femme.

24. On relèvera que le principe d'exorcisme est l'inversion de celui de la possession du chaman, comme le don des langues (non possédées, qui désigne aussi bien l'apostolat - les langues de feu du Saint-Esprit qui permettent la diffusion du message du Christ -, que l'angélisme - preuve de la connexion divine est la simplicité du pasteur qui reçoit le miracle et possède des dons non appris -, comme de l'infidélité - les langues de la Tour de Babel comme châtiment contre la prétention des hommes -, et de la possession démoniaque - le sumérien ou l'hébreu comme langues qui démontrent l'antiquité [et l'infidélité, pour le sumérien] de l'esprit possesseur du corps -) est l'inversion de la caractéristique d'apostolat. Comme l'est encore, cette fois, non plus, comme cela est commun, du monde sémitique contre les autres, mais du chrétien contre le juif, l'attribution du cochon aux Juifs au Moyen Âge (en tant qu'" enfants de la truie", comme le représente souvent l'iconographie), qui reprend l'identification de Rome à un porc dans la littérature rabbinique (identification, cette dernière, étudiée par Misgav Har-Peled, *The Dialogic Beast - The identification of Rome with the pig in early rabbinic literature*, Doctorat en Philosophie, Baltimore, Johns Hopkins University, 2013, sous la direction de Gabriel Spiegel de la Johns Hopkins University et de David Nirenberg de l'University of Chicago, inédit, http://www.academia.edu/3201368/The_Dialogical_Beast._The_Identification_of_Rom e_with_the_Pig_in_Early_Rabbinic_Literature_PhD_thesis_March_2013_).

25. On nous dit abondamment, notamment les acteurs du système états-unien eux-mêmes, que les Grands Studios hollywoodiens n'ont plus d'élevage de jeunes premiers et premières, alors que cela fait plus de vingt ans que l'on voit passer de jeunes filles, selon le même modèle de sexualisation à outrance, des séries Disney à la chanson dénudée pour adulte, dans un effort permanent de réinvestir le produit au fur et à mesure de sa croissance: Britney Spears, Christina Aguilera, Miley Cyrus, Demi Lovato, Selena Gomez, Zendaya, Bella Thorne, etc. (pour une liste complète, voir http://disney.wikia.com/wiki/Category:Disney_Channel_Actors_and_Actresses).

26. Pour justifier que Dieu ne se trouve nulle part dans le monde physique, c'est-à-dire qu'on ne peut pas l'y localiser, les théologiens et la religion lui a attribué une qualité, à lui particulière, et, bien sûr (là où la logique ne peut rien, il faut bien la transcender), totalement inverse: le don d'ubiquité.

27. Peut-être une des plus belles, et évidentes, preuves (d'autant que jamais notée, bien que si, abondamment discutée, comme s'il s'agissait d'une vérité évidente, dans le cadre casuistique de la prédestination et du libre arbitre) du fonctionnement idéologique humain et culturel sur le principe d'inversion avec les faits, est cette

affirmation, au moins judaïque et chrétienne, en général biblique, que Dieu met à l'épreuve les bons, sans qu'on nous explique jamais pourquoi il ne le fait pas des méchants, ni quelle utilité a cette mise à l'épreuve pour ceux qui font le bien et ce laxisme pour les méchants, en même temps qu'on nous promet un paradis postérieur pour ceux qui souffrent, les bons, donc, et un châtiment, par-delà la mort, pour les méchants; le processus d'inversion, ici, évident, mais difficile de noter au premier abord (pour la complexité de la structure qui le soutient, impliquant plusieurs prémisses imbriquées, et pour la force idéologique de notre formation mentale collective, qui nous a enseigné à assumer le présent postulat comme une vérité absolue, irrémédiable, impossible de remettre en question), vient de la justification d'un état de fait: la société est fondée sur la méchanceté de chacun de ces intégrants accumulée et additionnée à celle des autres (ce qui étonne Freud dans *Malaise dans la civilisation*, et qu'il ne semble noter que tardivement, dans cet ouvrage de 1929, paru en 1930, en s'affrontant à l'air du temps), par une justification, insoutenable logiquement (parce que, dans le cadre, au moins de la compréhension humaine, le châtiment n'a de sens que comme conséquence de la faute, ne fut-ce celle-ci que symbolique, comme le dit Durkheim du crime, c'est cette anomalie logique qui oblige la théologie à associer cette insoutenabilité logique à un double postulat secondaire: les fautes inconscientes que nous faisons; et l'incompréhensibilité pour l'homme des desseins divins), dudit état de fait, par l'idée positive (qui s'oppose au constat négatif de l'état du monde) qu'il s'agit d'un prix à payer;

28. Freud a montré l'importance du principe d'inversion dans les songes dans son *Interprétation des Rêves* (1899-1900);

29. Finalement, pour aller vers l'anecdotique, cependant révélateur, grandement, des processus mentaux, l'expression nicaraguayenne "*Lo hablado es lo entendido*" ("*Ce qui est dit est entendu*", locution populaire qui exprime qu'un accord [commercial, ou autre] n'a pas besoin obligatoirement d'être écrit et peut être seulement verbal, équivalent de la "*parole de [gentil]homme*" française), si elle est précieuse avec les chauffeurs de taxis (il est plus prudent de demander combien coûte le trajet avant de monter, pour éviter un surcoût ou un problème qui facilement peut arriver jusqu'à la violence physique) est, en réalité, inutile dans les affaires (de la simple réalisation d'un travail de maçonnerie chez soi jusqu'aux accords plus complexes), le Nicaraguayen ayant cette propension irrésistible à revenir sur la chose accordée, la modifiant à sa volonté, sans que lui importent accords verbaux ou écrits (phénomène renforcé par l'absence de loi [non achetée] en général dans le pays).

On peut trouver une explication, bien qu'en étant infidèle à Voltaire en cela que sa pensée prétendait démontrer le contraire, mais il nous semble qu'il confirmait sans le vouloir notre position, de la systématique inversion entre les faits réels et leur idéologie explicite dans la fin du "*Chapitre XV. Témoignages contre l'Intolérance*" du *Traité sur la tolérance*:

"*On pourrait faire un Livre énorme, tout compoſé de pareils paſſages. Nos Hiſtoires, nos Diſcours, nos Sermons, nos Ouvrages de morale, nos Catéchiſmes, reſpirent tous, enſeignent tous aujourd'hui ce devoir ſacré de l'indulgence. Par quelle fatalité, par quelle inconſéquence démentirions-nous dans la pratique une théorie que nous annonçons tous les jours ? Quand nos actions démentent notre morale, c'eſt que nous croyons qu'il y a quelque avantage pour nous à faire le contraire de ce que nous enſeignons...*" (Édition originale, s/n, 1763, pp. 136-137)

Et une expression réelle de la raison profonde de ce phénomène (comme nous l'avons montré pour l'inceste) dans la burlesque représentation du conte en prose *Zadig*:

"*Nabussan, aimé, l'adora: mais elle avait les yeux bleus, et ce fut la source des plus grands malheurs. Il y avait une ancienne loi qui défendait aux rois d'aimer une de ces femmes que les Grecs ont appelées depuis βοῶπις. Le chef des bonzes avait établi cette loi il y avait plus de cinq mille ans; c'était pour s'approprier la maîtresse du premier roi de l'île de Serendib que ce premier bonze avait fait passer l'anathème des yeux bleus en constitution fondamentale d'État. Tous les ordres de l'empire vinrent faire à Nabussan des remontrances. On disait publiquement que les derniers jours du royaume étaient arrivés, que l'abomination était à son comble, que toute la nature était menacée d'un événement sinistre; qu'en un mot Nabussan, fils de Nussanab, aimait deux grands yeux bleus. Les bossus, les financiers, les bonzes, et les brunes, remplirent le royaume de leurs plaintes.../...*
Ainsi Zadig, par ses conseils sages et heureux, et par les plus grands services, s'était attiré l'irréconciliable inimitié des hommes les plus puissants de l'État; les bonzes et les brunes jurèrent sa perte; les financiers et les bossus ne l'épargnèrent pas; on le rendit suspect au bon Nabussan. Les services rendus restent souvent dans l'antichambre, et les soupçons entrent dans le cabinet, selon la sentence de Zoroastre: c'était tous les jours de nouvelles accusations; la première est repoussée, la seconde effleure, la troisième blesse, la quatrième tue." (*Œuvres complètes de Voltaire*, Paris, Garnier, 1877, tome XXI, p. 71)

Ainsi, le géant états-unien, auteur de toutes les guerres, pour ainsi dire, au XXème siècle, du Vietnam à l'Irak en passant par l'Afghanistan, reproduit toujours le discours pleurnichard sur les misères morales des vétérans, ce qui, au-delà de l'évidente dérivation du modèle du Vietnam sur les guerres consécutives, a aussi un rôle et un sens fonctionnel, permettant, en inversant la vérité, de justifier sa permanente intervention comme une réponse nécessaire, obligée mais non désirée, face à un harcèlement supposé.

Mais plus intéressant encore (en cela doublement que cela prouve notre théorie, et que cela met en jeu la relation entre la réalité représentée et la construction de ladite réalité, pour le dire en termes d'Oscar Wilde, comment la vie imite l'art, c'est le film *Wag the Dog*, 1997, de Barry Levinson) est le fait que ce processus d'idéologisation ne sert pas seulement à justifier une posture, et à narrer des histoires (la figure du vétéran dans les films d'action), mais est reprise et/ou part d'une réalité d'action géo-socio-politique des forces armées et de leurs autorités dans la "*chaîne de commandement*": citons l'incroyable récurrence de, pour le dire ainsi, ce qui permet une intéressante marge de doute permettant la création de "*théories du complot*" sur la génération (ou cause première) des incidents, répétitifs (qui, d'un simple point de vue statistique, marquent, en tout cas un vrai manque de chance pour un aussi grand et "*pacifique*" pays) avec:

1. La destruction de l'US Maine dans la guerre avec Cuba;
2. Pearl Harbour;
3. Les incidents du Golfe du Tonkin;
4. Le 11/9;
5. Les armes de destruction massive d'Irak.

Sans doute le plus frappant et parlant exemple d'inversion dans l'espace symbolique culturel est la fameuse Colonia *Dignidad* chilienne, au nom chargé d'un champ sémantique si impressionant ("*En conclusion, la dignité humaine – idée, principe, exigence – qui brille par son manque dans la vie quotidienne de nombreux individus, se manifeste dans toute relation humaine dès le premier regard, la première parole, la première rencontre comme reconnaissance réciproque de l'un et de l'autre. Mais une telle reconnaissance peut s'avérer être une épreuve sans fin. Et il faut pouvoir penser que même les morts nous reconnaissent comme humains quand nous nous inclinons devant leur mémoire, ce qui élève notre âme vers un au-delà de la vie.*", Tanella Boni, "*La dignité de la personne humaine: De l'intégrité du corps et de la lutte pour la reconnaissance*", *Diogène*, Vol. 215, No 3, 2006, p. 76), et tout à la fois lieu concret systémtatique d'abus pédophiles, d'emprisonnement et de torture sous Pinochet (*Colonia Dignidad: un campo de torturas nazi en Chile,* Comité Chileno de Solidaridad con la Resistencia Antifascista, La Habana - Casa de Chile, 1977; Carlos Basso Prieto, *El último secreto de Colonia Dignidad*, Santiago de Chile, Mare Nostrum, 2002).

Mais, si l'on trouve d'orwellienne "*Missions*" dans le Socialisme du XXIème Siècle (comme celles de la "*Vérité*" ou du "*Bonheur*"), en 2017 (http://www.tallapolitica.com.mx/maduro-y-la-suprema-felicidad-orwelliana/;   http://www.el-nacional.com/noticias/columnista/gobierno-infelicidad-suprema_86510;   https://notituit.info/blog/2017/02/28/viceministra-de-la-felicidad-somos-de-los-paises-mas-contentos-del-mundo/), face aux graves problèmes économiques (pénurie de médicaments, de nourriture, d'attention supposément universelles dans les centres médicaux et de l'instaurée par le régime chaviste, etc.), mentionne, crée ou réactive le Ministère de la "*Felicidad Suprema*" ("*Bonheur Suprême*") inventé par lui le 23/2 octobre 2013 (http://www.semana.com/mundo/articulo/maduro-viceministerio-para-la-suprema-felicidad/362207-3; http://www.excelsior.com.mx/global/2013/10/25/925383; http://www.bbc.com/mundo/ultimas_noticias/2013/10/131024_ultnot_venezuela_viceministerio_s uprema_felicidad_az; http://www.eluniversal.com/nacional-y-politica/131024/maduro-crea-viceministerio-para-la-suprema-felicidad-social; https://confidencial.com.ni/archivos/articulo/14489/maduro-crea-viceministerio-para-quot-la-suprema-felicidad-del-pueblo-quot).

Toutefois, lorsque nous affirmons l'inversion morale des phénomènes réels dans le discours qui leur est superposé par l'ordre social, nous n'affirmons pas cependant une inversion seulement ou essentiellement des objets, car ils peuvent être représentés ou résolus dans leur expression la plus connue (le changement de partenaire dans les couples est commun à notre époque, la reprise d'un antérieur l'est moins, et moins encore la question est-elle la bonne élection du conjoint, les séparations se devant non à un projet d'avenir, mais, au contraire, à une constatation d'inutilité actuelle de la relation en cours), mais plutôt leur processus de justification par assimilation à un contexte éthiquement acceptable. Ainsi, les États-Unis, qui furent les seuls à avoir jamais utilisé la bombe atomique à des fins militaires contre des civiles, sont aussi ceux qui, à travers Hollywood, ont le plus produit d'oeuvres sur les dangers de la puissance atomique. On ne pourra pas nous rétorquer que Hollywood fait alors place à des options libertaires (même s'il est vrai qu'il aime à produire des films contradictoires, pour satisfaire les parties opposées sur un même thème), puisqu'il est connu pour son caractère monopolique, non seulement dans le traitement de ses acteurs, scénaristes et directeurs, mais aussi dans l'abordage qu'il fait du tabagisme, implicitement en pro de l'industrie de la cigarette, ou dans celui de la torture, vue différemment selon que ce sont les méchants vietnamiens qui torturent Rambo ou son colonel, ou que ce sont les saludables forces positives qui essaient de résoudre le Mal dans le monde (comme dans *Munich* de 2005 de Steven Spielberg ou *Zero Dark Thirty* de 2012 de Kathryn Bigelow).

De fait, c'est l'idéologisation qui provoque l'inversion. Posons-le à partir d'un exemple concret: la figure du *serial killer*, notamment à partir du *Silence des Agneaux* (c'est-à-dire de la fin des années 1980), qui part d'une prémisse arbitraire (pisqu'assumée mais à notre connaissance non démontrée, ni par la science ni par l'expérience ni par les oeuvres qui y font référence [et qui s'oppose en outre aux analyses freudiennes des perversions, notament du sadomasochisme, comme exagération de pulsions partagées par l'ensemble du groupe humain, dans *Trois essais sur la théorie de la sexualité*, ce que tendraient à confirmer *50 ombres de Grey*, la figure récurrente de la femme fatale dans les films, et l'apparition, également, répétée dans les années 2000 d'une visualité, actions et vêtements, sadomasochistes dans les vidéosclips musicaux de Britney Spears à Shakira, etc., voir sur ce thème notre travail: "*Porqué las Mujeres Conformaron Nuestra Manera de Pensar*", http://www.soul-lotus.com/porque-las-mujeres-conformaron-nuestra-manera-de-pensar/]) de l'anomalie (par rapport à la normalité que nous représentons tous) du comportement de l'assassin multiple (voir *Funny Games* de Michael Haneke, dans ses deux versions, la seconde simple copie de la première, de 1997 et 2007), en déduit que la représentation logique du déviant doit être celle d'une personne hors normes, *donc* d'un homosexuel (*Le silence des agneaux*, 1991, Jonathan Demme, d'après le roman éponyme de 1988 de Thomas Harris), ou d'un impuissant (*Jusqu'à l'Enfer*, 2009, Denis Malleval, d'après Simenon [notons que l'homme passif chez Simenon est un contretype négatif, mais pas forcément violent, au contraire, voir aussi bien *Le Coup-de-Vague* de 1939 que *L'Escalier de fer* de 1953, aussi mis en scène par Malleval, dans la même série d'adaptations de l'auteur, en 2013]). L'idée est d'ailleurs latente, on la retrouve de *Plein Soleil* (1960, René Clément), d'après *The Talented Mr. Ripley* (1955) Patricia Highsmith, à *American Psycho* (2000, Mary Harron) d'après le succès de librairie éponyme de 1991 de Bret Easton Ellis. Ainsi, alors que la pratique nous dit et démontre que les assassins en série sont des êtres comme les autres (ils sont difficiles de détecter, ils peuvent être mariés et avoir une vie totalement normale), le cinéma et l'idéologie sociale nous impose l'idée, beaucoup plus commode, moralement, qu'ils sont tout à fait autre chose que nous-mêmes (c'est le principe du rire, qui, malgré ce que l'on en veut bien dire, est souvent coercitif et sectaire, sur ou contre l'autre [l'étranger, le déficient, tel groupe social, etc.], non avec l'autre - on rit toujours de quelque chose ou quelqu'un, il faut donc bien une victime, c'est logique -).

James Bond lui-même n'échappe pas à ce phénomène. En effet, ironiquement, le personnage, défini avec juste raison par Barthes comme le paradigme de la contemporanéité (utilisateur des techniques de pointe, en particulier, que lui fourni Q, personnage qui vieillit sous les traits de Desmond Llewelyn, avant d'être remplacé par John Cleese d'abord, puis une série d'autres acteurs), par la coïncidence malencontreuse, pourrait-on dire, d'une part du vieillissement des deux héros fondateurs de la série filmique (Sean Connery et Roger Moore), Connery décidant de réapparaître hors des Eon Productions dans *Never Say Never Again* (1983, Irvin Kershner), et Moore interprétant sont dernier Bond dans *A View to a Kill* (1985, John Glen), et de l'autre de la chute du Mur de Berlin et de la fin de l'U.R.S.S., le personnage, disons-nous, paradigme de la contemporanéité, est devenu, paradoxalement, par ce double effet de la raison d'âge de son héros tutélaires et des changements du monde dans sa réorganisation politique globale, le symbole d'une époque révolue, représentant des valeurs de tradition, contre la modernité, stigmate que le personnage gardera des films avec Pierce Brosnan jusqu'à sa dernière incarnation par Daniel Craig dans *Spectre* (2015, Sam Mendes), où le personnage s'oppose à la computarisation des services secrets (au meilleur style de la série originale de *Star Trek* des années 1960 ou de la contemporaine *Good Kill* de 2014 d'Andrew Niccol, sur l'usage des drones), avec de significatifs dialogues, du type:

"*Eve Moneypenny: So what's going on, James? They say that Mexico was a step too far, that you're finished.*

James Bond: And what do you think?
Eve Moneypenny: I think you're just getting started." (http://www.imdb.com/title/tt2379713/quotes)

Ainsi, le héros phare de l'ultra-contemporanéité visuelle et techonologique des années 1960 est devenu une évocation de fin de carrière qui n'en finit plus de terminer, d'un retraité dangereux (type *RED*, significativement [en cela que contemporain, comme son succès, de cette variable des années 1990-2000 du profil de Bond comme paradigme, encore une fois, de l'espion international] de 2010, par Robert Schwentke), mais d'un représentant de la vieille garde quand même. Raison pour laquelle d'ailleurs le cycle commencé avec Craig débute sur une reprise de *Casino Royale* (2006, Martin Campbell) et continue par la disparition de la figure protectrice de M dans l'avant-dernier film de la série *Skyfall* (2012, du même Sam Mendes, également directeur, on l'a dit, du dernier film de la série).

La religion produit ou souffre le même effet. De fait, ce n'est pas, comme on le suppose et comme le dit la tradition, le mystère (si Dieu est entièrement bon, comment le monde peut-il être en essence mauvais?) qui s'exprime dans l'inexplicabilité (les voies de Dieu sont impénétrables), mais l'inexplicabilité (comment justifier une théorie qui ne s'applique à aucune réalité) qui induit le mystère (l'assomption des discours casuistiques, pour réduire sinon logiquement au moins rhétoriquement les contradictions entre une thèse qui promeut l'importance de la soumission à une Loi, autoproclamée, sans pouvoir être démontrée, comme juste, et une pratique dans laquelle l'on voit que non seulement la Loi n'est pas universelle, mais ceux mêmes qui la prêchent ne s'y tiennent pas, voir en cela particulièrement Eric Frattini, *Los Papas y el sexo*, Barcelona, Espasa, 2011).

4.5. Induction, déduction et anomalie

De fait, aussi bien l'apparition récurrente du héros orphelin dans la littérature du XIXème siècle, qui réinterprète, partiellement, les récits médiévaux, comme le cas d'Isis au Moyen Âge (deux objets sur lesquels nous reviendrons), ou les éléments d'analyse précédemment apportés sur le problème et la notion de ce que nous avons nommé l'inversion nécessaire, nous renvoient à la question de la mise en place d'une anomalie (question que nous aborderons postérieurement à partir du cas d'Isis au Moyen Âge notamment) qui, par différentiation, permet de décrire un phénomène dans sa variabilité, et, de là, d'en déduire les causes de nouveauté.

Ainsi, deux cas encore:

1. Comme nous avons longuement abordé, dans notre article de *Hablemos de Cine* le cas du "*héros monstrueux*" et du "*Monstruo*" (*Zona de Tolerencia*, No 13, janvier-juin 2009, http://www.geocities.com/zonadetolerancia/default.html), notamment à partir du film *I Know What You Did Last Summer* (1997, Jim Gillespie), décrivant et analysant la figure de l'assassin au crochet et sans visage comme un symbole du pèrem, par

rapprochement avec l'étude de Freud sur "*L'homme au sable*" de Hoffmann, il devient clair, par contrecoup (nous ne reviendrons pas sur notre analyse, ni ne prétendons la valider ici, nous l'assumons comme correcte), que les pères aux pouvoirs de destruction secrets particuliers et bien affilés de *The Prince* (2014, Brian A Miller) ou de la série *Taken*, sont la version blanche de cette figure castratrice, selon le principe d'ambiguïté de la maison maternelle, à la fois pourvoyeuse, accueillante, et dangereuse et assassine de "*Hansel et Gretel*" comme la définit Bruno Bettelheim dans *Psychanalyse des contes de fées*.

2. Le dessin animé péruvien *Cascanueces* (2015, Eduardo Schuldt), dans lequel la jeune héroïne est préoccupée du fait que ses parents ne croiront jamais que le soldat de bois casse-noisette est vivant, nous permet de mettre en évidence ce problème central de la reconnaissance pour les héros dans les films dirigés à un jeune public, alors qu'en réalité il ne nous semble pas que ce soit une réelle préoccupation pour les enfants, mais cela sert à amplifier la question de la foi (en soi, à la religion, etc.), dont la version douce, pour ainsi dire, est celle des nombreux films autour de Noël (comme nous le montrons dans notre article "*Santa Clausula*" de *Hablemos de Cine*) à partir du film en cela fondateur *Miracle on 34th Street* (1947, George Seaton), propre d'ailleurs dans sa thématique sur la foi à Santa Claus de l'ambiance de célébration d'après-guerre, et, la version dure sont les films du type *Left Behind* (2014, Vic Armstrong), sur l'apocalypse de ceux que Dieu ne rappelle pas à lui mais laisse vivre la fin du monde.

On le voit donc, pour conclure, alors que la seconde partie de résultats de la méthode considère le mouvement dialectique des objets symboliques (selon le même principe de surdétermination de la négation que définit Freud pour l'individu, les sociétés produisent des symboles qui s'imposent, coercitivement, par prohibition alors qu'ils exposent soit la pratique versus la loi explicite, soit la coutume appropriée pour certaine classes et interdite au reste du groupe), la première, comme nous l'avons exposé, étant la permanence des modèles, plus amples que l'on n'a l'habitude de le croire: la figure du mauvais garçon, de James Cagney et Jean Gabin en France à Robert De Niro y la mafia des films de Francis Ford Coppola et de Martin Scorcese (jusqu'à la récente série télévisée produite par celui-ci: *Boardwalk Empire*) puis de Quentin Tarantino, et, si l'on pense aux connexions entre genres, jusqu'au rap (en tant que chant supposé parce qu'ainsi affirmé par les grandes compagnies de disques depuis trente ans des mauvais garçons des banlieues); le thème de l'amour, étudié par Panofsky abondamment, mais en vérité, présent de manière récurrente chez la plupart des auteurs, du Titien à Botticelli, de Boccace à Pétrarque, de Dante à l'Arétin, de Ficin à Pic de la Mirandole, de Rubens à Otto Van Veen, de Sainte Thérèse d'Ávila à Saint Jean de la Croix, de Balzac à Stendhal, de Flaubert aux chansons populaires; la poursuite, de Bip-Bip à Bugs Bunny, de *La Panthère Rose* (1963-1964) à *Tamanoir et Fourmi Rouge* (1969) et aux *Fous du volant* (1968), de l'écureil de *L'Âge de*

Glace aux superhéros contre leurs archi-ennemis, de *Matrix* à *Thelma et Louise*, etc., se reproduit au cinéma et dans les dessins animés, comme d'ailleurs déjà le XIXème siècle nous l'offrait, d'*Une ténébreuse affaire* (1841) de Balzac au *Bossu* (1858) de Féval, des *Misérables* (1862) de Hugo à *Chéri-Bibi* (1913-1919) de Leroux, des *Trois Mousquetaires* (1844) au *Comte de Monte-Cristo* (1844-1846), de *L'Homme invisible* (1897) de H.G. Wells, à la littérature contemporaine aussi, avec *Le Seigneur des Anneaux* (1954-1955).

De même, *The Prisoner* (1967-1968, Patrick McGoohan), *Last Man Standing* (1996, Walter Hill), *Bullet to the Head* (2012, W. Hill), *The Equalizer* (2014, Antoine Fuqua), etc., présentent l'opposition entre un héros et son alter-ego, aussi violent que lui, mais en sens négatif, qui n'est pas le chef des méchants, mais un second extrêmement fort et pervers. Version alternative du combat du héros contre le chef de la Force Suprême du Mal (James Bond, Harry Potter, etc.).

On voit donc que nous avons trois cas concrets et fondamentaux du discours social (l'inceste, le rire, le *serial killer*), qui s'expriment dans trois formes propres et différentes (l'organisation sociale étudiée par l'anthropologie et la sociologie, l'ordre narratif auquel se sont intéressé les études littéraires et la sociologie, et le symptôme médical qui est de la compétence de la psychologie, la médecine légale, le droit et la justice, et a été abondamment représenté par la littérature et le cinéma contemporains), qui nous permettent de démontrer que les lieux communs comme fausses évidences (ou *a priori*, en termes kantiens, lorsque nous abordons le problème dans l'ordre philosophique, à partir de Schopenhauer, nous avons l'occasion de préciser qu'il faut se méfier des *a priori*, car leur origine est difficile d'analyser, innée ou apprise, bien qu'ils puissent se rapprocher des instincts et des réactions conservées sans apprentissage de l'esprit reptilien ou de l'héritage génétique des espèces), les lieux communs comme fausses évidences ou inversions impliquent que ce n'est pas l'inversion qui génère les lieux communs, mais ceux-ci qui en sont la cause.

Une fois de plus, ceci a une application scientifique, qui est le fait que l'on ne peut plus penser le discours social sauf comme un ensemble de phénomènes ou d'actes verbaux (littéraires, sociaux en tant que verbalisés, par la presse, les productions symboliques, et l'ensemble de la société) pré-idéologisés, donc toujours hors du Cosmos de Nature et en plein dans le Cosmos de Culture. Ceci implique aussi, de manière annexe, qu'il n'existe aucun acte libre, ingénu ou naturel, et que par conséquent ni les phénomènes ne peuvent être abordés hors de l'évidence, ici entendue comme preuve par accumulation d'exemples dans un *corpus* à sélectionner toujours, ni leur interprétation ne peut se faire par et dans le cadre de la conscience sociale (cas concret de l'inconsistance des théories psychologiques, sociologiques et anthropologiques sur l'inceste, de Freud à Lévi-Strauss). Il est, en cela, notable et curieux que nos sciences qui considèrent d'un commun accord l'Histoire comme un récit (l'*history* comme une *story*) - de Kristeva à Roig -, en premier lieu, cas d'école, là encore de ce que nous disons, confondent cette circonstance historique avec une soi-disant impossibilité d'objectivisation (encore une fois alors, s'il en est vraiment ainsi, pourquoi continuer de prétendre faire de l'histoire, dans les Facultés et hors de celles-ci? [Question importante qui a des conséquences sur l'ensemble des autres sciences, car sans possibilité de rationaliser la vérité historique il est à peu près impossible d'en tirer les éléments nécessaires à l'élaboration dialectique des discours actuels]), mais, plus significatif pour nous ici, en outre continuent de confondre l'apparence (la vérité assumée par le discours historique, social, général, dominant) et la réalité anthropologique (qui ne peut ni ne doit s'obtenir que par l'élaboration, centrale nous l'avons dit dans toutes les sciences, et base du comparatisme, d'un *corpus*).

   La vérité sur Bébé Donge (1940-1942) de Simenon, popularisé par le film de 1952 de Henri Decoin, sur le parcours d'une femme soumise aux trahisons matrimoniales, contrepoint d'une *Madame Bovary* et d'une *Anna Karénine*, n'est rien d'autre, en même temps que la version modernisée du *Décaméron*, X-X, en moins violente, et, pour les caractères des personnages: le mari industriel peu enclin aux démonstrations sentimentales, et la jeune Bébé, dont le surnom révèle les valeurs de demoiselle insouciante et rieuse, présente une version contemporaine du thème romantique de l'amour tragique, impliquant la mort de l'amant, d'un Werther de Goethe ou des amants maudits de Stenhal, personnages, à leur tour, provenant du patrimoine médiéval (Tristan et Iseut pour la partie fictive, Abélard et Héloïse pour la partie réelle, dans ce dernier cas avec une relation relativement simétrique entre Abélard et le héros de Simenon, cause du malheur de tous), héritage des grandes passions qui trouve son intermédiaire comique dans la bataille pour la culotte médiévale, et temporel dans les débats moraux épiques, et d'autant plus hautement symboliques que peu probables dans la réalité commune, d'un Cid de Corneille.
   Ce que nous voulons dire par là, et qui nous frappe dans l'ordre de la permanence des discours, est qu'il serait faux et vain (même si l'on pourrait rapprocher le roman de Simenon en certains points du *Noeud de vipères* de 1932 de Mauriac, pour la relation d'amour-désamour dans le couple) de vouloir lire, comme on le fait souvent, l'oeuvre de l'écrivain policier uniquement depuis le cadre d'une étude de moeurs morale de la petite bourgeoisie de province, là où ces "*Je t'aime, moi non plus*" et ces sentiments ridiculement complexes pour des histoires relativement simple (sans minimiser non plus la condition de la situation des femmes à l'époque, et sans perdre de vue les relations de classe d'une femme entretenue pour qui, à différence d'une ouvrière comme le rappelait Engels, perdre le mari était aussi perdre les ressources - élément ironique qui ne passe pas inaperçu chez Simenon -) renvoient plus à un rabaissement dans l'ordre du monde bourgeois des grands sentiments du *Moi* romantique et de la mystique, comme les figures mythologiques tendent à les souffrir (ce qu'a noté Dumézil en le déplorant entre les mythologies hindoues-grecques d'une part et juives-romaines de l'autre, mais ce que l'on retrouve aussi dans l'art du XIXème siècle, étant paradigmatique de cela *Le déjeuner sur l'herbe* de Manet, qui rend vulgaire, au sens étymologique du terme pour nous, et au sens strict

142

pour la critique de l'époque, un motif divin du *Jugement de Pâris*), qu'à une précise étude freudienne ou simplement psychologique. Ce roman particulier nous démontre donc, à lui seul, ce que nous prétendons faire de manière générale:

1. Que sous le vernis apparent d'une réalité directement peinte, toute oeuvre est symbolique, donc dénuée de lien avec le réel (l'ordre du réel renvoie au réel, celui du symbolique au symbolique, comme le Cosmos de Nature n'intègre aucun élément du Cosmos de Culture, et inversement ou à peu près;

2. Que ce ordre du symbolique, qui ne renvoie qu'à lui-même, provoque, par le fait, et au risque d'être redondant, une permanente situation référencielle, qui met en évidence ce que nous avons appelé, pour cela, la *permanence des discours*.

4.6. Transmigration des symboles

Le concept de transmigration des symboles se dérive de celui, alchimique, de transmutation, dit autrement il prétend emphatiser l'idée de mouvement par le préfixe "*trans*" ajouter, on pourrait dire que sans nécessité, si ce n'est, précisément, l'accentuation, au mot, clair par lui-même, de migration.

Cette constatation linguistique, si l'on veut, nous permet de marquer comment ce sont ce que nous appelons les anomalies (par exemple le révélateur nom, en sens freudien, de Viola de la belle-mère de la jeune fiancée [en cela qu'il renvoie à la relation d'impureté nouvelle, ici, précisément, du fils qui oublie la mère pour la future épouse] dans *Monster-in-Law* de 2005 de obert Luketic), et que nous évoquerons dans la partie suivante, notamment pour le cas d'Isis, qui modifient le patrimoine existant, en le réélaborant, de l'Antiquité aux modifications postmodernes autour des figures des contes notamment à partir de *Shrek*, et, pour les héros des Comics, la série des années 1980 *Crisis on Infinite Earths* (1986).

Un exemple paradigmatique. Si *Le chien des Baskerville* (1902) reprend la figure du chien noir des légendes anglaises et écossaises du Black Shuck et du Barghest, ainsi que de l'histoire à Dartmoor (où Doyle met en scène son récit) de Richard Cabell (Sarai J. Rangel, "*El perro negro en el folclor - Aullidos espectrales*", *Muy Interesante*, No 12, 12/2014, pp. 40-42), nous ajouterons qu'il inverse aussi, négativement (ici le chasseur est la figure négative, non la femme qui se refuse), le motif du *Décaméron* (V-8), illustrée par Botticelli comme présent de noces, de l'histoire de Nastagio degli Onesti.

Évidemment, toute anomalie s'inscrit, en contrepartie, dans un discours convenu, ce qui va de soi, qu'on l'appelle tradition, mémoire collective, sources, références ou influences. Toutefois, il n'a pas été noté encore que cette normalité de laquelle se démarque le phénomène s'exprime à deux niveaux au moins:

Le premier, formel, est celui, bien noté par Alain Finkielkraut (https://www.youtube.com/watch?v=DhSuOK7drCs   et https://www.youtube.com/watch?v=lzrycH37oCo), de l'accent des jeunes, où des "*Français de souche*" dans les banlieues ont un accent beur ou noirs, ce qui est très visible, entre autres, dans l'actuation du jeune Finnegan Oldfield, qui interprète en outre un paysan, dans *Ceux qui dansent sur la tête* (2014, Magaly Richard-Serrano). L'idée identitaire de la jeunesse se soudant autour des valeurs du rap et du hip hop, états-uniennes, mais portées en France, comme d'ailleurs aux États-Unis, par la communauté noire (bien que la française, bien qu'on en veuille, n'ait pas grand chose à voir avec l'américaine, d'où certain ridicule lorsque le strasbourgeois et fils de haut fonctionnaire congolais Régis Fayette-Mikano, dit Abd al Malik, https://fr.wikipedia.org/wiki/Abd_al_Malik_(artiste), devient paradigme des problèmes de violence, et qu'il les met en scène, comme d'ailleurs un autre fils à papa, Mathieu Kassovitz dans *La Haine* de 1995, que cite d'ailleurs Abd al Malik dans son album *Scarifications* de 2015, selon une scénographie totalement états-unienne [pour preuve l'utilisation dans *La Haine* d'une scène hommage à celle du miroir dans *Taxi Driver*]). C'est inversement, mais similairement, le choix de l'emploi d'un accent faussement parisien par l'ensemble des journalistes francophones, quelque soit leur nationalité ou origine ethnique.

Le second, sémantique, mais de rabaissement (au sens barthésien de cette idée, par rapport à la division entre sens fort et sens faible) de l'ordre narratif, par enveloppement du discours dans une accumulation de clichés, compréhensibles, car espérés, dans le cadre convenu des normes de l'époque. C'est ce qui fait que chaque discours spécialisé emploie, par exemple, des formules qui lui sont propres. Mais on ajoutera à cela, le sens ésotérique du discours savant ou spécialisé, l'envie de distinction de ceux qui s'y emploient, du maître de philosophie (qui, notons-le, avant le Méphistophélès de Goethe, s'attache au mot [style, forme], non au sens) face au Bourgeois gentilhomme, jusqu'aux personnes interrogées par l'équipe de Bourdieu, dont les réponses choisies donnèrent naissance à l'ouvrage du sociologue sur le thème, ou aux mots que, tous, nous réemployons, parce qu'ils nous ont plu, ou nous ont parus à la mode ou de bon ton. Raison pour laquelle, par exemple, et notamment, aujourd'hui, le verbe "*gérer*", dérivation de l'anglicanisme "*to manage*" des films états-uniens, et repris par les vendeurs à partir des années 1980, a délogé la plupart des autres verbes du dictionnaire, devenant, en passant du terrain strict de l'économie, domestique ou générale, à un emploi systématique et indiscriminé, un verbe fourre-tout, jusque dans le discours journalistique, et, pire, dans ceux politique et scientifique. Sans doute, cette volonté de représentation positive de soi au travers de l'usage terminologique s'identifie-t-elle le mieux dans les épisodes du programme québécois *Un chef à l'oreille* (deuxième semestre 2015), en particulier dans les premiers, dans lesquels les chefs utilisent des termes propres de leur métier pour se diriger aux néophytes qui, évidemment, ne les comprennent pas, alors que les chefs sont censés, au contraire, les diriger rapidement pour l'élaboration en commun d'une recette en un temps donné. Privé alors de tout sens logique, l'usage cependant de termes spécialisés provient là, doublement, d'une part de la tension du moment, qui provoque chez les chefs une perte de moyens verbaux, les renvoyant

144

dans le cadre de ce qu'ils connaissent, la terminologie de cuisine, sorte d'involontaire production verbale automatique, mais aussi, il ne faut pas le négliger, de l'envie, de la part des chefs, de marquer la distance entre eux et les novices qu'ils doivent diriger.

On le voit dans la publicité pour l'émission spéciale "*Afro cuisine*" de fin d'année 2015 du programme *Africanités*, dont nous citons le texte, notable par la condensation et la répétition (ce qui correspond au principe d'accumulation) de lieux communs en un *spot* d'à peine 38 secondes:

"*À l'occasion des fêtes de fin d'année Africanités vous invite à savourer les recettes du bonheur, en compagnie de Rougui Dia, l'une des rares femmes chef de cuisine de renommée internationale.*
Une bonne dose de savoir faire, une pincée d'audace, le chef Christian Abégan vous proposera son plat de Noël.
À ses côtés, des invitées prestigieuses: Fati Niang, Sonia Muluala, et les chefs de cuisine Loïc Dablé, Élise Djoumessi, chef Maya. Pour la musique, la talentueuse et savoureuse Njie nous enchantera. Vous l'aurez compris, c'est à déguster sans modération.
Africanités vous met l'eau à la bouche sur TV5 Monde."
(https://www.youtube.com/watch?v=BaKKNiO6m4o)

S'agissant d'un problème sur la cuisine, l'intégration de double sens de termes culinaires pour évoquer les moments du programme ("*savourer les recettes*", "*Une bonne dose de savoir faire, une pincée d'audace*") est convenue, comme l'est la voie de l'énumération pour se faire, ou, plus clairement encore, le mot de la fin ("*c'est à déguster sans modération*"), doublée de celle d'expectative publicitaire ("*vous met l'eau à la bouche*"), formées, les deux, par des expressions toutes faites reprises telles quelles.

En résumé, et dit autrement, l'accumulation (condensation [dans l'espace limité, réduit, de l'oeuvre] et[/par] répétition) dans les oeuvres de, comme nous venons de le dire, lieux communs est ce qui, par leur caractère attendu et leur sens, par le fait, consensuel, permet d'en comprendre la partie générique, alors qu'en même temps cette accumulation permet de repérer les anomalies, et, celles-ci n'étant le plus souvent que des dérivations (modification, métamorphose) d'un ou plusieurs des lieux communs (par exemple dans la publicité pour *Africanités*, l'utilisation de termes culinaires décontextualisés), de les comprendre, en les rapportant à l'ensemble des autres du même groupe (ou de la même oeuvre, de la même époque, du même auteur, du même mouvement, etc.).

Les lieux communs, attendus, ne passent pas seulement par l'accumulation, mais aussi, avant tout, par la reprise, ou copie, du modèle offert, par le mimétisme, involontaire (c'est ce qui crée les styles et les courants de pensée, d'art et de mode, et, par là, leurs codes, et donc leur histoire), par reproduction du discours officiel, comme on le voit avec le cas cité du verbe "*gérer*" et du phénomène de distinction. Un bon exemple en est le programme *À table! Voyage dans nos habitudes alimentaires* (Philippe Baron, 2014), suite au fait que "*Depuis le 19 novembre 2010, le repas gastronomique français est classé au patrimoine de l'humanité par l'Unesco*" (http://www.france3.fr/emissions/documentaires/diffusions/13-04-2015_318627), où la voix *off* reproduit les affirmations des spécialistes sur les spécificités de la table française, notamment, selon l'émission, en ce qui concerne le nombre de personnes (le manger comme acte social), la durée et l'heure du repas, et les codes (couverts, séquence des plats). La voix *off* reprend ainsi, sans y apporter rien (elle n'est donc pas indispensable dans son intervention sur ce point), mais en les poétisant, pour ainsi dire (puisque ne pouvant élever scientifiquement les descriptions des sociologues interrogés, y ajouter aucune valeur, est choisi de les rendre métaphysiques [l'"*autre chose*" de la "*célébration*", voir l'extrait https://www.youtube.com/watch?v=SWrGv37Z5HE], par des considérations générales), les considérations (il s'agit donc, nous insistons, d'une simple redite) sur les soi-disant spécificités des codes du repas français, en ce qui concerne en particulier son rôle de rencontre sociale (voir un court extrait sur le site https://www.youtube.com/watch?v=-dWNFFdmJQ8). Dans l'ordre social, ce second modèle, le principal, des lieux communs (la reprise) sont les assomptions par ouïe-dire (qui créent les opinions, leurs conditions et formes de reproduction). Revenant au point de vue formel du langage (au sens vaste du terme, parlé, écrit et non verbal [toutes les productions symboliques qui intègrent des références au monde nord américain, jusque dans les arts plastiques, avec la récurrence de la référence à Mickey Mouse, ou dans les pratiques sociales, l'utilisation préférentielle du "*Happy birthday*" sur le "*Joyeux anniversaire*" dans les guirlandes murales]), c'est encore l'anglophilie abusive de la société contemporaine, dénoncée par René Étiemble dans son fameux ouvrage de 1964: *Parlez-vous franglais?*

De là aussi les rimes communes de la chanson populaire (amour/toujours, blanche/dimanche, monde/blonde, etc.).

Revenant au cadre sémantique (l'évocation lingüistique de l'évolution des langues étant de l'ordre du formel, en cela qu'elle traite de la question de la manière au travers de laquelle les locuteurs enveloppent et développent, expriment, leur pensée), on trouvera le plus évident lieu commun idéologique dans le symbolisme globalement nazi de l'Empire dans l'oeuvre paradigmatique *Star Wars* de George Lucas (seule saga du genre dans le monde cinématographique, alors que la littérature en compte de nombreuses, comme celles de Fondation d'Isaac Asimov, Dune de Frank Herbert, les *Chants d'Hypérion* de Dan Simmons, l'*Histoire du futur* de Robert A. Heinlein, etc., voir par exemple http://best-sci-fi-books.com/23-best-science-fiction-book-series/ ou http://bestsciencefictionbooks.com/best-science-fiction-series.php), depuis la dénomination de stormtroopers (https://en.wikipedia.org/wiki/Star_Wars_sources_and_analogues et http://www.starwars.com/news/from-world-war-to-star-wars-stormtroopers), reprise des Sturmabteilung (https://en.wikipedia.org/wiki/Sturmabteilung) jusqu'au fameux et *inconfundible* casque de Darth Vader (personnage à son tour inspiré de divers super-méchants de *comics*, http://richleebruce.com/media/darth.html). Or il ne faut pas oublier que *Star Wars* se crée en 1977, années, les dernières, dans lesquelles encore la Seconde Guerre Mondiale était le thème direct (films de guerre sur l'époque) ou indirect de beaucoup de productions cinématographiques. Nous voulons, bien sûr, dire et mettre en évidence par là la dérivation et amplification permanente dans le domaine culturelle et idéologique d'un discours dominant, quel qu'il soit, tendant à se produire d'une oeuvre à l'oeuvre, et entre elles, comme le montre donc parfaitement la dérivation extrême du monde du passé récent vers le futur lointain dans la réutilisation hors de contexte et pourtant inconsciemment significative et compréhensible pour l'accord tacite entre les spectateurs et le créateur (stahlhelm = nazi = extrême méchanceté, voir à ce propos l'affiche de 1942 "*He's watching you*" de l'United States Office of Emergency Management Information Division, http://culturevisuelle.org/dejavu/32, qui reprend, à son tour, en l'inversant, l'autre affiche de 1917 de J.M. Flaggs: "*I want you for U.S. Army*", https://en.wikipedia.org/wiki/File:Unclesamwantyou.jpg).

Ainsi, par exemple, d'un point de vue narratologique, l'augmentation finale de l'intensité de la lutte avec le méchant sert à marquer la fin de l'histoire, une fois que celui-ci est vaincu, cet allongement est en quelque sorte métonymique, en cela qu'il se base sur la relation factuelle:
mort du vilain = fin de l'histoire
Et la double conclusion consécutive de logique para-mathématique, non d'ailleurs totalement juste (en cela, par exemple, que la réduction de la lutte entre le bon et le méchant n'implique pas de diminution réelle de la densité narrative générale de l'histoire, la fin n'étant [ni ne pouvant être] qu'une conclusion, non un [second] développement en soi), que:
=> vilain = histoire
Et
intensité (ou force) du vilain = intensité de l'histoire
En ce sens encore, la ritualité des assassins en série (liée aux mythes nordiques dans la série *The Player* ou au texte biblique dans *Resurrection* de 1999 de Russell Mulcahy) met en évidence non le sens des crimes, mais leur caractère incompréhensible, donc leur origine, pour la mentalité populaire, et pour l'explication narrative que nous en donne les scénaristes, hors de l'espace analytique, discursif, comme les meurtres divins, tel le sacrifice d'Abraham par exemple. Ainsi, là encore, la représentation moralisée par la voie d'une raison hors de la raison normale (les passions et les ambitions, des récits propres du genre du policier psychologique, d'Émile Gaboriau à Georges Simenon et Patricia Highsmith), en sortant des codes habituelles (de l'histoire du genre, nous venons d'en citer l'un des fondateurs: Gaboriau), et s'élevant, apparemment, dans un monde de raison sous-jacente, inconsciente (la mentalité malade du *serial killer*), liée au monde, également non discursif (autre forme de métonymie), de l'espace religieux (en cela les crimes rituels des *serial killers* se rapprochent de ceux des sectes primitives

des familles des séries du *Massacre de Texas* à *Wrong Turn*) divinise le crime particulier, faisant ainsi du *serial killer* un *punisher*, comme Hannibal dans la série, ou, dans les films de terreur pour adolescents, les figures paternelles (par rapprochement avec celle de "*L'homme au sable*" de Hoffmann, voir nos études dans *Hablemos de Cine*, notamment de *I Know What You Did Last Summer*) impersonnelles, sans visage (*Vendredi 13, Halloween,* etc.).

Alors que la réalité vérifiable anthropologiquement est, non la distance (symbolique, idéologique, de commodité), mais au contraire, l'énorme similitude entre les assassins en série et les structures habituelles de la société, telle que la mafia ou les organisations criminelles en général (centre de tout un genre littéraire et cinématographique à la fin du XIXème et au début du XXème siècles, de Fantômas au Docteur Mabuse, en passant par Chéri-Bibi ou au Docteur Cornélius, le cas de Chéri-Bibi étant particulièrement intéressant en cela que lorsqu'il acquiert son plus haut caractère de destructeur de l'ordre social, dans *Le Coup d'État de Chéri*-Bibi, publié initialement dans *Le Matin*, entre le 16 juillet et le 4 octobre 1925, sous le titre: *Chéri-Bibi, le marchand de cacahouètes*, Leroux copie pour décrire son action les structures classiques de l'ordre social et politique telles que les décrit Dumas dans *Vingt ans après* lors de la Fronde - on voit donc bien la permanence du principe d'inversion, clairement ici, sur le cas des assassins en série, par éloignement idéologisé de son modèle social parallèle, et, insistons-y, institutionnel, fondateur -).

4.7. La définition idéologique du *corpus* comme élément de preuve dans la question du détail

L'attention aux questions idéologiques dans les oeuvres filmiques nous prouve indirectement l'importance du motif (ou détail, selon la terminologie de Daniel Arasse) dans les oeuvres, en tant que ceux-ci ne décident pas du thème ou de l'évolution de l'action, mais déterminent cependant l'orientation conceptuelle qu'en aura le spectateur ou le lecteur.

Ainsi, toujours, donc, en ce qui concerne le principe pour nous central d'inversion, les films où les héros sont inutilement fumeurs, voir paradoxalement et ridiculement, comme les cancéreux de *The Insider* (1999, Michael Mann) et *The Fault in Our Stars* (2014, Josh Boone), ou les pompiers de *Backdraft* (1991, Ron Howard), ou bien, dans notre société de réchauffement global et d'extermination et disparition accélérées des espèces, les films où l'on nous parle, on ne saurait si en rire ou en pleurer, du terrorisme écologique, aux conséquences tragiques autodestructives, comme dans *Surrogates* (2009, Jonathan Mostow) et *Break Point* (2015, Ericson Core) - avec, dans ce dernier film (reprise de celui, éponyme, de 1991 de Kathryn Bigelow), la très politique et diachronique référence au Vénézuéla (dans une opposition implicite [similaire à celle du contemporain *The Dark Knight Rises* de 2012, dernier épisode de la trilogie de Christopher Nolan, après celle de Tim Burton des années 1989-1995 sur le même héros, entre la bourse /Wall Street/ vs. les rebelles insatisfaits issus du Tiers Monde]: Vénézuéla = chavisme = Socialisme du XXIème Siècle = anti-Occident vs. États-Unis = FBI = pouvoir international = ordre établi = structure du capitalisme comme valeur historique, voir, en particulier au début du film, les allusions répétées au fait que les attaques se font exclusivement contre d'anciennes, établies, puissantes, et donc fondatrices [de la nationalité, la culture et la stabilité économique] multinationales états-uniennes), comme lieu d'origine de l'anti-héros, terroriste écologique, et également, par correspondance, lieu final de résolution de l'action et du conflit -. Dans le même sens, on citera les sauveurs du monde, provenant du *fracking* pétrolier dans *Armageddon* (1998, Michael Bay).

DEUXIÈME PARTIE: EXPOSITION MODÉLISÉE DE LA MÉTHODE

1. Deux considérations préliminaires
1.1. Sur la question qualitative de l'analyse en sciences humaines

Une grave erreur des sciences humaines, c'est-à-dire de son procédé, et, en même temps, de son idéologie, est, précisément, liée au *corpus*, et à la non compréhension de ce qu'il implique: une base documentaire, certes, *donc quantitative*, dans l'analyse.

Or il est significatif de voir, dans l'ensemble des ouvrages sur l'investigation scientifique (de description de ses différentes méthodologies), que les auteurs différencient habituellement les investigations quantitatives des qualitatives, différence à première vue peu claire, car toute étude, qualitative dans ses résultats (puisqu'elle propose une discrimination) est quantitative dans sa méthode (nécessitant l'élaboration ou la sélection d'un échantillon représentatif, comme en sociologie par exemple), s'éclaire très bien dans l'ouvrage de Marcus Banks (*Los datos visuales en investigación cualitativa*, Madrid, Morata, 2010), qui l'explique, en montrant comment cette différence entre dans notre démonstration, en en validant la nécessité. En effet, Banks affirme que les études en sciences humaines (par opposition à celles des sciences dites dures ou, préférons-nous, appliquées) se basent souvent sur des images (qui, dit-il, nous entourent quotidiennement), préférant ne poser aucune méthode préalable, mais considérant que les images servent à rendre compte de la pensée d'une société, il en prend pour exemple une étude faite par conjointement un sociologue et un lingüiste entre les Navajos en leur demandant de filmer leur vie quotidienne (pour voir si les modes de représentation, dans un peuple non accoutumé à l'usage de l'audiovisuel, seraient similaires à ceux communs aux états-uniens contemporains).

Retiendra notre attention le double discours: d'une part, avec lequel nous coïncidons, qui affirme que les images sont indispensables (le disait déjà Francastel, et le mettait en pratique Panofsky) pour comprendre l'évolution des mentalités; d'autre part, avec lequel nous divergeons, qui affirme que la méthode pour ce faire (comme le voudraient Francastel, Eco ou Arasse) est la découverte non projetée (thèse réaffirmée par les structuralistes, comme Kristeva), mais non pas par rapport à la neutralité du sujet (que nient, parallèlement, les mêmes Kristeva ou Arasse), sinon par rapport à la relativité (pour dériver la pensée einsteinienne sur les électrons par rapport au cas des sciences humaines, ce qui a d'ailleurs un sens concret, puisqu'ainsi a procédé, pour démontrer [similairement au postérieur binôme sociologue-lingüiste qui sert de point de départ à Banks dans sa réflexion] le formalisme de l'objet filmique, Deleuze dans *L'image-mouvement. Cinéma 1* et *L'image-temps. Cinéma 2*) de l'objet étudié (l'art comme tout, donc insécable, de Francastel à Arasse).

De fait, si l'on pose qu'un matériel va nous servir à comprendre une époque, cela ne peut venir que de sa récurrence (l'oeuvre individuelle n'ayant de valeur qu'au mieux psychologique, si elle n'avait d'écho nulle part ailleurs, pour citer Philippe Léotard dans sa chanson "*Cinéma*": "*ce n'est donc pas pour vous seul que je dois représenter? Et l'homme répond finement: Si c'était pour moi seul, je n'y aurais peut-être pas pensé*"), par conséquent de la création préalable d'un *corpus*, ce qu'indique la méthode panofskienne, et celle de l'ensemble des auteurs cités dans la même ligne à travers leurs respectives disciplines (Marx, Freud, Dupuis, Frazer, Saintyves, Dumézil,...). Encore une fois, la base de toute investigation, qualitative toujours dans ses buts, est donc quantitative, par nature et nécessité.

Nous allons le voir, en mettant en scène, pour ainsi dire, notre proposition méthodologique, dans ses divers matériaux, afin de voir, à la fois, comment ils s'intègrent entre eux, et comment elle s'y applique à chacun selon sa nature, mais depuis une seule méthode (contrairement à ce qu'écrit Banks, reprenant en cela l'idée générale, qu'il y aurait différente méthode pour chaque objet, alors que ce qu'il y a, et cela est important, puisque c'est précisément non l'erreur de méthode, mais de vision sur le matériel, qui produit les différences d'analyse de celui-ci par Barthes dès lors qu'il sort du champ de la littérature, c'est comme un médecin qui, chageant de sujet, ne le reconnaîtrait plus, sans doute cela pourrait arriver de manière pertinente si, comme le Docteur McCoy de *Star Trek* s'affrontant, de la série aux films, à des formes de vie dont les organes varient entre elles, mais un vétérinaire, comme cela est souvent arrivé dans nos guerres, peut bien soigner un homme, tout comme un médecin pourrait probablement opérer un animal, du moins mammifère; dit autrement, ce n'est pas parce que Barthes, ou comme le note Arasse de Panofsky, un théoricien se trompe en utilisant la méthode que celle-ci s'invalide automatiquement, ce serait comme supposer que les mathématiques deviennent fausses chaque fois que nous nous trompons dans une opération).

1.2. Sur la question du mouvement dialogique entre les arts

L'importance de comprendre le modèle de dialogue entre les arts revient, au fond, plus simplement, à la validation ou invalidation de notre pensée et méthode.

Or le mouvement entre les arts, qui confirme l'importance d'une méthode unifiée, afin de pouvoir apprécier et prendre en compte la complexité des relations, non seulement synchroniques et typologiques entre les oeuvres, mais aussi intertextuelles et d'échange, répercussion et dialogue entre les genres et les formes, est attesté, pour nous, de nouveau *a posteriori* (c'est-à-dire non pas seulement de manière inductive, supposée par la théorie, mais bien déductivement, prouvée par l'expérience), dans notre activité de recherche des dernières années, par deux voies comparatives:

D'une part, sans jamais penser la question architecturale, mais en nous intéressant aux oeuvres-limites telles que nous les avons appelées, et en particulier au cas de la construction idéologique de l'abstraction, après avoir abordé le fondateur Mallarmé, nous nous sommes intéressé pour Malevitch (le carré comme forme pure), ce qui nous amena, postérieurement à pouvoir comprendre mieux et étudier le cas de Loos (le cube comme forme parfaite); ainsi, nous avions une représentation d'un cas architectural, dans une structure en entonnoir de compréhension du processus de recyclage des arts visuels, au travers d'une élaboration macrostructurale d'approche, depuis les théories artistiques picturales de l'époque;

Postérieurement, partant du cas peu étudié de l'architecture baroque espagnole et hispanique, tardive, qui s'exprime en réalité comme une forme de gothique flamboyant, pour comprendre le passage, général, en Europe, du baroque au rococo, non plus comme une exagération, voire perversion formelle, mais comme une amplification du problème perspectif (en assumant comme cas symptomatique l'insistance, à la Renaissance, notamment la seconde, du Cinquecinto, des perspectives extrêmes, comme dans le cas du Palais Te de Giulio Romano à Mantoue, 1525-1536, ou de la Galerie Farnèse des Carracci, 1549-1589, et encore des anamorphoses, comme dans *Les Ambassadeurs* de 1533 de Holbein), nous avons utilisé ce point de départ pour étudier trois transitions de la modernité, celle-ci, centrale historiquement, celle mise en place par Dürer (*Le Songe du Docteur*, 1497/98), en reprenant selon notre lecture, des problèmes iconographiques du Corrège (*Allégorie des Vices*, 1528-1530) et des illustrations de Dante (Giovanni di Paolo, 1441), lorsqu'il modernise et italianise un thème bas-médiéval; celle de David quand, en reproduisant le geste du César mort de Suétone, il représente Marat, lequel, dans l'iconographie de l'époque, et les débats, s'identifie à Brutus mais à la fois est comparé avec César (par exemple de l'exclamation de Corday à son procès, citant *La mort de César* de Voltaire, alors que Marat lui-même aborde la question de Brutus, et David la reprendra, en association avec delle de Marat, lors des triomphes qu'il organisa en l'honneur de Voltaire), l'artiste, qui deviendra celui de Napoléon, crée, en reprenant l'antique pour allégoriser la geste contemporaine, un nouvel ordre de discours, qui se poursuivra, dans les arts, la littérature, l'architecture et les arts décoratifs comme symbole et représentation des États-Nations naissants. Dans ce second cadre, c'est, au contraire, partant de l'étude du matériel architectural que nous avons pu déboucher sur une préoccupation d'autre plus générale, sur l'époque et ces processus d'évolution.

Les interstices narratifs expriment des jeux de rôles historiques de l'histoire des styles, la Cosette de Hugo par rapport à la Fleur-de-Marie de Sue, le lion de *Madagascar* (2005), qui, bon enfant, rappelle le lion peureux du *Magicien d'Oz*, alors que la situation de danger sur l'île où il se retrouve nous rappellera la similaire situation d'accentuation de la question de l'animalité par antonomase, bien que sans comédie, de *L'île du Dr. Moreau*, dont la morale, sur un site éloigné, selon la mode du XVIIIème siècle (voir par exemple *L'île aux esclaves* de 1725 de Marivaux, ou *Paul et Virginie* de 1789 de Bernardin de Saint-Pierre), sera reprise par *Sa Majesté des Mouches* de 1954 de William Golding.

Ainsi, les signes, contrairement à ce que prétendent Barthes et ses successeurs, ne sont jamais vides.

La récurrence du motif révèle un sens, qui est ce que la société veut représenter, prenons-en l'exemple paradigmatique de la devineresse noire (double discrimination positive, mais toujours depuis le discours ethnique et machiste, puisque liée aux forces primitives de la terre, la nature, et l'au-delà) dans *Matrix, Annabelle* (2014, John R. Leonetti) ou *Children of Corn* de Stephen King. Dans *The Shining*, on retrouve le noir adjuvant aux pouvoirs surnaturels, comme l'enfant, noir qui, comme il est commun dans les films de terreur, se sacrifie pour les héros blancs (principe plus clair encore dans la série *Rocky*, entre amitié et compétition, entre l'étalon italien et ses opposants noirs et Russe, le noir états-unien mourant aux mains du soviétique, comme le frère occidental aux mains du méchant champion asiatique dans les premiers films de Jean-Claude Van Damme).

2. La modélisation de la méthode

De fait, c'est l'étude des diffusions qui est au centre de l'élaboration de tout *corpus* qui, toujours, rendra compte de métamorphoses des formes.

Or ces dernières, les métamorphoses, impliquent bien permanence, par le processus même d'*évolution*, c'est-à-dire variation ("*sur un même thème*", pour paraphraser Gainsbourg).

Ainsi, notre méthode se fonde sur l'idée que la transition est fondamentale pour comprendre le cours de l'évolution de la société, de ses moeurs, de ses schèmes et de sa pensée. Et, paradoxalement, elle implique la foi dans la vision synchronique, car elle fonctionne par les codes (mise en place dans le temps d'un système unitaire, reconnaissable par tous, et socialement accordé). C'est, en effet, l'accord d'interprétation, de représentation et de compréhension visuelles (l'idée que les images textuelles ou iconographiques se forment, non dans l'exprit individuel, donc inaccessible à l'Autre, de l'artiste, mais bien, au contraire, dans la mentalité d'une époque, prédéterminée, cette mentalité, par les structures de l'antérieure, qui lui permettent de forger ses propres sens, et à l'histoire de l'aborder analytiquement) qui, seul, peut nous permettre d'analyser (approcher, aborder, on l'a dit) le contexte, c'est-à-dire, plus clairement, le paratexte (par définition, sociolectal), qui fonde et forme le langage individuel (par définition, idiosyncrasique).

Ce sont donc bien cela que les CODES: l'accumulation séculaire d'éléments (qui permettent l'histoire des symboles ou la création des livres d'emblèmes) PERMANENTS, dont l'ÉVOLUTION n'est qu'une TRANSFORMATION, une DIFFUSION.

Ainsi, autre point commun (et coïncidence épistémologique) entre nos sciences humaines et sociales et celles appliquées: **le théorème qui nous montre (on l'a dit, par l'expérience investigative; non par induction ou hyppothèse) que rien ne se crée, rien ne se perd, mais tout se transforme.**

Cependant, notre apport, par rapport à Panofsky, qui étudie l'unité du thème, est l'étude depuis la dissémination (comme dans notre récente analyse de 2014 du *Songe du Docteur* de Dürer), produit, sans doute, de notre intérêt pour l'art abstrait. C'est aussi, sans doute, paradoxalement, une approche structuraliste (on pense aux évocations désagrégées en plusieurs volumes d'un Lévi-Strauss dans ses *Mythologiques*, dont l'origine, ironiquement, et la possibilité méthodologique, se trouvent dans le tant critiqué, par les structuralistes, Frazer et son *Rameau Doré*).

Spécifions tout d'abord que le développement qui suit, et les exemples à continuation, se font à partir des résultats d'études des ouvrages du *corpus* de notre défense.

2.1. Lecture et interprétation

En 1973, Roland Barthes a publié un petit livre intitulé *Le Plaisir du texte*, probablement en référence à *Les Mots* de 1964 de Sartre. Dans les deux textes, les auteurs respectifs prétendent nous offrir une explication du processus menant à la lecture et à son plaisir, et, de là, au processus d'écriture pour Sartre, et à celui de l'analyse pour Barthes. Divisée en deux parties, intitulées: "*Lire*" et "*Écrire*", le roman autobiographique de Sartre est plus explicite dans ses motifs que le texte de Barthes, dont la discussion porte entre ce qui serait "*plaisir*" et "*jouissance*" du texte, le plaisir pouvant être compris comme l'appréciation intellectuelle, alors que la jouissance serait l'approche vide et non explicable parce que non intellectualisée du texte.

Nous sommes ici confrontées à un double problème.

Notons d'abord que, jusque dans la pratique de Barthes, le concept sémiologique de texte est large et englobe des manifestations non littéraires, qui proviennent en particulier des arts visuels et de la musique. Bien qu'il soit vrai qu'aussi bien le structuralisme que la sémiologie se sont consacrés aux événements littéraires (auxquelles nous incluons les réctis mythologiques et/ou oraux), et, du moins, comme la sémiotique de l'art, s'ingénièrent à contempler, depuis ce que Barthes lui-même aurait pu appeler l'ennui esthétique, une absence de sens du matériel non littéraire, nous ne pouvons pas ignorer que la tension et l'intension de ces courants était de comprendre les espaces ou interstices du symbolique, antérieurs à l'élaboration suprême du texte *Logos* divin. Dieu nominaliste qui nomme et par conséquent classe et crée espèces et objets-sujets.

Cet intérêt permet d'ouvrir le concept de lecture à celui de compréhension, c'est-à-dire de considérer que, même devant une oeuvre non-littéraire, comme un tableau ou une photographie, nous sommes déjà dans et nous nous proposons, en tant que spectateurs aussi, une lecture. La lecture en ce sens consiste à donner un avis ou à proposer un sens à l'oeuvre, selon la vision que d'elle nous avons.

L'autre élément que nous devons relever est que, tandis que Sartre et Barthes envisagent le processus génétique, évolutif si l'on veut, du lecteur vers la position de faiseur de texte, pour utiliser un terme de Borges, le faiseur de texte dans les deux cas étant l'intellectuel, c'est-à-dire, non plus tant le créateur de l'oeuvre, mais l'interprète, nous nous intéresserons au processus inverse: du texte vers le lecteur.

En d'autres termes, Sartre et Barthes assument une unité idéologique dans laquelle, pour eux comme pour Umberto Eco dans *L'oeuvre ouverte*, le lecteur est celui qui, dans son processus de construction, acquiert des capacités spéciales qui lui donnent la possibilité de lire et d'assumer un texte, selon le niveau du lecteur, de manière jouissive ou plaisante. Le lecteur en devenant écrivain chez Sartre passe outre une réalité alternative: le lecteur qui ne devient pas écrivain, en évitant aussi la dichotomie entre lecteur et écrivain, tout comme Barthes en envisage des niveaux d'approche du texte suppose ou implique que le texte est une entité dans soi, *sui generis*, sans créateur, avec seulement des récepteurs.

Le point est sensible et primordial, puisqu'il déterminera notre perception et notre compréhension des œuvres: si nous supposons que le lecteur crée le sens dans l'oeuvre, par jouissance ou plaisir, nous supposons également que le texte n'a pas de valeur historique, mais une valeur changeante, qui dépend du moment de l'histoire où nous lisons: une oeuvre du XIXème siècle aurait des valeurs et des sens différents, évolutifs, entre le moment de sa création, et celui de sa lecture par un lecteur contemporain. C'est la position prise à propos de Darío par exemple par Pablo Kraudy, qui proposa, il y a quelques années, de lire le poète pour analyser les questions électorales actuelles. Si des positions et des opinions littéraires peuvent nous faire réfléchir plusieurs siècles après leur rédaction, comme c'est le cas de Shakespeare ou, plus récemment, de George Bernard Shaw, il est beaucoup plus difficile de vouloir comprendre depuis nos positions contemporaines les œuvres d'hier. Déshistoriser ou ahistoriser le message d'une oeuvre, promu ce message par les circonstances particulières de l'écrivain, revient à risquer de ne pas comprendre ce que l'auteur a voulu dire.

La question est plus simple qu'il n'y paraît: provenant du débat nominaliste sur la perception: savoir si le monde existe ou a un sens au travers de ma perception ou à l'extérieur de moi-même, je pense que, mise à part des films comme *Matrix* ou *Memento*, nous tous sommes d'accord aujourd'hui que le monde existe en dehors de nos propres sens. S'il en est ainsi, nous ne pouvons pas concevoir que des phénomènes non induits par moi (comme le sont les œuvres exogènes réalisées par d'autres) soient des produits de ma propre pensée. Un autre élément: nous savons que lorsque nous désirons exprimer nos idées, parfois nous ne savons pas comment le faire ou bien nous le faisons mal, ou les gens nous interprétons mal, nous comprennent à l'envers de ce que nous voulions dire, mais nous savons, par cette même conscience de la différence entre ce que nous voulions dire et ce qui est compris, que notre intention était autre de ce qu'on nous a compris. Nous pouvons donc facilement déduire de cela que l'unique propriétaire de notre propre pensée c'est nous-même, non pas ceux qui nous écoutent. Nous ne pouvons pas prétendre que les gens nous écoutent, ceux à qui nous nous dirigeons, sont ceux qui possèdent la signification et le sens et l'intention ou le but de nos pensées exprimées par des mots lorsque nous les disons.

Si nous assumons donc que l'unicité de l'intentionnalité de nos pensées et de nos paroles, nous devons aussi le faire en ce qui concerne l'artiste ou l'écrivain.

2.2. Des deux types de lecteurs et de leurs lectures respectives

Après avoir déterminé cette étape fondamentale, nous pouvons commencer à distinguer ce qui est le texte.

En premier lieu, nous sera très utile la différence opérée par Barthes entre jouissance et plaisir. De fait, il y a deux manières d'aborder un texte: la première, de purs joie et délices, qui n'implique rien de plus que le plaisir esthétique. Une oeuvre me plaît ou m'émeut par sa beauté ou pour son message évident. Je peux pleurer en voyant les amoureux aux cinéma se séparant, je peux rire en voyant quelqu'un trébucher sur une banane ou en écoutant la plaisanterie d'un protagoniste d'une pièce de boulevard. J'ai peur en voyant un film de terreur, je plains les héros vaincus par une loi injuste, ou pris au milieu d'une guerre non désirée.

Ce goût que je prends, peut être considéré comme pervers selon le mot de Barthes, surtout quand je prends plaisir des scènes ambiguës, sexuelles ou macabres, mais il n'est pas intellectuel, c'est une impression, une sensation non argumentée, ou avec des arguments dérivés des éléments formels qui provoquent les sensations. En d'autres termes, mes commentaires sur ces oeuvres, lorsque mon position de lecteur est ingénue, sont liés aux objets visibles: je suis d'accord ou en désaccord avec ce que les personnages disent, j'apprécie ou je déteste les décors, je trouve beaux ou laids les couleurs qu'on me présente. Le bien-être ou le malaise que me provoque l'oeuvre a alors à voir avec son message évident, son premier niveau: ce qu'elle me dit ou ce qu'elle me montre explicitement.

Je n'ai pas besoin pour la lire ou la comprendre d'un autre outil que la maîtrise de la langue dans laquelle elle se présente: langage écrit, si l'oeuvre est en français pour pouvoir l'apprécier je dois savoir lire le français, ou avoir accès à une version traduite, en espérant qu'elle l'ait été le plus fidèlement possible, mais le langage de l'oeuvre peut aussi être visuel: il est, par exemple, beaucoup plus difficile pour un spectateur d'aujourd'hui de prendre plaisir à un film muet en noir et blanc du début du XXème siècle, avec notable manque d'effets spéciaux et des mouvements de caméra excessivement simples, que pour le téléspectateur de cette époque, étonné de voir arriver sur lui un train à pleine vitesse.

Le langage de l'oeuvre est ce qui fait que je peux m'identifier ou non avec elle: les jeunes lecteurs d'aujourd'hui sont confrontés à la difficulté de lire et de profiter des *Chroniques de l'Inde* ou des œuvres d'Homère, alors que pour les lecteurs de leur époques respectives elles étaient l'équivalent des romans de chevalerie médiévale, ou de nos romans actuels de Harry Potter, à la fois en termes d'extension comme des événements merveilleux qu'elles relatent.

De même, de nombreuses peintures expressionnistes, violentes dans leurs représentations et leurs couleurs, ont été sauvagement brûlés par les nazis parce qu'elles offraient des visions effrayantes. Baudelaire s'affronta au rejet, et peu de gens pourraient probablement se dire assez amateurs des peintures de Francis Bacon pour les avoir dans leur salon, même si beaucoup de ceux qui pourraient ressentir répulsion, peur ou incompréhension face à l'art de Bacon, sont les mêmes, hommes ou femmes, sans distinction de sexe, qui iront au cinéma pour voir le dernier film de terreur du moment.

À présent, l'autre type de relation que je peux avoir avec l'oeuvre est une relation non plus uniquement définie par l'empathie que je peux avoir avec elle, bien que si, partiellement, basé sur cette empathie, car il est impossible d'analyser correctement une oeuvre qui nous dégoûte complètement, puisque, pour sortir de la familiarité et de la sentimentalité, nous devons tout d'abord avoir une possibilité de faire abstraction que nous empêchent les fortes réactions émotionnelles, le rejet étant plus fort et plus définitif que le plaisir. Je peux accepter d'interagir avec quelqu'un, mais si cette personne me dégoûte, pour quelque raison physique que ce soit, je ne pourrais jamais m'approcher d'elle, et moins encore la toucher. Il en est de même avec les œuvres et leurs genres. Si je déteste le genre de terreur, je ne peux pas passer outre cette horreur afin d'étudier bien une oeuvre de ce genre.

Non pas que l'impartialité soit indispensable en soi, elle a un objectif: l'analyse doit pouvoir se faire sans interférence entre la pensée contemporaine de l'analyste, et celle, originale, de l'auteur. C'est le même principe qui interdit généralement aux médecins ou aux chirurgiens, en particulier aux psychanalystes et aux psychiatres, de traiter les membres de leur propre famille.

S'identifier implique rétrocéder dans l'amplitude de vision de l'œuvre. Si je suis trop impliqué, je ne peux pas embrasser sons sens de manière complète. Je vais vouloir lui donner tout les crédits ou, au contraire, lui attribuer tous les défauts. Il convient de rappeler ici que l'analyse se distingue de la critique. La critique, littéraire, théâtrale, musicale ou artistique, est essentiellement une expression du premier type de lecture que nous évoquions: une lecture dans laquelle le lecteur, dans ce cas le critique, exprime ses sentiments sur l'oeuvre: je l'aime, je ne l'aime pas, pour des raisons émotionnelles ou de génialité. La criique est essentiellement libre.

L'analyse suppose l'étude sérieuse de l'oeuvre, au-delà du plaisir ou du rejet qu'elle me provoque.

L'étude d'une oeuvre signifie, nous soustrayant à notre propre sentiment sur elle, extraire les raisons, les significations et les circonstances qui provoquèrent son apparition.

2.3. Méthodologie de l'analyse

Deux itinéraires sont disponibles à l'analyste: diachronique et synchronique.

Ils sont, pour se les imaginer comme deux lignes, l'une verticale (la synchronique), l'autre horizontale (la diachronique), qui permettent d'étudier l'oeuvre et son processus de formation: phylogénétique et ontogénétique.

Au niveau phylogénétique, les éléments de compréhension de l'œuvre sont les récurrences entre les motifs et les thèmes de celle-ci avec les motifs et les thèmes traditionnels, qui peuvent se replacer depuis n'importe quel moment de l'histoire, ou au moins depuis un processus historique relativement long.

L'ontogénétique couvre les récurrences entre les motifs et les thèmes des œuvres et d'autres, aussi bien du même auteur comme de ses contemporains, apparaissant dans le diachronique le rôle de l'éducation et l'influence de l'idéologie de l'époque dans la formation et les problématiques d'un auteur spécifique.

Pourquoi doit-on passer par l'étude comparative de l'œuvre dans ses motifs et dans ses thèmes avec ceux d'autres œuvres? Parce que tout esprit étant individuel, si ces lieux de passages n'existaient pas, ces ponts, entre l'esprit de l'auteur et celui de l'interprète, on ne pourrait jamais connaître la pensée de l'auteur. La seule manière, comme dans le cas des rêves pour Freud, ce qui permet de comprendre l'esprit individuel, est la répétition dans d'autres esprits de motifs et des thèmes similaires, qui explique et clarifie les motifs spécifiques de l'esprit et/ou de l'oeuvre individuels.

Spécifions ici que l'ensemble des motifs est ce qui fait le thème: par exemple, le thème de la *Crucifixion* est formé par les motifs de la Croix, de l'escalier, de la présence de la Vierge, de Saint Jean, du Soleil et de la Lune, de la tête d'Adam au pied de la Croix, etc. Par synecdoque, dans le monde chrétien, la *Crucifixion* peut, comme dans l'œuvre du sculpteur Ernesto Cardenal, être symbolisée par la Croix seule, parce que celle-ci est l'image-symbole que portent toujours les religieux, et qui se trouve sur les tombes, cependant un motif seul ne forment pas un thème, ainsi une femme qui pleure n'est pas obligatoirement la Vierge, les clous ne renvoient pas nécessairement, pas plus qu'une échelle seule, à ce moment biblique.

2.4. Des exemples concrets d'études d'oeuvres
2.4.1. En littérature

Concrètement, nous choisirons plusieurs exemples, courts tous, d'analyse d'oeuvres pour préciser comment peut et, idéalement, devrait se faire une lecture, non pas ingénue, celle-ci étant, comme nous l'avons dit, libre et non soumise à obligation, mais scientifique.

Le premier point que nous aborderons est celui du sens évident du motif: dans sa nouvelle de 1884 intitulée "*Markheim*" (*Cuentos ingleses de Misterio III*, Buenos Aires, Longseller, 2005, p. 269), Stevenson, après l'assassinat commis par son héros, présente la scène suivante:

"*Il regarda autour de lui, avec effroi. La lampe se trouvait sur le comptoir, sa flamme bougeant en un mouvement solennel par le courant d'air; et par ce mouvement futile, toute la chambre était remplie d'un mouvement sans bruit et se maintint en suspens comme la mer. Les ombres hautes se balançant, les taches denses d'obscurité montant et descendant comme si elles respiraient, les visages des portraits et des dieux de porcelaine images se ondoyant comme des images qu'apporte l'eau. La porte intérieure était entrouverte, et dans ce cône d'ombres pénétrait une longue ligne de lumière du jour, comme un doigt accusateur.*" (la traduction est nôtre, à partir de l'espagnol)

Ainsi, le lecteur attentif notera que la lumière à ce moment devient un élément surnaturel, comme il le sera au moment de l'apparition du démon tentateur pour Markheim, quand Stevenson écrit (p. 291):

"*Markheim l'observait fixement. Peut-être il avait-il un film sur les yeux, mais les contours du visiteur paraissaient changer et onduler comme ces objets qui ondulaient à la lumière de la lampe dans la boutique.*"

C'est dans ce contexte que la lumière, sortant de l'ombre, se dessine "*comme un doigt accusateur*" pour Markheim. Le motif, sans aucun sens s'il eut été juste évoqué par l'auteur comme un élément anecdotique, prend ici un sens indéniable de symbolisme divin et justicier. Cette lumière est celle qui, tirée par l'usurier vers lui, aveugle Markheim lors de son entrée dans le sombre magasin (p. 259), c'est encore celle de la monture en or des lunettes de l'usurier (p. 261). C'est, enfin, le miroir, révélateur de l'âme du héros, que lui présente sans faire attention l'usurier (pp. 262ss.).

À présent, le texte est beaucoup plus intéressant si, tout à coup, on le met en rapport avec d'autres de l'époque: déjà en 1866 Dostoïevski nous avait donné *Crime et Châtiment*, avec un héros identiquement rendu fou contre le marché et contre l'usure, mais qui n'arrivait ás à se sauver. Pour sa part, en 1843, Poe offrait "*Le cœur révélateur*" qui, comme les voix des horloges (pp. 271ss.) chez Stevenson, entraîne le meurtrier à sa perte, dans les deux cas le protagoniste se livrant, chez Poe involontairement, chez Stevenson par repentir (comme chez Dostoïevski).

Markheim vient chercher l'usurier sans scrupules et avide au moment de Noël, de sorte que le prêteur veut lui prendre plus cher, ressemblant alors le personnage au Scrooge de Dickens (l'usurier dit, p 260: "- *Vous venez me voir juste le jour Noël quand vous savez que je suis seul dans ma maison, vous me faites lever les volets et vous refusez de négocier. Eh bien, vous devrez payer pour ma perte de temps puisque je devrais être en train de faire la balance de mes livres. Vous devrez payer, en plus, pour les manières que je note en vous. Je suis l'essence* de la discrétion et je ne pose pas de questions sordides; mais quand un client ne peut pas me regarder dans les yeux, il faut qu'il paie pour cela.").

La situation dans la maison d'un usurier, là où commence *La peau de chagrin* de 1831 de Balzac, est typique du XIXème siècle, époque où se développent la Banque et l'entreprise comme éléments structurels spéculatifs base de la nouvelle société bourgeoise. Les personnages, probablement chinois, de porcelaine, sont des objets des anciennes civilisations qui contiennent en eux cet héritage de mystère et de mysticisme universel, intemporel, en rapport avec les terres inconnues et merveilleuses de l'autre côté du monde des conquêtes européennes modernes. Évocation des terres lointaines comme contrepartie surnaturelle qui réapparaît dans "*Le Horla*" de 1887 de Maupassant, *L'Exorciste* de 1977 de William P. Blatty, ou *Gremlins* de 1984 de Joe Dante, entre autres.

Intéressons-nous maintenant à "*La Métamorphose*" de 1912 de Kafka , qui commence ainsi:

"*En se réveillant un matin après des rêves agités, Gregor Samsa se retrouva, dans son lit, métamorphosé en un monstrueux insecte. Il était sur le dos, un dos aussi dur qu'une carapace, et, en relevant un peu la tête, il vit, bombé, brun, cloisonné par des arceaux plus rigides, son abdomen sur le haut duquel la couverture, prête à glisser tout à fait, ne tenait plus qu'à peine. Ses nombreuses pattes, lamentablement grêles par comparaison avec la corpulence qu'il avait par ailleurs, grouillaient désespérément sous ses yeux.*
«Qu'est-ce qui m'est arrivé?» pensa-t-il. Ce n'était pas un rêve. Sa chambre, une vraie chambre humaine, juste un peu trop petite, était là tranquille entre les quatre murs qu'il connaissait bien. Au-dessus de la table où était déballée une collection d'échantillons de tissus – Samsa était représentant de commerce – on voyait accrochée l'image qu'il avait récemment découpée dans un magazine et mise dans un joli cadre doré. Elle représentait une dame munie d'une toque et d'un boa tous les deux en fourrure et qui, assise bien droite, tendait vers le spectateur un lourd manchon de fourrure où tout son avant-bras avait disparu.
Le regard de Gregor se tourna ensuite vers la fenêtre, et le temps maussade – on entendait les gouttes de pluie frapper le rebord en zinc – le rendit tout mélancolique. «Et si je redormais un peu et oubliais toutes ces sottises?» se dit-il; mais c'était absolument irréalisable, car il avait l'habitude de dormir sur le côté droit et, dans l'état où il était à présent, il était incapable de se mettre dans cette position."
(http://www.ebooksgratuits.com/pdf/kafka_la_metamorphose.pdf)

Évidemment, ce début (similaire à celui du *Procès* de 1914-1915) sert, comme d'habitude, pour poser le cadre de l'action, cadre réduit à la trilogie du théâtre classique, avec unité de lieu, de temps et d'action. Ces premières lignes servent ainsi pour localiser l'endroit (la chambre de Grégoire) et le temps ("*un matin après des rêves agités*", en un jour de pluie) de l'action, et nous donner un portrait résumé du personnage principal.

Ce début nous informe de sa nouvelle situation, mais aussi ce qu'il est ou a été: un commis voyageur. La chambre, vide de tout ornement et un peu petite, contient cependant quelque chose d'un grand intérêt, bien que l'auteur nous le présente comme anecdotique ("*on voyait accrochée l'image qu'il avait récemment découpée dans un magazine et mise dans un joli cadre doré*"). Mais néanmoins, il est intéressant de considérer que, en dehors de sa valise de voyage, ouverte et avec des chiffons désemballés, le seul objet qui ne soit pas purement fonctionnel, c'est-à-dire, en dehors de cette malette, de la table qui la supporte et du lit, c'est ce portrait encadré.

Nous pouvons alors nous demander: d'abord pourquoi l'auteur a-t-il besoin de nous parler de ce cadre, ensuite, pourquoi est-ce le seul ornement de la chambre, par ailleurs petite, de Grégoire.

Il est évident, pour la description, et le texte le confirmera quand il nous racontera les problèmes de Grégoire avec son patron, que le héros de la nouvelle est un voyageur sans aucune chance d'avancement.

Le cadre, significativement doré, choque avec la simplicité de la pièce sans décor. Nous devons donc penser que le portrait a une double signification: il a d'abord comme prétexte de représenter un image de mode, qui est du domaine de travail de Grégoire, mais ensuite, cette femme toute en peau est une femme de luxe, comme fait encore ressortir le cadre doré qui lui donna Grégoire. C'est donc une sorte de *pin-up* (au sens strict du terme) pour notre héros. Cette image représente une femme dont le corps disparaît entièrement sous un manteau de fourrure et sous un boa, au point que, "*Elle représentait une dame... qui, assise bien droite, tendait vers le spectateur un lourd manchon de fourrure où tout son avant-bras avait disparu.*" Le geste est notable, car il c'est un geste de mode (montrer le manchon pour qu'on le voit en entier), mais il implique également la disparition de l'avant-bras sous la manche et prédétermine aussi une attitude dressée, combattante, de *Potnia Théron* ou de déesse de la nature, au bras levé.

Ainsi, nous voyons que cette image contraste, pour être érigée et surdéterminer l'ordre du mammifère, comme *Le Viol* de 1934 de Magritte par exemple, avec la position horizontale, dans le lit, de Grégoire, transformé en un insecte. Image même de la femme nue, de la femelle en fourrure, comme, précisément, l'antérieure *Vénus manteau de fourrure* de 1870 de Sacher-Masoch, la photo de la chambre de Grégoire symbolise tout ce à quoi le vendeur aux revendications trop hautes pour lui ne pourra jamais accéder: l'argent (cadre doré), la femme coûteuse (avec des fourrures), la beauté canine du journal, en un mot le pouvoir. La punition de Grégoire pour avoir voulu surpasser son statut social (aller vers le mammifère, le pouvoir, l'argent, le luxe et la femme-trophée qui représente tout cela): être transformé qui le renvoie en-deçà dans l'évolution, vers la préhistoire et l'invertébré.

2.4.2. En arts plastiques

En arts plastiques, on se souviendra de la surdétermination aux pétroglyphes nationaux dans la plastique nicaraguayenne Praxis et post-Praxis. Ce qui nous ramène encore une fois à ce que nous avons dit de l'influence de l'environnement et de son idéologie, dans ce cas de l'autochtone, sur l'esprit individuel de l'artiste.

Peut-être le peintre français Géricault est l'archétype de cela, avec son *Radeau de la Méduse* de 1819. Dans cette représentation, que nous connaissons tous, des survivants du naufrage, qui passèrent plusieurs jours sur un radeau de fortune, et dûrent se manger les uns les autres, radeau dans l'oeuvre de Géricault de forme pyramidale, avec un noir levant un chiffon pour appeler le brick qui allait les sauver, sur un fond de crépuscule, avec au premier plan un homme la tête couverte d'un drap rouge et soutenant un mort d'un bras, nous avons plusieurs éléments, typiques de l'époque, comme sous-texte, qui créent un deuxième sens:

Les corps nus sont des symboles de vertu patriotique, à l'antique, raison pour laquelle David, le peintre napoléonien par excellence, les utilisent souvent.

La mer est, depuis Horace, symbole de la destinée humaine, auquel, de fait, ces personnages sont confrontés.

Le crépuscule est encore pour les romantiques, comme on le voit dans les peintures de l'Allemand Friedrich, symbole de l'homme contre la nature, c'est-à-dire face à Dieu. Il est donc notable que Géricault a fait passé à une atmosphère crépusculaire ce qui est arrivé dans la matinée: le sauvetage par le brick L'Argus, à moins qu'il n'ait voulu faire référence au moment juste antérieur, quand la nuit le bateau n'a pas vu les survivants et pour cela s'éloigne d'eux, avant de revenir quelques heures plus tard et de les sauver, comme nous l'avons dit dans les premières heures de la matinée.

Le personnage de premier plan est une dérivation de l'iconographie de la *Charité romaine*, principe de compassion et de vertu familiale salué comme constructif de la nationalité par l'iconographie de l'État-Nation naissant, nous retrouvons ainsi, dans le même sens, Fantine et Cosette dans *Les Misérables* de 1845 d'Hugo, la figure de *La Porteuse de pain* de 1884 de Xavier de Montépin, et toutes les images de femmes qui allaient leurs enfants, dans les parcs centraux et les bas-reliefs des banques et des institutions en France, en Espagne et au Nicaragua par exemple. Dans *La Grèce expirant sur les ruines de Missolonghi* de 1826 et dans *La Liberté Guidant le Peuple Sur Les barricades* de 1830, les deux de Delacroix, ce sont des femmes aux proéminents seins nus.

Enfin, la reprise, comme dans Goya ou Delacroix que nous venons de citer, de l'événement journalistique contemporain pour l'élever au niveau d'acte patriotique mythique, est un processus qui permet ici à Géricault, en se basant sur le *Récit du naufrage de la frégate la Méduse par deux survivants*, Corréard et Savigny, publié en 1817 (un an après le naufrage), de reprendre sa thématique néo-davidienne et napoléonienne, d'apologie de la passion des bons impérialistes, contre les méchants royalistes, restant en cela fidèle au récit des deux survivants.

2.4.3. En architecture

Ni l'architecture elle-même, généralement considérée comme le plus bas des arts, parce qu'elle est enracinée dans le principe d'usage et de nécessité, échappe à la raison historique.

C'est au moment de la rencontre avec l'héritage gréco-romain à la suite des Croisades, et de la transmission de cet héritage aux Européens par les Arabes, que, suite à l'apport de Thomas d'Aquin, dont les thèse proviennent d'Avicenne et d'Averroès, naissent et se développent dans les Universités dans toute l'Europe. Les Croisades, qui impliquèrent la création d'hôpitaux militaires sur le chemin de Jérusalem, et les Grandes Pestes que souffrit l'Europe à l'époque de la Guerre de Cent Ans, provoquèrent l'apparition des hôpitaux et des Universités de Médecine, avec celles de Bologne et de Padoue comme avant-gardes de cette dernière typologie, officiant à Padoue Vésale, le père de la dissection. Du double processus de centralisation du pouvoir et d'extension de celui-ci bien au-delà des frontières géographiques de l'Europe du Prince moderne naît la structure centralisée, centrifuge et centripète à la fois de la ville moderne, régie par de grandes avenues qui aboutissent toutes à la place centrale avec la cathédrale en son centre et le palais. Naissent les grands palais avec leurs vastes jardins, lieux d'échanges sociaux. La fin de la féodalité et l'apparition de la classe bourgeoise (nommée ainsi d'après sa situation géographique dans la ville, en dehors des remparts du fort, dans le bourg), marquent la fin du château médiéval, perché au sommet d'un mont, et entouré de plans d'eau défensifs, et l'émergence du palais moderne, de ville ou de campagne, avec son jardin, ouvert sur le monde extérieur, et de représentation, pour montrer la puissance et la richesse du prince à ses invités, acquérant ce modèle son apogée avec Versailles et ses imitations baroque. La nécessité, narrée par Machiavel, dans les chapitres XII à XIV du *Prince* (1513) et également dans *L'Art de la guerre* (1519), d'avoir sa propre armée pour le Prince, sur la base d'une armée permanente et de la conscription, fait apparaître les casernes, à partir de Vauban. Le changement de société, d'une société fondée sur une sanction immédiate et sur la torture, comme le fut la médiévale, à une société basée sur le commerce, provoque l'apparition des prisons, où en premier étaient enfermés les personnes endettés avec leur famille, puis ensuite, quand apparurent les voleurs de grands chemins, accueillir les bandits et toutes classes d'assassins. C'est de ce nouveau principe de rédemption sociale que sont nés les asiles à la fin du XVIIIème siècle et au début du XIXème siècle. La conquête en Amérique et en Afrique en particulier entraîna la création de ports et de fortifications, déplaçant la forteresse médiévale de l'Europe aux autres continents (on pense, entre autres, aux Forts La Navidad construit par Christophe Colomb et ses hommes en 1492 à Haïti, et Ozama de 1502-1508 en République Dominicaine).

L'arrivée au pouvoir de la bourgeoisie, avec la Révolution française et l'émergence des États-Nations, avec leurs politiques coloniales et impérialistes, favorisèrent de nouvelles typologies de bâtiments tels que des casernes pour accueillir des classes entières de conscrits durant plusieurs années, ce depuis la Révolution française, les grands magasins et les lieux de divertissements populaires et bourgeois, comme le cirque, les *freakshows* et les parcs d'attractions pour le peuple, le théâtre, le musée (version cultivée du *freakshow* comme prolongement du cabinet de curiosités baroque, les principaux musées du monde étant des cabinets particuliers qui s'ouvrirent au public après la mort de leur propriétaire), le cafconc' et le *music-hall* pour les bourgeois, les administrations et les édifices gouvernementaux, ainsi que des bâtiments des agences de police (Scotland Yard, Quai des Orfèvres) et secrètes (FBI, CIA, KGB, MI5 et MI6), les parcs publics, version publique des parcs des anciens princes, étant souvent ceux-ci mêmes qui furent ouverts au public dans le monde entier, les principes éducatifs de l'Illustration favorisant l'apparition, en outre avec l'objectif d'unification régionale au XIXème siècle (notamment du point de vue lingüistique), des écoles publiques, des orphelinats, des maisons de retraite et des hôpitaux publics, ces trois dernières typologies s'identifiant et se mélangeant jusque tardivement dans le XIXème siècle, puisqu'en général le même lieu pouvait prendre ces trois fonctions différentes. De l'évolution rapide des techniques procède l'architecture de verre et d'acier du XIXème siècle, encore en vigueur dans les siècles suivants. Les processus coloniaux donnèrent lieu à la création de villes, comme Sidi-bel-Abbès, siège de la Légion française construite par celle-ci en 1843. À l'inverse, l'apparition de l'usine et de l'industrie au XIXème siècle détermina l'apparition de la classe ouvrière, c'est-à-dire, aussi et en outre, la désaffection des champs et l'expansion des villes.

D'autre part, l'ainsi nommée architecture rationaliste ou fonctionnaliste du début du XXème siècle, avec ses plus grands représentants que furent Le Corbusier et la Bauhaus séparément, promeuvant le cube ou "*caisse architecturale*" comme un principe universel et l'absence d'ornement comme base rationnelle pour l'architecture reproductible, Adolf Loos posant dans son célèbre texte homonyme de 1906 ("*Ornement et Crime*") l'ornement comme un crime, ne laisse de s'incrire "*sin querer queriendo*" dans le principe de l'architecture moderne centralisée: renaissante, maniériste et baroque (où l'association cube-sphère renvoie à une dialectique entre le ciel et la terre, conformément d'ailleurs à l'architecture religieuse depuis les Byzantins) et les théories puristes des avant-gardes du début du XXème siècle, en particulier Malevitch et le suprématisme, du *Carré noir sur fond blanc* de 1915 aux *Architektons* de 1923-1927 (étant les *Architektons* de Malevitch des maquettes de cubes agencés entre eux à manière de jeux formels infinis ou fractals, pour utiliser un concept du beaucoup plus tardif op art). L'utilisation de la non-couleur et de la forme pure est, en d'autres termes, un principe esthétique de l'avant-garde, et pire encore, de l'avant-garde mystique, que reprend ingénument l'architecture rationaliste comme s'il s'agissait d'un produit fonctionnel ou rationnel prouvé. Nous voyons ainsi que l'art s'exprime en général en cercle fermé, le symbolique appelant le symbolique, ce qui, d'autre part, valide et donne plus de force à notre approche initiale de la lecture synchronique et diachronique, c'est-à-dire contextualisante.

2.5. Conclusions

Nous voyons donc, à travers ce bref parcours et les œuvres que nous y avons abordées, que l'oeuvre se lit depuis son époque, et que ce processus est ce qui, non seulement vient enrichir notre compréhension personnelle comme un lecteur, mais nous éclaire sur les intentions d'une époque, nous permettant ainsi de mieux comprendre l'évolution de nos mentalités, ce qui est le but final de toute étude culturologique.

Nous voyons aussi que la lecture d'une oeuvre est un concept beaucoup plus large que la seule référence au domaine littéraire, et que, depuis sa propre époque, et ses antécédents, une œuvre peut se lire, entendons s'interpréter et s'analyser, à partir de ce que Ortega y Gasset et les existentialistes pourraient appeler leurs "*circonstances*".

Non obligatoire (pour preuve les nombreuses approches formalistes), ce type de lecture interprétative et comparative apporte cependant de plus grands plaisirs au lecteur, puisqu'il permet de comprendre l'auteur, d'en comprendre l'époque et, par le fait, se comprendre soi-même. Un exemple très significatif est, par exemple, la double récurrence au XIXème siècle et encore au XXème siècle (plus encore à son début) d'une part de la figure du héros patriotique luttant contre un envahisseur étranger (Rob Roy, Robin des Bois, Guillaume Tell, Till l'Espiègle, La Flèche Noire, Ivanohé, etc.), et d'autre part des héros et des super-héros orphelins (Sans Famille, Heidi, Oliver Twist, Arsène Lupin, Rouletabille, Superman, Batman, Croc-Blanc lui-même dans le genre animal), lesquels, ces derniers, à la fin parviennent en général à être adoptés par des familles puissantes ou se révèlent en faire partie (Fleur-de-Marie chez Sue, par exemple). Alors que le lecteur de premier niveau (pour suivre la différence faite par le propre Barthes, et que nous avons réutilisée au début de cette partie) continuera de se demander pourquoi cette récurrence, si toutefois il s'en rend compte, l'analyste pourra déduire que les héros vainqueurs de l'envahisseur correspondent à la nécessité des encore incertains États-Nations naissants d'asseoir leur pouvoir sur des symboles, alors que les héros orphelins sont la métaphore de la classe bourgeoise, dont la valeur est donnée non pas par la généalogie ou l'héritage, mais par des qualités personnelles. De même, la récurrence dans le théâtre baroque de la question de l'héritage, chez Ben Johnson, Molière ou Shakespeare lui-même, ou encore dans *Le Güegüence*, révèle ce problème bourgeois, évoqué par Engels dans *Origine de la famille, de la propriété privée et de l'État* de 1884. Les voyages souvent entrepris par ces jeunes enfants perdus dans la littérature du XIXème siècle (Oliver Twist, Heidi, Sans Famille, Pinocchio) répond au besoin de l'État de représenter éducativement pour le jeune public des personnages qui, de façon ludique, montreront la richesse et la variété (comprise celle-ci non pas comme différence, mais comme "*unité dans la diversité*", selon le terme, utilisé pour tout autre chose cependant, d'Alejandro Serrano) des régions qu'on prétendait à dure peine, et en général à coups de lances et de guerres (voir le cas vendéen), unifier sous un seul drapeau, raison pour laquelle l'Europe et la France en particulier continuent d'avoir des problèmes politiques d'indépendantism en Irlande, en Catalogne, au Pays Basque, en Corse, en Alsace, en Bretagne, etc. c'est pour ce désir d'éduquer les enfants dans une identité unitaire que se diffusa en France *Le Tour de France par deux enfants* de 1877 de G. Bruno (pseudonyme de Mme Augustine Fouillé) comme livre de classe du cours moyen des écoles de la IIIe République à l'échelle nationale entre 1877 et 1914, étant encore utilisé jusque dans les années 1950 (http://fr.wikipedia.org/wiki/Le_Tour_de_la_France_par_deux_enfants#cite_note-3).

Un autre phénomène littéraire perceptible pour le second niveau de lecteur, le type du héros-monstre est ce héros qui découvre finalement qu'il est à la recherche de lui-même ou qu'il est coupable du crime qui doit être puni: comme cela se passe dans des films comme *Angel Heart* de 1987 d'Alan Parker, *L'avocat du Diable* de 1997 de Taylor Hackford, *Les Autres* de 2001 d'Alejandro Amenábar, ou le fondateur roman d'Agatha Christie: *Le crime de Roger Ackroyd* de 1926, dans lequel le narrateur est le meurtrier, dans les variantes du thème c'est le chef ou l'ami le plus intime qui se révèle être le coupable, étant excessivement nombreux les exemples de ce modèle, on se reportera, entre autres, en outre de sa certaine fréquence dans les oeuvres de Hitchcock, à *Mission: Impossible* de 1996 de Brian De Palma ou à *Constantine* de 2005 de Francis Lawrence. Ce modèle est typique du principe christique de l'artiste maudit: l'auto-référence comme un processus de découverte de l'altérité: l'artiste contemporain, à présent sans mécène, devient le paradigme de la misère humaine, l'humain étant symbolisé à son tour par les contre-valeurs de la figure louée de Lucifer ou de Judas, dans Victor Hugo comme chez Boulgakov, ou chez Rubén Darío, bien que de manière moins évidente, dans "*Le roi bourgeois*" ou "*Le satyre sourd*" par exemple.

166

TROISIÈME PARTIE: THÉORISATION ET CRITIQUE PHILOSOPHIQUES DE LA MÉTHODE ET RÉVISION EXEMPLIFIÉE PAR PROBLÈMES DE SES PRINCIPAUX VERSANTS

1. Depuis le cadre philosophique: de la critique à la *Quadruple racine de la raison suffisante* (*Über die vierfache Wurzel des Satzes vom zureichenden Grunde*, 1813, 1847) de Schonpenhauer

> *"Il n'est pas nécessaire de construire un labyrinthe quand l'Univers déjà en est un."*
> (Jorge Luis Borges)

> *"Le rien est le mot de reconnaissance des nobles voyageurs. C'est l'entrée et c'est l'issue du labyrinthe."*
> (Oskar Wadyslaw De Lubicz Milosz)

1.1. Introduction

Il pourra sembler oiseux de faire la critique d'une raison par une autre, puisque tout positionnement se comprend à l'intérieur - ou depuis - le système qui le pose, et d'où, donc, il part, le définissant (le système au positionnement), faisant toute expression intellectuelle la représentation du monde tel que nous le comprenons.

Il y aura, cependant, intérêt à distinguer le système, qui travaille en vase clos, comme, par exemple, la religion, de la méthode, le système n'ayant pas de procédé, à la différence de la méthode, puisqu'il n'expérimente rien, mais, simplement, affirme. Si la méthode et le système semblent, apparemment, mais faussement, partager un chemin, c'est que la méthode, une fois décrite et établie, transite par le même procédé, dont la validité ne se trouve pas dans la répétition (à la différence, par exemple, là encore, du rite pour la religion, qui n'a pas de procédé, encore une fois, car il n'en est pas un, mais une série d'actions), mais dans la nécessité de son déroulement pour le succès de la preuve.

1.2. Le concept de qualité et la division opérative de l'ordre du réel

Dit autrement, il y a peu en commun entre un théorème mathématique, qui n'est que l'application systématisée - c'est-à-dire élevé au rang de méthode (de suite définie, de norme), d'une expérience dont le résultat récurrent dans les strictes mêmes conditions d'opération donne un résultat similaire, non par répétition du procédé en soi (chaque pas donné dans une même direction nous ramènera toujours au même point, comme la transport de l'hostie autour de la nef centrale dans les églises lors de la messe des jeudis), mais par la pertinence du résultat obtenu (il est plus facile de produire une étincelle pour allumer le gas d'une cuisinière avec une allumette à la pointe de phosphore qu'avec un morceau de savon).

Cette notion de la qualité du résultat, qui semble peu avoir été prise en compte, permettant de confondre l'objet avec le moyen, et le résultat avec la cause, ou le procédé avec

167

un système, est cependant la base pour différencier l'expérience, formelle, empirique simplement, ou scientifique, de l'assomption théorique en tant que *nihil negativum*, non fondée sur une expérience antérieure, *non sequitur* ("*Qui ne suit pas les prémisses*") donc, ou raisonnement fallacieux en cela qu'*Ex falso sequitur quodlibet* ("*Du faux découle ce que l'on veut*"). L'intuition tend à faire partie du second ordre.

Ceci est fondamental, car alors le problème nous reconduit directement à la question des *a priori*, de Kant et, par conséquent, de Schopenhauer.

1.3. De la question de la cause et de la connaissance

Là où, dans sa thèse *Über die vierfache Wurzel des Satzes vom zureichenden Grunde*, Schopenhauer distingue la cause (pour les objets naturels) du motif (pour les objets réfléchis, intellectuels), il pose, par là même, une série d'*a priori*, qu'il ne revendique pas, même si il se revendique de la doctrine des *a priori* pour justifier la cause comme fondement de tout discours, et de toute compréhension du monde.

Si l'on ne peut qu'être d'accord avec lui en ce que le monde est représentation, pour une personne ou un groupe, dépendant des formes morales, idéologiques, fonctionnelles à travers lesquelles ils le conçoivent (la question du transport comme élément constitutif du corps hebdomadaire de l'expérience laborale en est la meilleure expérience, ne se comprenant que dans la relation récente, et impertinente, entre l'éloignement de la cité.dortoir du lieu de travail, et par l'absence de moyens virtuels d'être présent sans être là [et malgré cela, la société continue à perdre ses corps, ses esprits et ses efforts en heures d'embouteillements sans plus aucune raison aujourd'hui, autre que la représentation par inertie de coutume, voir notre texte sur le sujet]), cela n'implique pas obligatoirement que l'on accepte les autres prémisses qui découlent de ce premier postulat (que Schopenhauer donne comme conséquence, mais que nous préférons, disons par commodité, considérer comme prémisse de son discours).

En effet, ce n'est qu'assumant *a priori* le monde comme représentation que peut se poser l'ensemble de sa pensée, en cela qu'elle part de l'idée que le processus cogniscitif provient d'un choc entre l'objet et le sujet. La question perceptive, transversale à la philosophie, sinon, peut-être, depuis l'Antiquité, au moins depuis le phénoménisme de Hume et Berkeley, jusqu'à la phénoménologie de Husserl, a imposé, apparemment, aux philosophes l'idée qu'il existerait un mur de béton armé qui séparerait tout objet de tout sujet.

En premier lieu, il nous semble que cela pose un problème, plus que logique, en principe rhétorique, syllogistique, pour ainsi dire, qui devrait rendre inopérante la conclusion par la prémisse: en effet, si l'on ne peut jamais atteindre la connaissance complète de l'objet, comment et pourquoi y dédier tant d'études, puisqu'au fond, le problème général résolu, ou posée l'affirmation, les modalités de l'incompréhension, pour intéressantes qu'elles soient, ne changent rien au fait.

1.4. De l'impropreté de la notion de cause

En second lieu, Schopenhauer, dès les premières lignes de sa thèse, se basant d'ailleurs sur ses prédécesseurs, qu'il les critique ou non, assume comme un fait en soi que tout être est défini par sa cause d'existence. Il nous semble que, dérivant la question théologique, qu'après Kant il rejette, vers le domaine épistémologique (raison d'histoire logique, d'ailleurs, en cela qu'elle reproduit la dérivation que les siècles de la Renaissance à l'Illustration ont produite du domaine sacré au profane, aussi bien dans l'ordre philosophique que politique), il est osé d'assumer que l'être (nous parlons ici de l'*étant*, non d'une entité surnaturelle, laquelle en outre, comme le dit Schopenhauer après ses prédécesseurs, n'a pas besoin de cause) existe par une cause d'existence.

En effet, il faudrait alors, pour que cela puisse se donner, confondre, sans l'expliquer, la question physique ("*Je suis*") avec une valeur morale inclue, d'essence ("*Je suis parce que mon existence est nécessaire*"), au conglomérat purement physiologique de l'existence corporelle. Cette nécessité de l'être, que la biologie nous a également laissé croire assez longtemps, en particulier par la pyramide alimentaire, prouve sa fausseté par la disparition, sans affectation globale de la plupart des espèces. Nous ne voulons pas dire que les désastres provoqués par l'homme n'ont pas de conséquences (disparitions des espèces, perturbations atmosphériques), mais que la soustraction d'espèces à une équation supposément générale n'affecte que les autres qui, directement, s'en nourrissaient, ou se nourrissaient de celles qui s'en nourrissaient. Disparu le dodo, sans effet sur l'homme par exemple. Sont en voie de disparition les éléphants, sans que cela provoque aucun désastre global de l'éco-système général pour l'ensemble du vivant. On a pareillement laissé disparaître la plupart des familles de tomates, de pommes de terre ou de pommes, pour être trop fragiles, donc peu pratiques pour la production de masse, sans que la survivance de notre espèce s'en voit affectée, au contraire.

Dès lors qu'il n'y a pas de nécessité, selon le titre même de l'ouvrage de Schopenhauer, de la cause de l'existence, il devient alors compliqué d'assumer celle-ci d'un point de vue, précisément, causal. C'est l'erreur, d'ailleurs, de Camus, lorsqu'il se demande, au début du *Mythe de Sysiphe*, si l'existence vaut la peine d'être vécu, sans, au préalable, résoudre la question, plus courte, de savoir si l'existence vaut (voir notre texte sur le sujet).

L'autre type, nous disons bien l'autre, car l'obligation d'existence par nécessité ne nous paraît aucunement être directement lié à la nécessité d'une cause d'existence, l'autre type, donc, de causalité envisagée (même s'il ne les distingue pas, et que tout cela reste absolument implicite chez Schopenhauer) est celle du moteur premier, c'est-à-dire, l'idée, directement issue de la théologie, de l'impossibilité d'une création de l'univers et de ses composantes sans une cause première intelligente.

La réponse, ou le positionnement, comme nous l'avons déjà évoqué, devant cette dernière affirmation, explicite chez Schopenhauer, dès le début de son ouvrage, donc base ici de sa pensée, dépendra, bien sûr, du niveau et du type de croyance personnelle. Dit autrement, comme, selon Kant lui-même, l'existence de Dieu n'est pas prouvable (dans "*La souveraineté comme hallucination du fondement*", ["*A soberania como alucinação do fundamento*", *Modos da evidência*, Lisbonne, Imprensa Nacional-Casa Da Moeda, 1998, pp. 409-414, traduction d'Éric Beauron, *La Lampe-Tempête - Revue des philosophies, arts, littératures, poésies, sciences,...*, No 6, Février 2009, http://www.lampe-tempete.fr/souverainetehallucination.htm], Fernando Gil associe la thèse de Schopenhauer à la représentation par Anselme de Dieu et aux thèses sur la royauté comme représentation de la multiplicité dans l'unité par Bodin, Hobbes, Spinoza, Rousseau et Pufendorf), il nous semble, donc, que, pour le moins, il devient, alors, impossible de baser la définition de l'existence des objets (célestes ou non, macrocosmiques ou microcosmiques), des choses et des êtres, sur l'antériorité supposée - ou imposée - d'une entité dont la propre existence n'est pas démontrable.

1.5. De la cause et de la compréhension et de leur équivalence chez Schopenhauer

Le passage logique, semble-t-il (car il ne l'explique pas), pour Schopenhauer de la compréhension de l'objet et de sa compréhension par sa cause provient alors, dans l'ordre de cette dérive, d'une confusion temporelle, à notre sens, entre deux versions du monde: l'une rétroactive, l'autre progressive. En effet, alors que l'idée que l'objet n'existe que par la voie des sens, que Schopenhauer reprend de Berkeley notamment, bien que sans le dire non plus complètement, c'est-à-dire au travers d'un sujet postérieur à son existence (l'observateur) - dont l'ultime dérivation logique de cette *fallacie* sera la thèse, dans les années 1960, de l'oeuvre ouverte d'Umberto Eco (l'oeuvre pourtant produite par une mentalité intelligente, celle de l'artiste, n'arrivant à exister que postérieuremrnt à son idée par l'artiste, et sa réalisation par celui-ci, seulement lorsqu'un spectateur/lecteur s'en approche) -, fait que Schopenhauer pose, en premier (sans doute pour *curarse en salud*), l'existence de toute chose dans l'esprit extérieur d'une entité antérieure à tout, qui est Dieu. Dit autrement, il procède, certes inversement, mais selon le même procédé qu'il reproche ici à Spinoza, lequel, pour justifier l'identité entre Dieu et la matière, applique à celle-ci des valeurs de divinité. Pour justifier l'identité conceptuelle entre la cause et l'explication (laquelle ne peut être que postérieure, en tout cas, au phénomène en ce qu'il doit tout d'abord nous apparaître pour être senti et/ou interprété), Schopenhauer donne à la conséquence humaine les attributs d'une causalité première:

"*Bien que la philosophie de Spinoza consiste principalement dans la négation du double dualisme, établi par son maître Descartes, entre Dieu et le monde, et entre l'âme et le corps, cependant il lui est resté entièrement fidèle sur un point: il confond et mêle lui aussi, comme nous avons démontré plus haut que le faisait Descartes, le rapport entre principe de connaissance et conséquence avec celui de cause et effet; il cherche même, autant qu'il est en son pouvoir, à en retirer de plus grands profits encore pour sa métaphysique que son maître n'en avait retiré pour la sienne; car cette confusion forme chez Spinoza la base de tout son panthéisme.*
En effet, dans une notion sont compris implicitement tous ses attributs essentiels; par suite, on peut les en déduire explicitement par de simples jugements analytiques: leur somme constitue sa définition. Celle-ci ne diffère donc de la notion que par la forme et non par le fond, en ce sens que la définition se compose de jugements qui sont tous compris

par la pensée dans la notion; c'est donc dans cette dernière que réside le principe de leur connaissance en tant qu'ils exposent les détails de son essence. Il en résulte que ces jugements peuvent être considérés comme les conséquences de la notion, et celle-ci comme leur principe. Or cette relation entre une notion, et les jugements analytiques qui s'appuient sur elle et en peuvent être déduits est identiquement la même que celle qui existe entre ce que Spinoza appelle Dieu et le monde, ou plus exactement entre la substance et ses innombrables accidents: «*Deas, sive substantia constans infinitis attributis.*» [*Dieu, c'est-à-dire une substance constituée par une infinité d'attributs.*] Eth., I, pr. 11. — «*Deus, sive omnia Dei cittributa.*» [*Dieu ou tous ses attributs.*]) C'est donc le rapport du principe de connaissance à sa conséquence; tandis que le véritable théisme (celui de Spinoza ne l'est que de nom) adopte le rapport de cause à effet, dans lequel le principe diffère et reste distinct de la conséquence, non pas comme dans l'autre uniquement par le point de vue auquel on l'envisage, mais essentiellement et effectivement, c'est-à-dire en soi et toujours. Car c'est une pareille cause de l'univers, avec la personnalité en plus, que désigne le mot Dieu employé honnêtement. En revanche, un Dieu impersonnel est une contradictio in adjecto. Mais Spinoza, dans le rapport

qu'il établit, voulant conserver le mot Dieu pour désigner la substance, qu'il appelle même nommément cause du monde, ne pouvait y parvenir qu'en confondant entièrement les deux rapports dont nous avons parlé; par conséquent aussi, la loi du principe de connaissance avec celle de la causalité. Pour le démontrer, parmi d'innombrables passages, je ne rappellerai que les suivants: «*Notandum dari necessario unius cujusque rei existentis certam aliquam causam, propter, quam existit. Et notandum, hanc causam, propter quam aliqua res existit, vel debere contineri in ipsa natura et definitione rei existentis (nimirum quod ad ipsius naturam pertinet existere), vel debere extra ipsam dari.*» [*Il faut noter que pour chaque chose existante il y a nécessairement une certaine cause en vertu de laquelle elle existe; il faut noter enfin que cette cause en vertu de laquelle une chose existe doit ou bien être contenue dans la nature même et définition de la chose existante (alors en effet il appartient à sa nature d'exister) ou bien être donnée en dehors d'elle.*](Eth., P. Ivpr. S, se. 2.) Dans ce dernier cas, il entend une cause efficiente, ainsi que cela résulte de ce qui vient après; dans le premier, il parle d'un principe de connaissance: mais il identifie les deux et prépare ainsi le terrain pour arriver à son but, qui est d'identifier Dieu avec le monde. Confondre et assimiler un principe de connaissance compris dans la sphère d'une notion donnée, avec une cause agissant du dehors, voilà le stratagème qu'il emploie partout, et c'est de Descartes qu'il l'a appris, — À l'appui de cette confusion, je citerai encore les passages suivants: «*Ex necessitate divinæ naturæ omnia, quæ sub intellectum infinitum cadere possunt, sequi debent.*» [*De la nécessité divine doit suivre tout ce qui peut tomber sous un entendement infini*] (Eth., P. I, prop. 16.). Mais en même temps il appelle partout Dieu: la cause du monde. «*Quidquid existit Dei potentiam, quæ omnium, rerum causa est, exprimit.*» [*Tout ce qui existe, exprime la puissance de Dieu qui est cause de toute chose.*] (Ibid.r prop. 36, démonstr.) — «*Deus est omnium rerum causa immenens, non vero transieus.*» [*Dieu est cause immanente mais non transitive de toute choses*» (Ibid., prop. 18.) — «*Deus non tantum est causa efficiens rerum existentiæ, sed etiam essentiæ.*» [*Dieu n'est pas seulement cause efficiente de l'existence, mais aussi de l'essence des choses*] (Ibid., prop. 25.) — Dans son Ethique, P. III, prop.. 1, démonstr., il dit: «*Ex data quacumque idea aliquis effectus necessario sequi debet.*» [*d'une idée quelconque supposée donnée quelque effet doit suivre nécessairement*] — «*Nulla res nisi a causa externa potest destrui.*» [*Nulle chose ne peut être détruite sinon par une cause extérieure*». (Ibid., prop. 4.) — Démonstration: «La définition d'une chose quelconque affirme, mais ne nie pas l'essence de cette chose (essence, constitution pour ne pas confondre avec existentia, existence); autrement dit, elle pose, mais n'ôte pas l'essence de cette chose. Aussi longtemps donc que nous avons égard seulement à la chose elle-même, et non à des causes extérieures, nous ne pourrons rien trouver en elle qui la puisse détruire.» Cela signifie: Une notion ne pouvant rien contenir qui soit en contradiction avec sa définition, c'est-à-dire avec la somme de ses attributs, une chose non plus ne peut rien renfermer qui puisse devenir la cause de sa destruction. Cette opinion est poussée jusqu'à sa limite extrême dans la seconde et un peu longue démonstration de la onzième proposition, où il confond la cause qui pourrait détruire ou supprimer un être avec une contradiction que renfermerait la définition de cet être et qui par suite annulerait celle-ci. La nécessité de confondre une cause avec un principe de connaissance devient ici tellement impérieuse, que Spinoza ne peut jamais dire causa, ou bien ratio seulement, mais qu'il est obligé de mettre chaque fois ratio sive causa; et dans le passage en question cela lui arrive huit fois, pour masquer la fraude. Descartes en avait déjà fait de même dans l'axiome que nous avons rapporté plus haut.

Ainsi le panthéisme de Spinoza n'est donc au fond que la réalisation de la preuve ontologique de Descartes. Il commence par adopter la proposition ontothéologique de Descartes, citée ci-dessus: Ipsa naturae Dei immensitas est causa sive ratio, propter quam nulla causa indiget ad existendum [L'immensité même de sa nature est la cause ou la raison pour laquelle il n'a besoin d'aucune cause pour exister]; au lieu de Deus [Dieu], il dit (au commencement) toujours substentía; il conclut: Substantiae essentia necessario involvit existentiam, ergo erit substantia causa sui [L'essence de la substance enveloppe nécessairement l'existence; elle sera donc cause de soi» (Eth., P. I, prop. 7.) Ainsi, le même argument par lequel Descartes avait prouvé l'existence de Dieu lui sert à prouver l'existence absolument nécessaire du monde, — lequel n'a donc pas besoin d'un Dieu. Il l'établit encore plus clairement dans la seconde scolie de la huitième proposition: «Quoniam ad naturam substantiae pertinet existere, debet ejus definitione cessariam existentiam involvere, et consequenter ex sola ejus définitione debet ipsius existentia concludi.» [Il n'y a aucune chose existante de laquelle on ne puisse demander la cause pourquoi elle existe. Car cela même se peut demander de Dieu; non qu'il ait besoin d'aucune cause pour exister, mais parce que l'immensité même de sa nature est la cause ou la raison pour laquelle il n'a besoin d'aucune cause pour exister.» Or cette substance, nous le savons, est le monde. — C'est dans le même sens que la démonstration de la proposition 24 dit: «Id, cujus natura in se considerata involvit existentiam, est causa sui.» [Ce dont la nature considérée en elle-même (c'est-à-dire la définition) enveloppe l'existence est cause de soi]." (Traduction de J. A. Cantacuzène, 1882, http://nicolaslevy.net/links_references/authors_people/arthur_schopenhauer/de-la-quadruple-racine.pdf, "§ 8. — Spinoza", pp. 13-15)

À tel point est la correspondance avec la critique que lui-même fait de Spinoza que Schopenhauer intègre (Chapitre IV, § 17-18ss.) la perception, c'est-à-dire l'objet représenté, donc la raison suffisante, dans l'espace-temps.

1.6. Du temps comme cause externe et de la compréhension comme cause dans le temps

Cette association, qui sera abondamment reprise au XXème siècle, notamment par Bergson, et, postérieurement, appliquée à l'image visuelle, cinématographique, par Deleuze dans *L'image-mouvement*, qui semblerait logique, puisque tout phénomène perceptif naît dans l'espace-temps, s'exprime temporellement dans un espace concret (la science contemporaine l'a bien compris limitant, et obligeant, les référenciations expérimentales à considérer le lieu et la date de chaque procédé), est en réalité une forme de *Post hoc ergo propter hoc* ("*À la suite de cela, donc cause de cela*"), en cela qu'elle revient à dire que, parce que l'enfant naît dans la salle d'hôpital, ce serait donc la salle d'hôpital qui le produirait. Ou que, si le gâteau sort du four, le four en serait la cause première.

"Nous voyons donc que les deux formes des représentations empiriques, bien qu'ayant en commun la divisibilité et l'extensibilité infinies, se distinguent radicalement l'une de l'autre par là, que ce qui est essentiel pour l'une n'a aucune signification pour l'autre; la juxtaposition n'a aucun sens dans le temps, ni la succession dans l'espace. Et cependant les représentations empiriques qui forment l'ensemble normal de la réalité apparaissent à la fois sous les deux formes; et même l'union intime, de toutes les deux est la condition de la réalité qui on dérive, à peu près comme un produit dérive de ses facteurs. Ce qui réalise cette union, c'est l'entendement; en vertu de sa fonction toute spéciale, il unit ces formes hétérogènes de la perception sensible, de façon que de leur pénétration réciproque résulte, bien que pour lui seul, la réalité empirique comme une représentation collective: cette représentation forme un tout relié et maintenu par les formes du principe de la raison, mais dont les limites sont problématiques; les représentations individuelles appartenant à cette première classe sont les parties de cet ensemble et y prennent leur place en vertu de lois précises dont la connaissance nous est acquise à priori; dans cet ensemble, il existe simultanément un nombre illimité d'objets; car nonobstant le flux

perpétuel du temps, la substance, c'est-à-dire la matière, y est permanente, et, malgré la rigide immobilité de l'espace, les états de la matière y changent; en un mot, dans cet ensemble est contenu pour nous le monde objectif et réel tout entier." ("§ 18. — Esquisse d'une analyse transcendantale de la réalité empirique", pp. 23-24)

En général, d'ailleurs, les exemples que Schopenhauer choisit, après ses prédécesseurs, sont, pour nous, toujours externes à la cause d'un objet:

"Wolf se trouve donc être le premier qui ait expressément séparé les deux significations capitales de notre principe et en ait exposé la différence. Cependant il ne l'établit pas encore, comme on le fait aujourd'hui, dans la logique, mais dans l'Ontologie. Ici il insiste déjà, il est vrai, sur ce point qu'il ne faut pas confondre le principe de la raison suffisante de connaissance avec celui de cause et effet; mais il n'y détermine pas nettement la différence et commet même des confusions, vu que là même, au chapitre de ratione sufficiente, § 70, 74, 75, 77, il donne, à l'appui du principium ratïonis sufficientis, des exemples de cause et effet et de motif et action, qui, lorsqu'il veut faire la distinction dont il s'agit, devraient être rapportés dans le même ouvrage au chapitre De causis. Or, dans celui-ci, il cite de nouveau des exemples tout pareils et pose ici encore le principimn cognoscendi (§ 876), lequel, il est vrai, ne convient pas à cette place, puisqu'il l'avait déjà exposé plus haut, mais qui sert néanmoins à introduire la distinction précise et claire entre ce principe et la loi de causalité; celle-ci suit immédiatement, § 881-884. «On appelle principe, dit-il ici en outre, ce qui contient en soi la raison d'être de quelque chose d'autre;» il en distingue trois espèces, savoir: 1° Principium fiendi (causa), qu'il définit: «ratio actualitatis alterius; e. gr. si lapis calescit, ignis mt radii sotores sunt rationes, cur calor lapidi insit.» — 2° Principium essendi, qu'il définit: «ratio possibilitatis alterius: in eodem exemplo, ratio possibilitatis, cur lapis calorem recipem possit, est in essentia seu modo compositionis lapidis.» Ceci me semble une notion inadmissible: La possibilité est, ainsi que Kant l'a suffisamment démontré, l'accord avec des conditions, à nous connues à priori, de toute expérience. C'est par celles-ci que nous savons, en nous reportant à l'exemple de la pierre, donné par Wolf, que des modifications sont possibles comme effets résultant de causes, qu'un état peut succéder à un autre quand celui-ci contient les conditions du premier: dans l'exemple, nous trouvons, comme effet, l'état de la pierre d'être chaude, et, comme cause, l'état antérieur de la pierre, d'avoir une capacité limitée pour le calorique et d'être en contact avec du calorique libre. Que si Wolf veut nommer la première nature de cet état principium essendi, et la seconde principium fiendi, cela repose sur une erreur provenant chez lui de ce que les conditions intrinsèques de la pierre sont plus durables et peuvent par conséquent attendre plus longtemps l'apparition des autres. En effet, pour la pierre, être telle qu'elle est, d'une certaine constitution chimique, qui produit telle ou telle chaleur spécifique et, par suite, une capacité inverse de celle-ci pour le calorique, aussi bien que d'autre part son arrivée en contact avec du calorique libre, tous ces faits sont la suite d'une chaîne de causes antérieures, qui sont toutes des principia fiendi: mais ce n'est que le concours de cette double espèce de circonstances qui vient créer cet état qui, comme cause, produit la caléfaction, comme effet. Il n'y à nulle part de place dans tout cela pour le principium essendi de Wolf, qu'en conséquence je n'admets pas; si je me suis étendu un peu longuement sur ce sujet, c'est en partie parce que j'emploierai cette expression plus loin dans une tout autre acception, et en partie parce que cet examen contribue à faire bien saisir le sens vrai de la loi de causalité, — 3° Wolf distingue encore, comme nous l'avons dit, le «principium cognoscendi», et comme «causa» il rapporte encore la «causa impulsiva, sive ratio voluntatem determinans." ("§ 10. — Wolf", p. 17)

"Cette chaîne infinie des causes et des effets, qui dirige tous les changements et qui ne s'étend jamais au-delà, laisse intacts pour cette même raison deux «êtres»: d'une part, comme nous venons de le montrer, la matière, et d'autre part les forces naturelles primitives: la première parce qu'elle est ce qui supporte ou ce sur quoi se produisent les changements; les secondes parce qu'elles sont ce en vertu de quoi les changements ou effets sont possibles généralement parlant, ce qui communique avant tout aux causes la causalité, c'est-à-dire la faculté d'agir, par conséquent ce qui fait qu'ils la reçoivent de ses mains à titre de fief. Cause et effet sont les changements conjoints dans le temps et astreints à se succéder nécessairement: les forces naturelles, par contre, en vertu desquelles toute cause agit, sont soustraites à tout changement et, en ce sens, complètement en dehors du temps, mais par là même toujours et

partout existantes, partout présentes, inépuisables, toujours prêtes à se manifester dès que, guidée par la causalité, l'occasion s'en présente. La cause est toujours, ainsi que son effet, quelque chose d'individuel, un changement unique: la force naturelle au contraire est quelque chose de général, d'invariable, de présent en tout lieu comme en tout temps. Par exemple, l'ambre attirant en ce moment un flocon, voilà un effet: sa cause, c'est que l'on avait frotté précédemment et approché actuellement l'ambre; et la force naturelle qui a agi ici et qui a présidé à l'opération, c'est l'électricité. On trouvera ce sujet, exposé au moyen d'un exemple plus explicite, dans Le monde comme volonté et représentation, volume 1er, paragraphe 26, où j'ai montré, par un long enchaînement de causes et d'effets, comment les forces naturelles les plus variées apparaissent et entrent en jeu dans le phénomène; par cet exemple, la différence entre la cause et la force naturelle, entre le phénomène fugitif et la forme éternelle d'activité, est rendue facilement saisissable; comme tout ce long paragraphe 26 y est consacré à étudier cette question, l'exposé sommaire que j'en ai donné ici doit suffire. La règle à laquelle est soumise toute force naturelle en ce qui concerne sa manifestation dans la chaîne des causes et effets, ainsi donc le lien qui l'unit à cette chaîne, c'est la loi naturelle. Cependant la confusion entre une force naturelle et une cause est très fréquente et tout aussi pernicieuse pour la clarté de la pensée. Il semble même qu'avant moi personne n'avait nettement séparé ces notions, quelque nécessaire que ce soit. Non seulement on transforme les forces naturelles en causes, quand on dit par exemple: l'électricité, la pesanteur, etc., est cause: mais il y en a même qui en font des effets, puisqu'ils s'enquièrent de la cause de l'électricité, de la pesanteur, etc.; ce qui est absurde. Mais il en est tout autrement quand on réduit le nombre des forces naturelles, par là qu'on ramène une de ces forces à quelque autre, comme de nos jours on a ramené le magnétisme à l'électricité. Toute force naturelle vraie, c'est-à-dire réellement primitive, — et toute propriété chimique fondamentale est de cette nature, — est essentiellement qualitas occulta; ce qui veut dire qu'elle n'admet plus d'explication physique, mais seulement une explication métaphysique, c'est-à-dire passant par-delà le phénomène. Aucun philosophe n'a poussé aussi loin la confusion, ou plutôt l'identification de la force naturelle avec la cause, que Maine de Biran dans ses Nouvelles considérations des rapports du physique au moral, parce qu'elle est essentielle à sa doctrine. En même temps, il est curieux d'observer que, lorsqu'il parle de causes, il ne dit presque jamais «cause» tout court, mais chaque fois «cause ou force», tout comme nous avons vu plus haut, au paragraphe 8, Spinoza dire huit fois dans une même page «ratio sive causa». C'est que tous deux savent bien qu'ils identifient deux notions disparates, afin de pouvoir, selon les circonstances, faire valoir tantôt l'une de ces notions, tantôt l'autre: à cet effet, ils sont donc obligés de tenir cette identification toujours présente à l'esprit du lecteur." (pp. 32-33)

"Cette courte indication des trois formes de la causalité doit suffire ici. On en trouvera l'exposé détaillé dans mon mémoire couronné sur la liberté de la volonté. Je n'insisterai ici que sur un seul point. Évidemment la différence entre la cause, l'excitation et le motif n'est que la conséquence du degré de réceptivité des êtres; plus celle-ci est grande, plus l'action peut être de faible nature: la pierre demande à être poussée; l'homme obéit à un regard. Tous deux cependant sont mus par une raison suffisante, donc avec une égale nécessité. Car la «motivation» n'est que la causalité passant par la connaissance: c'est l'intellect qui est l'intermédiaire des motifs, parce qu'il est le degré suprême de la réceptivité. Mais la loi de la causalité ne perd pour cela absolument rien de sa certitude ni de sa rigueur. Le motif est une cause et agit avec la nécessité qu'entraînent toutes les causes." (p. 34)

L'idée, pré-phénoménlogique, de l'imposition de l'objet sur le sujet permet, et est nécessaire, comme celle de l'identité entre la cause et la perception, à Schopenhauer de résoudre la question de la cause, non plus seulement comme fait théologique (le moteur premier), mais comme évidence mécanique (la raison pour laquelle change de nature l'objet, qu'il avait réputé stable).

Évidemment, face à la question, spinozienne, de la substance, opposée au champ de la causalité, il est indispensable, pour que fonctionne la démonstration d'une causalité générale, que le changement, bien qu'externe, exprime un état de l'être. Ainsi, la pierre demande à être bougée, et ce qui ne sont que des causes externes d'un état particulier (le réchauffement d'un corps froid, encore la pierre, comme paradigmatique symbole de l'inanimé) deviennent des causes dudit état. Toutefois, comme la chaleur ne s'applique qu'externement, il faut concevoir alors, ou avoir recours, à l'idée de l'affinité de la pierre avec la chaleur.

Nous passerons sur l'idée de la permanence de la substance, reprise des Éléates, et assumée au travers de Lavoisier, pour noter que la considération que tout corps contient, en lui-même, les possibilités de tout changement, et que cela implique qu'il en porte la cause, revient à postuler que toute personne renversée par un véhicule portait en lui le germe du choc, ce qui ne serait d'ailleurs pas plus bête, puisque tout corps tend à se mouvoir, et que cela, en outre, s'exécute dans le champ de l'espace temporel évoqué par Schopenhauer.

"Voici quel est ce principe. Lorsqu'un ou plusieurs objets réels passent à un nouvel état, celui-ci doit avoir été précédé d'un autre auquel il succède régulièrement, c'est-à-dire toutes les fois que le premier existe. Se «suivre» ainsi s'appelle «s'ensuivre»; le premier état se nomme la cause, et le second l'effet. Lorsque, par exemple, un corps s'allume, il faut que cet état d'inflammation ait été précédé d'un état: 1° d'affinité pour l'oxygène, 2° de contact avec ce gaz, 3° d'un certain degré de température. Comme l'inflammation devait immédiatement se produire dès que cet état était présent, et comme elle ne s'est produite qu'en ce moment, il faut donc que cet état n'ait pas toujours été et qu'il ne se soit produit qu'en cet instant même. Cette production d'un état s'appelle un changement. Aussi la loi de la causalité se rapporte-t-elle exclusivement à des changements et n'a affaire qu'à eux. Tout effet est, au moment où il se produit, un changement, et, par là même qu'il ne s'est pas produit avant, il nous renvoie infailliblement à un autre changement qui l'a précédé et qui est cause par rapport au premier; mais ce second changement, à son tour, s'appelle effet par rapport à un troisième dont il a été nécessairement précédé lui-même. C'est là la chaîne de la causalité; nécessairement, elle n'a pas de commencement. Par suite, tout état nouveau qui se produit doit résulter d'un changement qui l'a précédé; par exemple, dans le cas ci-dessus, l'inflammation du corps doit avoir été précédée d'une adjonction de calorique libre, d'où a dû résulter l'élévation de température: cette adjonction a dû elle-même avoir pour condition un changement précédent, par exemple la réflexion des rayons solaires par un miroir ardent; celle-ci, à son tour, peut-être par la disparition d'un nuage qui voilait le soleil; cette dernière, par le vent; celui-ci, par une inégalité de densité dans l'air, qui a été amenée par d'autres conditions, et ainsi in infinitum. Lorsqu'un état, pour être la condition de la production d'un nouvel état, renferme toutes les conditions déterminantes sauf une seule, on a coutume d'appeler celle-ci, quand elle apparaît également, donc la dernière en date, la cause par excellence; ceci est juste, en ce sens que l'on s'en tient dans ce cas au dernier changement, qui en effet est décisif ici; mais, cette réserve une fois faite, remarquons qu'un caractère déterminant dans l'état causal n'a, par le fait d'être le dernier, aucune supériorité sur les autres pour établir d'une manière générale l'union causale entre les objets. C'est ainsi que, dans l'exemple cité, la fuite du nuage peut bien être appelée la cause de l'inflammation, comme ayant eu lieu après l'opération de diriger le miroir vers l'objet; mais cette opération aurait pu s'effectuer après le passage du nuage, l'accès de l'oxygène également: ce sont donc de semblables déterminations fortuites de temps, qui, à ce point de vue, doivent décider quelle est la cause. En y regardant de près, nous venions en revanche que c'est l'état tout entier qui est la cause de l'état suivant, et qu'alors il est en somme indifférent dans quel ordre de temps ces déterminations ont opéré leur jonction. Ainsi donc, l'on peut à la rigueur, dans tel ou tel cas particulier, appeler cause par excellence la dernière circonstance déterminante d'un état, vu qu'elle vient compléter le nombre des conditions requises et qu'en conséquence c'est son apparition qui constitue, dans le cas donné, le changement décisif; mais quand on examine le cas dans son ensemble, c'est l'état complet, celui qui entraîne l'apparition de l'état suivant, qui doit seul être considéré comme la cause. Les diverses circonstances déterminantes qui prises ensemble complètent et constituent la cause peuvent être appelées les moments de la cause (ursächliche Momente) ou bien encore les conditions: la cause peut donc se décomposer en conditions. Par contre, il est tout à fait faux d'appeler, non pas l'état, mais les objets, une cause; par exemple, dans le cas déjà cité, il y en a qui nommeraient le miroir ardent la *cause de l'inflammation; d'autres le nuage, ou le soleil, ou l'oxygène, et ainsi de suite, arbitrairement et sans règle. Il est absurde de dire qu'un objet soit la cause d'un autre objet, d'abord parce que les objets ne renferment pas que la forme et la qualité, mais aussi la matière, et que celle-ci ne se crée ni se détruit; ensuite parce que la loi de causalité ne se rapporte exclusivement qu'à des changements, c'est-à-dire à l'apparition et à la cessation des états dans le temps, où elle règle le rapport en vertu duquel l'état précédent s'appelle la cause, le suivant l'effet et leur liaison nécessaire la conséquence." ("20. — Du principe de la raison suffisante du «devenir»", pp. 26-27)*

Comme la substance et la cause ne s'associent que mal, mais qu'il faut tout de même que l'emporte la cause, et qu'elle puisse, en outre, devenir motif dans l'ordre de l'esprit, la question de la substance se met alors, ironiquement, au service *de la cause de la cause*, pour prévenir toute objection entre immutabilité (l'objet étant depuis toujours ne peut avoir de cause) et causalité (le mouvement, *au cours du temps*, créerait une cause effective pour l'objet né hors de toute cause). Dit autrement, le passé, comme dans le cas de l'équivoque entre Dieu comme cause (antérieure à tout) et le sujet comme percepteur (postérieur par le fait à sa rencontre avec l'objet), le passé, ici, non causal, doit s'associer avec le présent (mouvement) dans le temps pour, rétroactivement, et sans que l'on sache bien pourquoi ni comment, devenir, soudain, cause (antécédente à toute procédure temporelle).

Parallèlement, reprenant Berkeley, bien que Schopenhauer cite l'idée à partir de Kant, *"Enfin, dans la «Réflexion» annexée à ce chapitre, il dit: «Si je supprime le sujet pensant, du coup doit disparaître le monde matériel tout entier, qui n'est autre chose que le phénomène pour la sensibilité de notre sujet, et une sorte de représentation pour lui.»"* ("§ 19. — De la présence immédiate des représentations", p. 25), Schopenhauer, en bon subjectiviste, affirme que le monde doit nécessairement disparaître avec le sujet qui le pense. S'il est vrai que nous n'avons pas de preuve que le monde nous survit, puisqu'après notre mort, nous n'y sommes plus, nous en avons cependant certain doute possible, par l'expérience externe, puisque lorsque les autres meurent, souvent nous continuons encore bien d'exister.

1.7. L'homme-Dieu et la création dans le temps comme acte anti-théologique

Il nous semble voir une certaine complémentarité entre les trois variantes d'équivalence posées par Schopenhauer: Dieu-cause=sujet-percepteur; substance-sans-cause-dans-le-passé=cause-dans-le-mouvement-présent-du-changement-pour-l'objet-existant-dans-le-temps-dont-la-mutabilité-révèle-une-perpétuelle-causalité-surdéterminée-ainsi-par-compensation-pour-son-absence-comme-origine; sujet-créateur-du-monde=monde-soumis-à-la-création-mentale-de-chaque-être.

On voit, mis sous cette forme, la similitude: là où l'équivalence cause-récepteur identifie l'esprit avec Dieu, la question de la mort de l'Autre permet l'identification entre l'idée du monde comme songe (d'origine baroque) et la déclaration de suprématie (hégélienne, là où Schopenhauer, cependant, se plaît à mépriser vertement Hegel) de l'esprit individuel dans le monde, comme Dieu en tant qu'il en est créateur (en cela, Schopenhauer remplit bien sa promesse de rabaisser la pensée théologique brisée par Kant, mais préfigure quand même Nietzsche en la recentrant anthropologiquement, à Dieu comme super-héros, pour le dire en termes postmodernes, se substitue le surhomme comme nouveau Dieu); alors que, pareillement, la confusion temporelle qui permet ou doit permettre de résoudre la dysfonction logique entre l'absence de cause de toute substance (donc de tout objet) et ses métamorphoses dans le temps comme substitution de l'absence de cause, sert surtout à délimiter la correspondance entre l'espace temporel du Sacré (Dieu comme Cause Première) et du Profane (l'Homme comme Créateur perceptif dans le temps, c'est-à-dire, spinoziennement - bien que cet autre auteur, on l'a déjà dit, soit également critiqué par Schopenhauer -, dans l'espace chronologique de la Création [pour le dire en termes actuels, après le temps de Planck]).

Cette assomption de l'Homme-Dieu s'exprime plus ouvertement dans la conclusion:

"J'ai essayé, dans cette dissertation, de montrer que le principe de la raison suffisante est une expression commune pour quatre rapports complètement différents, dont chacun repose sur une loi spéciale et connue à priori (puisque le principe lui-même est une proposition synthétique à priori). Ces lois ont été trouvées en vertu du précepte de spécification; en vertu de celui d'homogénéité, nous devons admettre que, de même qu'elles se rencontrent dans une expression commune, de même elles dérivent d'une organisation primordiale identique de toute notre intelligence comme de leur racine commune, que nous pourrions considérer dès lors comme le germe de toute dépendance, de toute relativité, de toute instabilité et de toute limitation dans le temps des objets de notre connaissance, maintenue dans les limites de l'intuition sensible, de l'entendement et de la raison, du sujet et de l'objet; en un mot, comme le germe de ce monde que Platon rabaisse à être « toujours en devenir et en train de disparaitre, mais qui n'existe jamais réellement », dont la connaissance ne serait qu'un «objet de l'opinion jointe à la sensation irraisonnée» et que le christianisme appelle le monde temporel, dans un sens très exact par rapport à cette forme de notre principe que j'ai désignée, dans le § 46, comme son esquisse rudimentaire et comme le type primordial du fini. L'acception générale du principe de la raison en général revient à ceci, que toujours et partout aucune chose n'est que moyennant une autre. Or, sous toutes ses formes, ce principe est à priori, il a donc son origine dans l'intellect: il ne faut par conséquent pas l'appliquer au monde, c'est-à-dire à l'ensemble de tous les objets existants, y compris l'intellect dans lequel ce monde existe, car le monde, par cela même que nous ne pouvons nous le représenter qu'au moyen de formes à priori, n'est que phénomène; par conséquent, ce qui n'est applicable qu'en vertu de ces formes ne peut pas être appliqué au monde même, c'est-à-dire aux objets en soi qui s'y représentent. C'est pourquoi l'on ne peut pas dire: «Le monde et tous les objets qu'il contient n'existent qu'en vertu d'une autre chose;» cette proposition est ce qui constitue précisément la démonstration cosmologique.
Si j'ai réussi, dans la présente dissertation, à démontrer le résultat que je viens d'énoncer, on est en droit, me semble-t-il, lorsque les philosophes, dans leurs spéculations, se fondent sur le principe de la raison suffisante, ou d'une manière générale même en font seulement mention, d'exiger qu'ils déclarent quelle espèce de raison ils entendent par là. On pourrait croire que, toutes les fois qu'il s'agit d'une raison, cela ressort de soi-même, et que toute confusion est impossible. Mais on n'a que trop d'exemples où les mots cause et raison sont confondus et employés indistinctement l'un pour l'autre, ou bien où l'on parle en général d'une raison et de ce qui est fondé sur une raison, d'un principe et de ce qui découle d'un principe, d'une condition et d'un conditionné, sans préciser davantage, justement peut-être parce que l'on se rend compte, dans son for intérieur, de l'emploi non justifié que l'on fait de ces notions. C'est ainsi que Kant lui-même parle de la chose en soi comme de la raison du phénomène. Ainsi encore, dans la Critique de la raison pure. (5e éd. allem., p. 590), il parle d'une raison de la possibilité de tout phénomène, d'une raison intelligible des phénomènes, d'une cause intelligible, d'une raison inconnue de la possibilité de la série sensible en général (ibid., p. 592), d'un objet transcendantal qui est la raison des phénomènes, de la raison pour laquelle la sensibilité est soumise à telles conditions

177

plutôt qu'à toutes les autres conditions suprêmes, et ainsi de suite dans bien d'autres passages encore. Tout cela me semble mal s'accorder avec cette pensée si importante, si profonde, je puis dire immortelle (ibid., p. 591): que l'accidence des choses n'est elle-même que phénomène et ne peut nous conduire à aucune autre régression qu'à la régression empirique qui détermine les phénomènes.

Tous ceux qui connaissent les ouvrages philosophiques modernes savent combien, depuis Kant, les concepts de raison et conséquence, de principe et déduction, etc., sont employés dans un sens bien plus vague encore et absolument transcendantal.

Mon objection contre cet emploi indéterminé du mot raison, ainsi que du principe de la raison suffisante en général, est la suivante, qui constitue en même temps le second résultat, étroitement uni au premier, que fournit la présente dissertation sur l'objet principal dont elle traite. Il est constant que les quatre lois de notre faculté de connaissance, dont la formule commune est le principe de la raison suffisante, par leur caractère commun et par la circonstance que tous les objets pour le sujet sont répartis entre elles, se manifestent comme établies par une organisation primitive identique et par une propriété intime de notre faculté de connaissance, apparaissant sous forme de sensibilité, d'entendement et de raison." ("§ 52. — *Deux résultats principaux*", pp. 100-101)

On insistera sur l'inversion logique, qui termine le second paragraphe cité:

"Tout cela me semble mal s'accorder avec cette pensée si importante, si profonde, je puis dire immortelle (ibid., p. 591): que l'accidence des choses n'est elle-même que phénomène et ne peut nous conduire à aucune autre régression qu'à la régression empirique qui détermine les phénomènes."

C'est-à-dire, encore, que, *immortellement* (attribut de la divinité), la cause (en tant que séquence de compréhension) des objets est le phénomène (qui se laisse percevoir), le phénomène se déterminant lui-même (puisqu'il le fait depuis la compréhension humaine). Ce n'est là rien d'autre qu'une autre forme des raisons du coeur pascaliennes, non plus théologique, mais anthropocentrique. Toutefois, si le sujet change (l'homme [miroir de Dieu pour Ficin et Pic de la Mirandole, et aussi pour Michel-Ange dans la Chapelle Sixtine, voir notre ouvrage à ce sujet] et non plus exactement Dieu), le discours reste le même.

1.8. Conclusion

Toutefois, si nous révisons les prémisses de Schopenhauer, qu'il ne fait que reprendre de ces prédécesseurs, (nous reportant à la critique que nous venons de faire des points conceptuels de ces prémisses) on voit que (contrairement à ce que pose Schopenhauer, et la tradition avant lui):

1. Tout objet *n'a pas besoin* de cause pour exister;
2. Que la cause d'existence, par conséquent, n'est pas déterminante de la possibilité d'existence (non seulement parce que Dieu, que Schopenhauer, comme la tradition, dit ne pas nécessiter de cause, n'a pas de preuve d'existence - c'est-à-dire que la cause supposée de tout n'a pas, sauf pour Spinoza, d'inscription obligatoire dans l'ordre du réel -, mais qu'en outre, les êtres existent sans cause, pour preuve, nous l'avons dit, le fait que leur absence, nous en avons élu l'exemple du dodo, ne se fait pas noter);

3. Le caractère externe de toute cause (l'objet ne pouvant pas, au contraire de Dieu [théorie de la consubstantialité de la Trinité], être sa propre cause), compris extensivement par Schopenhauer comme extériorité de toute causalité en vient à représenter les moyen du changement, non plus la cause de l'existence (le feu modifie l'objet, mais n'exprime aucune valeur [biologique, moléculaire, etc.] propre/spécifique à celui-ci [sauf qu'il est susceptible à la chaleur et qu'il en peut être, éventuellement, conducteur]);
4. En s'éloignant du point temporel d'origine pour devenir une forme de moyen de modification, la cause perd son statut;
5. L'identification implicite entre cause et perception, plus que renforcer celle, explicite et voulue par Schopenhauer, entre cause et motif, en réduit la valeur à un flou conceptuel, dans lequel n'apparaissent plus clairement les valeurs distinctives de la cause comme origine et de la perception comme compréhension;
6. Cette ambigüité aura cependant une longue carrière, on la retrouvera chez Eco.

1.9. Contextualisation

On comprend bien que Schopenhauer est, dans sa pensée, déterminé par son époque. Il ne peut considérer l'objet qu'avec une cause, car il ne peut, en première instance, que voir l'existence que produite par une essence. Nous parlions tout à l'heure de sa préfiguration de Nietzsche; il n'est cependant pas passé par l'influence de l'athéisme ni de l'existentialisme.

Il affirme l'objet comme promu par une cause externe, sans le considérer biologiquement, ni structurellement. C'est un peu la même dualité qui frappe, mais prend un sens, entre le théocentrisme médiéval, représenté par les sombres édifices carrés romans, par opposition à l'anthropocentrisme du bas Moyen Âge et de la Renaissance à son apogée, commençant par le moment gothique, et défini par sa somptuosité anagogique. Dans le premier cas, l'homme, dans la Jérusalem terrestre, ne peut atteindre Dieu qu'après le Jugement Dernier, espace rappelé sur les tympans, alors que dans le second, favorisé par le commerce et le pouvoir économique de rachat de sa faute (par les indulgences, notamment, qui produisent, d'un côté, les débats avec les ordres mendiants et avec les schismes, et de l'autre, l'apparition, plus spirituelle, mais non moins complaisante, du purgatoire, comme l'a étudié Jacques Le Goff dans son ouvrage), l'homme est en possibilité d'atteindre Dieu, jusqu'à pouvoir se confondre avec lui comme étant son image, grandeur de l'homme pour Pic de la Mirandole.

Si Schopenhauer est le premier à explicitement, et constamment, définir le monde comme représentation (ce qui, repris du monde comme rêve du Siècle d'Or, de Shakespeare à Calderón de la Barca, aura un effet sur la définition du personnage romantique, songeur et perturbé par des Autres [Soi-mêmes], et sur l'intérêt, d'un Freud pour le rêve, ou de l'histoire pour l'art), cela n'est que la prémisse pour lui, fausse pour nous, absolue que le monde n'existe que hors de nous. Dit autrement, il ne prétend pas étudier les formes de représentation, même s'il se

179

situe au moment historique fondamental où, d'une part, le Sturm und Drang s'oppose à l'Illustration, en tant qu'alors que l'origine pictorique de l'art contemporain, par phase, proviendra des débats du XVIIème siècle français entre poussinistes et rubénistes, entre Anciens et Modernes, et se développera en France, d'abord par le rococo anecdotique d'un Greuze (par la morale du quotidien, si l'on préfère), puis par la technique de la touche d'un Géricault et d'un Delacroix (versus un Ingres), pour dériver sur l'impressionisme, puis les avant-garde et la décomposition, non plus seulement de la touche mais, plus généralement, de la forme et l'étude des couleurs (Kandinsky, Itten), mais aussi en Angleterre avec Turner, c'est en Allemagne que se théorise l'âme romantique, avec Schiller, Goethe et le suicidaire Werther, et par Hegel que s'affirme, depuis la philosophie (alors que les Diderot et autres, dans leurs révisions des Salons, affirment la nécessité et le goût moral pour l'expression des valeurs, que la Révolution concevra au travers de David et ses représentations dénudées de la *Virtus* et de la geste patriotique à l'exemple de l'antique), la préférence pour la représentation subjective, non plus déterminée par la correspondance visuelle, descriptive, figurative, avec le réel tel que nous le percevons, mais au contraire en accord avec la vision particulière, émotive, intérieure, intentionnelle, de l'artiste, et à un moment historique précis, où, d'autre part, et ce n'est pas un hasard, puisque les deux choses sont en relation directe de cause à effet, la philosophie, allemande toujours, exclusivement même, dirions-nous, si, encore une fois, l'on excepte les textes des différents auteurs sur les Salons parisiens de peinture, expose, de Baumgarten, dès 1750 (le second tome paraîtra en 1758), puis Kant, transversalement (notamment à propos des jardins), plus que par un intérêt direct, Lessing, avec son fondateur *Laocoonte* (1766), et Hegel, enfin, avec ses *Leçons d'esthétique*, données à l'université de Heidelberg au semestre d'été 1818, puis à l'université de Berlin aux semestre d'hiver 1820-1821, aux semestres d'été 1823 et 1826 et au semestre d'hiver 1828-1829, dans ce mouchoir de poche temporel, donc, élaborent et diffusent la nouvelle discipline, face aux nouveaux problèmes de représentation qui la générèrent.

En affirmant l'objet comme promu par une cause externe, on l'a vu, Schopenhauer doit, nécessairement, pour sa démonstration, partir de l'idée, qui détermine celle, théologique, de la cause externe, que l'objet est insécable dans le temps, c'est la substance. Dit, là encore, autrement, l'idée spinozienne que la substance n'a pas de cause, et qui pose problème à Schopenhauer ici, puisqu'il la critique, est réappropriée par lui pour intégrer la difficulté de la cause externe, difficulté, puisque, nous l'avons encore exposé, lesdites causes qu'il présente (la chaleur, en particulier, dont il reprend plusieurs fois l'alibi) ne sont pas propres de l'objet, mais ajoutées à lui. Cette intégration passe alors, on l'a vu, par le lien qu'il crée, *sui generis*, entre les données temporelles d'existence, non plus des objets, mais du sujet, qui se développe tout au long du chronotope temporel, de Dieu comme origine de toute chose, au percepteur comme récepteur de toute chose.

Cette idée de la nécessité, de l'objet de tout, reprend le contexte biblique génésiaque. Les animaux n'existent qu'en tant qu'ils serviront l'homme. Leur cause est celle-ci. C'est une raison d'être, externe à eux. Schopenhauer, qui se trompe, mais, là encore, est prédéterminé par sa situation temporelle d'époque, ne semble pas pouvoir penser la cause comme interne à l'objet, ce qui nous semble une autre, fondamentale, erreur de logique, mais comme un phénomène seulement externe. Dieu, au fond, même pour Spinoza, ne peut s'intégrer à la Création qu'après un effort logique, que ne veut pas faire, il le dit, Schopenhauer. La cause ontologique ne peut être comprise comme partie de l'objet, puisque le Tout se réduirait (comme l'exprime Parménide, en qualifiant l'Être, on le réduit, de là l'assomption fermée, pour lui comme pour la *Bible* que l'Être est, "*Je suis celui qui est*" dit le Dieu judéo-chrétien). La substance (ontique, mais par similitude logique avec l'ontologique, qui est Dieu, source donc non partie) ne peut être comprise en autre chose, elle doit donc, au contraire, tout absorber, pour que puisse être démontrée (ou plutôt affirmée, sans plus) son existence.

Cette idée se peut mieux comprendre, sans doute, en utilisant une différence que l'espagnol représente là où le français ne la conçoit pas. C'est la différence entre *por qué* et *para qué*. Pourquoi (*por qué* [*porque* = *because*]) renvoie à la fonction (d'utilité), alors que *para qué* ("*in order to what*") exprime la cause, morale (avec quelle fin, quelle intention, quelle nécessité).

C'est donc là bien l'erreur logique de la tradition que celle de confondre la causalité avec la nécessité. Vouloir répondre à la question pourquoi, comme le pose dès le début de son texte Schopenhauer: "*Or, comme nous avons admis à priori que tout a une raison d'être qui nous autorise à chercher partout le pourquoi, on peut dire à bon droit que le pourquoi est la source de toute science.*" ("*§ 4. — Importance du principe de la raison suffisante*", p. 9), au lieu de celle, actuelle, de comment. Les objets ne répondent, sauf s'ils sont considérés ontologiquement (la substance, éternelle), et ne peuvent donc pas être décomposés, pas à la raison de nécessité (les animaux ne vivent pas pour servir l'homme, en premier lieu parce que, du moins jusqu'où cela est démontrable, reproductible expérimentalement, il n'y a pas de manière d'obtenir les indices suffisants pour prouver qu'ils ont été créés par un esprit conscient, avec un but "*in order to what*"), mais à celle de comment (comment fonctionne une voiture, une fusée, la chaleur, etc. [objets naturels ou créés, l'esprit humain est l'un de ces objets naturels, dont la science, la psychologie freudienne en particulier, puis le comportementalisme issu de l'éthologie, nous a appris à penser non la raison, la cause, mais les formes de procédé, le fonctionnement]). Si l'on veut absolument conserver une terminologie schopenhauerienne, on dira que la cause (*para qué*) est la même chose à peu près que le mode (*por qué*), en effet, demander: pourquoi les ondes passent, revient en fait, à peu près (c'est cela l'important de la phrase, à peu près seulement), comment elles passent. Il nous semble toutefois que cela sera tordre *forzosamente* le sens du concept chez Schopenhauer, en lui quittant sa nature.

Si l'arbre croît, c'est parce qu'il est génétiquement déterminé pour le faire, comme cela se passe aussi pour la définition des sexes (XX - XY), ou la perte des feuilles (dont on sait, à présent, par la permanence de celle-ci chez les espèces tropicales qu'elle n'est pas déterminée extérieurement par le changement de saisons). Mais Schopenhauer ne connaissais pas la science postérieure à lui. La photosynthèse même n'est que le produit, non externe, mais interne du processus de croissance et de survie des plantes, produit par les molécules internes au corps céleste, solaire:

"Photosynthesis is a series of processes in which electromagnetic energy is converted to chemical energy used for biosynthesis of organic cell materials; a photosynthetic organism is one in which a major fraction of the energy required for cellular syntheses is supplied by light." (Howard Gest, *"History of the word photosynthesis and evolution of its definition", Photosynthesis Research*, Vol. 73, No 1-3, Juillet 2002, p. 7-10)

Ce sont leur qualité photoautotrophe qui leur permet d'utiliser la lumière comme source d'énergie et le CO_2 comme source de carbone. La photosynthèse est un processus bioénergétique (https://fr.wikipedia.org/wiki/Photosynth%C3%A8se), c'est-à-dire un processus cellulaire (https://fr.wikipedia.org/wiki/Bio%C3%A9nerg%C3%A9tique).

Cela est si vrai (que la cause est toujours interne à l'objet pour pouvoir en être une explication) que, dans les expériences de secondaire, l'on se souviendra que le pot de terre sans aucune graine ne produira rien, alors que ceux contenant une plante seront ceux qui réagiront à la lumière permanente, l'obscurité permanente, et à leur alternance.

Toutefois, l'idée de l'indissolubilité de la substance dans le temps a eu, dans les études esthétiques comme ailleurs, un fort impact, puisque c'est la principale critique que feront les membres de l'E.H.E.S.S. à Erwin Panofsky, notamment Daniel Arasse sur la question du *Détail*, dans l'ouvrage homonyme (1992), où il prétend que l'on ne peut considérer l'oeuvre comme l'accumulation de détails, elle serait pour lui insécable. Or, d'un point de vue d'histoire de l'art, on sait que cela est faux, tout thème provenant de la concaténation d'un ensemble établi de motifs et/ou attributs (en ce qui concerne, pour ce dernier terme, les allégories, comme le rappellent suffisamment les livres d'emblèmes).

1.10. Compensation cartésienne

Toutefois, l'ouvrage de Schopenhauer, s'il ne valait que pour cela, pose, outre la question fondamentale que toute pensée est une représentation (*"Ceci n'est pas un pipe"* posera, à son tour, Magritte), ce qui préfigure les travaux postérieurs (et, à notre sens, leur ouvre la voie) de McLuhan, Chomsky, en France de Barthes, ou même, encore, et en premier, de l'également allemande (pour la généalogie de la question esthétique que nous venons de rappeler - aucune discipline n'existant avant que ne soient produites les oeuvres qui la compose, ni exprimée verbalement sa thèse et son problème ou nom, comme le rappelle pour le genre policier fort bien [même si le personnage de Vidocq est sans doute une origine indéniable] Jorge Luis Borges face à Roger Caillois, ainsi l'esthétique peut bien avoir une pensée pré-esthétique [et Platon, mais surtour Aristote avec la *Poétique*, et Longin avec *Du Sublime*, abordèrent partie de la question], mais il n'est pas certain qu'il y ait, bien qu'il existent des ouvrages sur cela [qui précisent la difficulté cependant dès le début] une esthétique [nous voulons dire un discours esthétique], par exemple, médiéval [n'apparaissant, conjointement, la discipline et son nom qu'avec Baumgarten, sinon ce serait prétendre qu'il existe aussi une sociologie avant Auguste Comte, une sociologie de l'art avant Francastel, ou École de Francfort avant la lettre, etc., ce qui n'a pas beaucoup de réalité] -) École de Warburg, outre cela, donc, l'intérêt initial, et fondamental, de Schopenhauer, dans cet ouvrage, dans une perspective épistémologique, est son insistance sur les deux termes de la discussion philosophique, pour lui, mais dont les sciences contemporaines se nourriront:

"Platon le divin et l'étonnant Kant recommandent, d'une voix unanime et impérieuse, la règle suivante comme méthode pour toute discussion philosophique, pour toute connaissance même. Il faut, disent-ils, satisfaire à deux lois, celle de l'homogénéité et celle de la spécification, à toutes les deux dans la même mesure et non pas à l'une seulement au détriment de l'autre. La loi de l'homogénéité nous enseigne, par l'étude attentive des ressemblances et des concordances, à concevoir les espèces, à grouper celles-ci en genres et ces derniers en familles, jusqu'à ce que nous arrivions à la notion suprême qui comprend tout. Cette loi étant transcendantale, et essentielle à notre raison, présuppose sa concordance avec la nature; c'est ce qu'exprime cet ancien précepte: «Entia præter necessitatem non esse midtiplicanda.» [Les êtres ne doivent pas être multipliés à moins que ce ne soit nécessaire] — Par contre, Kant énonce ainsi la loi de la spécification: «Entium varietates non temere esse minuendas.» [On ne doit pas réduire sans raison les espèces différentes d'êtres] Celle-ci exige que nous séparions scrupuleusement les genres groupés dans la vaste notion de famille, de même que les espèces supérieures et inférieures, comprises dans ces genres; elle nous impose d'éviter avec soin les sauts brusques et surtout de ne pas faire entrer directement quelque espèce dernière, et à plus forte raison quelque individu, dans la notion de famille; car toute notion est susceptible d'être encore subdivisée en notions inférieures, et aucune ne descend jusqu'à l'intuition pure. Kant enseigne que ces deux lois sont des principes transcendants de la raison et qu'elles réclament à priori l'accord avec les choses: Platon semble énoncer, à sa façon, la même proposition quand il dit que ces règles auxquelles toute science doit son origine nous ont été jetées par les dieux du haut de leur siège, en même temps que le feu de Prométhée." ("§ 1. — La méthode", p. 7)

En parlant de méthode, non seulement la division entre les lois d'homogénéité (principe de la méthode comparatiste, qui se développe transversalement dans toutes les sciences, notamment humaines, comme nous l'avons montré dans notre thèse sur *Roland Barthes et la théorie esthétique*, 1996, publiée en 1997, puis de nouveau en 2001) et de spécification (limitation du champ analytique, dont nous avons abordé les principes, le sens et l'urgence dans notre ouvrage *Arturo Andrés Rloig y el problema epistemológico*, Universidad Nacional Autónoma de Nicaragua - UNAN-Managua, 1997, source partielle, mais fondamentale, de la thèse de Luis Gonzalo Ferreyra sur *Philosophie et politique chez Arturo Andrés Roig: Vers une philosophie de la libération latino-américaine (1945-1975)*, Paris, L'Harmattan, 2014) sont centrales, mais aussi la référence, génétique, pour ainsi dire, de Schopenhauer à Kant, bien sûr, père de la critique de la raison, mais aussi à Descartes, et à son *Discours de la méthode*.

Or, comme tous les auteurs, Schopenhauer aborde Descartes à partir de la centralité de la pensée dans l'opération logique, source certaine de la méthode, mais critiquable, partiellement au moins, non comme l'ont cru Georg Büchner et Roig, avec raison pourtant, pour mettre, dans l'organisation phraséologique comme, par conséquent, dans la conception,

183

l'essence (*Cogito*) avant (puisqu'*ergo*) l'existence (*sum*), contrairement à ce que nous enseigne l'existentialisme (comme le dit Sartre dans *L'existentialisme est un humanisme*, "*L'existence précède l'essence*"), mais parce qu'il ne démontre pas son affirmation. En effet, si son principe, de doute, repose sur l'incertitude, coexistent alors les deux termes possibles: j'existe, ou je n'existe pas ("*Être ou ne pas être*", on voit l'inscription dans l'époque), mais il faut les rapprocher, les comparer et en poser les différentes qualités pour démontrer laquelle des deux est la juste. C'est-à-dire, au moins, la plus démontrable. Au contraire, Descartes se contente de se remonter à la question (le doute) pour en induire (sans démonstration, par simple affirmation, anselmienne) que, s'il y a doute, la solution *doit être* positive. Est-ce vraiment parce que je me demande si Dieu existe, qu'il doit alors obligatoirement exister, parce que je le conçois? On sait aujourd'hui que la réponse est non. Anselme ne le savait pas. Saint Thomas s'en est moqué cependant, déjà. Est-ce par la même proposition que me demander si j'existe, par extension et similitude, implique que j'existe? Non, car, pas plus que le rêve n'est réel parce que j'y crois (mais là où le rêve, pour la *Bible* comme pour Anselme, est révélateur, magique, prémonitoire, pour Freud il ne fait que nous renvoyer aux circonstances de vie du moment du rêveur), l'existence n'est prouvée parce que je m'interroge à son propos ou la pose. Sinon, à ce compte là, les dragons et autres elfes existeraient *per se* (la "*Causa sui*": "*Cause de soi-même*", centre de la démonstration de Schopenhauer), dans ce raisonnement paralogique, plus *séméion* (σημεῖον, "*signe précurseur*"; "*indice ambigu, moins sûr que le tekmérion: il est un signe dont la polysémie cesse selon un contexte d'autres signes concomitants. Roland Barthes indique comme exemple de séméion: "Des traces de sang font supposer un meurtre, mais ce n'est pas sûr: le sang peut provenir d'un saignement de nez, ou d'un sacrifice.""*, https://fr.wikipedia.org/wiki/Enthym%C3%A8me#Le_s.C3.A9m.C3.A9ion) que *tekmérion* (τεκμήριον, "*Preuve probante par le raisonnement*").

Externe et propre (sans nécessité de démonstration, puisque certitude [kantienne] *a priori*) la cause de Schopenhauer sera celle qui permettra à Umberto Eco, dans *L'oeuvre ouverte* (1965), de croire que toute interprétation est valide (en soi, sans nécessité de validation, donc sans obligation avec aucune loi d'interprétation), et que l'oeuvre n'existe pas avant qu'elle ne rencontre (externement à sa création) un spectateur (peu importe qu'elle provienne de l'idée d'un artiste, et que le processus de réalisation en complexifie encore le sens).

1.11. Circonstancialité scientifique (*QQOQCCP*), sans pluriel (*pierre-cailloux*) de généralisation

"Causa Causae Est Causa Causati"

Ce que nous disons de la différence entre *por qué* et *para qué*, qui peut s'exprimer, en français, par une relation non entre les deux termes de cause et de nécessité, mais entre ceux de cause et de moyen: "*il ne vivait que par elle et pour elle*" (Émile Gaboriau, *Dossier 113*, Paris, E. Dentu, 1874, p. 486), ce qui revient à peu près au même pour nous (on l'a dit, le moyen étant comment), marque la différence évoquée en introduction, entre système et méthode.

Alors que la question pourquoi (causale) nous peut renvoyer à un problème métaphysique, bien que pas obligatoirement non plus, celle du comment (procédé), qui, dans la science contemporaine, implique également celles de qui, quand et où, ne s'intéresse qu'au processus.

En même temps, il ne faut pas se cacher que la représentation, en termes schopenhaueriens, de la réalité, qui est obligatoire, et impossible d'éviter, dès que, dans l'ordre intellectuel, l'on conçoit quelque objet que ce soit (même l'objet de soi-même [le *Moi*]) oblige à considérer une différence entre l'ordre descriptif et l'analytique, c'est-à-dire entre ceux de la position et de la démonstration. On entre, dit autrement, très vite dans le champ moral (du jugement) dès que l'on expose une perspective sur un objet. Puisque, nous insistons, en fait, on le juge, c'est bien cela. Toutefois, comme nous avons, là encore, dès l'introduction, présenté, dans la dualité système-méthode, l'idée que les positions s'expriment toujours dans des systèmes, lesquels s'opposent le plus souvent, il n'en reste pas moins que, là où la religion se propose une fin (le rituel sert de catharsis à une entrée vers ou dans, en général le domaine du sacré), la science, qui, au moins aujourd'hui, ce conçoit elle-même comme un processus permanent (*a work in process*), s'intéresse pour la forme selon laquelle les phénomènes se présentent ou se donnent à nous. On peut encore et toujours se demander la *qualité de réalité de l'impression de réalité de notre action sur le réel*, mais cela, bien qu'offrant un intérêt certain, est aussi fonctionnel que la question de l'existence divine ou de l'Au-delà, puisqu'au fond, tout ce que l'on en sait, comme de toutes les impossibilités logiques, c'est qu'il n'y a aucune preuve de leur existence, et que, très probablement, il ne peut pas y en avoir. Comme dit la pensée populaire, personne n'en est revenu pour le raconter. Par contre, les récurrences de réactions aux actions appliquées aux objets, aux éléments et aux choses, la systématicité de circonstances des réactions dans un même contexte, sont des faits, sinon indéniables théologiquement (et s'il dépendent d'une autre réalité, supérieure ou alternative, la *natura naturata* spinozienne) ou métaphysiquement (la vie est-elle un songe? Le rêveur peut-il être conscient [le mot est amusant] que ses sensations ne sont pas réelles, et que rien de ce qui l'entoure n'est certain?), du moins irrévocables dans la réalité palpable dans laquelle (la *natura naturans* spinozienne) nous nous mouvons.

Ainsi, dans les sciences, le jugement ne se pose pas pour vrai, ou parce qu'il est vrai, mais parce qu'il fonctionne, par conséquent le jugement (la question axiologique de la représentation de l'objet dans l'ordre de sa pensée par le sujet) n'est pas valide parce que moralement justifiée, mais s'expose comme validée par sa nécessaire neutralité originelle. Au contraire de ce qui se passe dans le cas des structures morales ou religieuses. Nous nous expliquons encore: si le jugement scientifique part d'un *a priori* constructif du sujet qui se le

185

propose (on a vu des scandales dans les dernières années de scientifiques qui modifiaient leurs résultats, par nécessité que ceux-ci correspondent à un ordre d'idée préétabli par eux, et ainsi leur donne une renommée imméritée; mais l'on peut également penser aux résultats d'analyses modifiés ou tergiversés, en politique, par l'*argumentum ad hominem*, qui rejette la thèse par mépris lancé sur la personne qui l'expose [c'est, notamment, un peu en tout, et à n'importe quel propos, la permanente *Reductio ad Hitlerum*], ou en économie, par les scientifiques à la solde des grands consortiums, du tabac entre autres, qui s'ingénient à faire planer le doute du moment que tout est discutable, même l'évidence [pourquoi dois-je croire à la preuve apportée?]), si le jugement scientifique part d'un *a priori* constructif du sujet qui se le propose, cela suppose une fausseté méthodologique de principe (c'est-à-dire de départ) ou de procédé, qui invalide la scientificité même du sujet s'appropriant immoralement le titre de scientifique. Nous voulons dire par là, reprenant un peu la différence faite par la mystique, que l'existence de fausse doctrine n'implique pas la fausseté de la Vraie Doctrine (espérant que ne sautent pas trop facilement sur ce simil les objecteurs, car nous ne comparons pas ici la science à une religion, puisqu'elle doit toujours se prouver, mais simplement nous présentons, ironiquement si l'on recourons, pour mieux éclairer notre pensée, à un argument connu parce que classique). Là où le jugement en moral ou en religion, mais aussi en politique ou dans le discours populaire (le degré zéro de Barthes), s'exprime par assomption non justifiée (je pense cela parce que je le crois, la foi validant la justesse supposée, antérieure - prenons-y garde, comme pour les *a priori* de Kant et Schopenhauer, sur lesquels ils basent leur doctrine - au locuteur, de sa pensée [qu'elle soit validée par le sens commun, c'est-à-dire la coutume, comme pour la croyance en Dieu ou en la Nation, par la construction idéologique personnelle, filiale et sociale, comme pour l'acceptation ou non des orientations sexuelles, ou par la simple incapacité du locuteur à assumer l'opposition et à débattre sinon par l'imposition par la force de son opinion, comme dans les guerres ou dans les disputes verbales ou physiques]), c'est-à-dire là où le jugement est de manière anticipée perverti par *pré-jugé(s)*, dans la science c'est le désintérêt envers le résultat qui doit le valider (alors que dans la vie courante, économique en particulier, mais aussi politique, liée celle-ci à l'élection, ou religieuse, d'où le névrotisme des chamans comme l'a montré Devereux, et même dans l'oratoire et la rhétorique, comme dans le journalisme, le plus souvent vendé à un pouvoir, séculaire, laïque, religieux, politique ou économique, ou en provenant [par propriété de création ou d'association comme le TF1 de Bouygues, ou les chaînes publiques et le minitel de l'État en France; VTV au Vénézuéla; sans citer les exemples sans fin des États-Unis, maîtres en la matière, autant que l'Italie des Cités-États renaissantes, des Doges de Venise, des Médicis florentins, etc.], l'intérêt est ce qui prédétermine l'action démonstrative, l'invalidant ainsi obligatoirement dès avant d'avoir été exposée selon notre perspective [apparemment peu partagée pour la foi qu'accorde l'opinion publique aux idées préconçus, en philosophie chez Kant et ce que Marx appellera les petits kantiens, en général dans ce que Léon Bloy s'est dédié à dénoncer dans ses deux volumes d'*Exégèse des lieux communs* de 1902 et 1912]).

186

2. Depuis mes travaux
2.0. Peut-on reprendre le cadre du débat et le réviser positivement?

Il est évident que le monde ne peut se donner que comme représentation. La meilleure, et la plus simple sans doute, preuve en est le fait que, sauf dans les études d'art (et encore, il faut toujours préciser), lorsque l'on se réfère à la droite ou à la gauche, il s'agit toujours de celle(s) du spectateur, preuve donc bien de l'implicité totale, absolue, générale, de notre conception du monde depuis notre être, et rien de plus.

Toutefois, il nous semble que les penseurs (Hume, Berkeley, Schopenhauer - dans *La quadruple racine de la raison suffisante* -) ont rapidement franchi le pas et fait un saut méthodologique un peu prompt à en courir là alors à déduire (et il nous semble que le premier n'a rien ou peu à voir avec le second) que, par conséquent, le monde ne pouvait exister hors de nous.

On en sera, sans doute, d'accord, sans plus d'explication, pour le monde représenté (celui conçu par l'esprit), mais point exactement aussi pour le monde comme tel (que, faute de mieux, nous nommerons réel).

Bien sûr, le monde représenté ne peut exister que pendant que celui qui se le représente existe, mais le monde qui ne dépend pas du penseur (le monde des autres, si l'on veut - le monde dans lequel s'intègre l'être au moment de naître, et qu'il quitte en mourant -), ne peut s'arrêter d'exister avec lui, puisque d'ailleurs il ne commence pas plus avec lui.

De là, une série d'incohérences conceptuelles, pourtant acceptées comme articles de loi.

Tout d'abord, si, par conséquent, il est probable, si l'on fait l'exercice, de supposer que le monde réel n'est jamais totalement accessible à l'individu, qui, on l'a dit, ne peut le concevoir que d'après sa position dans le monde, donc partiellement, et partialisé, il est beaucoup plus difficile d'accepter que le penseur ne puisse pas comprendre le monde représenté, puisque celui-ci, précisément, provient de la pensée produite par celui qui le pense. Or il y a de bonnes chances pour que celui qui pense le monde comprenne comment il le pense, au moins partiellement, et, probablement, dans une bonne proportion à sa faveur (nous voulons dire au moins au-dessus d'un 40-50%).

En second lieu, il est curieux que les mêmes tenants de l'idée que le monde est représentation, donc produit de l'idée du penseur, donc un univers symbolique et conceptuel, nient, en même temps, l'idée que le monde idéologique existe par le penseur, et préfèrent y voir l'action postérieure pour lui donner sens, forme et cotenu, de ceux qui, précisément, ne participent pas de sa construction. Ainsi, dans le domaine de l'art, d'Adorno à Barthes, d'Eco à l'EHESS, on nous dit complaisamment que ce n'est pas l'artiste (le penseur) qui fait l'oeuvre (sa pensée, ou le monde pensé par le penseur - le "*faiseur*", pour reprendre le terme de Borges -), mais le spectateur (celui qui ne fait que voir, de *l'extérieur*, nous insistons sur ce point, de là les italiques, l'objet représenté par un esprit, également, hors du sien).

Finalement, la même société qui se plaît à nous parler de l'impossibilité de comprendre le monde (de Thomas a. Kempis à Eco, de Daniel Arasse à Hubert Damisch), semble en prendre comme conséquence, illogique également, que cela s'appliquerait plus aux sciences de la pensée (du symboles, autrement dit les sciences humaines et sociales) qu'aux sciences appliquées, celles-ci étant d'une apparente matérialité imbattable. Pour preuve, l'utilisation répétée par les philosophes (Platon, Aristote, Kiegergaard, Bergson, Lyotard, etc.) de la formule mathématique comme postulat supérieurement objectif pour exemplifier leur démonstration. Or ceci, selon nous, est aussi équivoque que l'absence de vérité supposée (les tons de gris) pour la pluralité de pensée journalistique, versus l'absolue vérité des autres champs humains (politique ou scientifique), selon la critique qu'en fit Bloy dans son *Exégèse des lieux communs*, déjà citée. En effet, si l'on pose, comme prémisse, que seul le monde représenté nous est connu, autre manière de dire que nous ne pouvons connaître le monde que par la représentation que nous nous en faisons, qu'on nous explique alors comment le pas suivant est celui de l'assomption des sciences appliquées (que, cela va de soi, traitent du monde réel, supposé par notre prémisse intouchable et absolument méconnaissable) au détriment des sciences de la pensée, la conclusion de la prémisse en étant le parfait opposé, à savoir que seul le monde des sciences appliquées ne pèche pas de subjectivité, alors que celui des sciences humaines n'est soumis qu'à l'immédiateté sentimentale du penseur. Nous renvoyons sur ce thème à l'infatigable affirmation, de Julia Kristeva à Arturo Andrés Roig en passant par Tzvetan Todorov de l'Histoire ("*history*") comme narration ("*story*"), non pas seulement comme fait historique (la partialité du discours historique jusqu'à ce jour), mais, là encore, par amplification arbitraire du concept, par une sorte de causalité inversée, qui voudrait que, parce que cela a toujours été, cela doit être ainsi pour toujours (idée, donc, de l'impossibilité d'objectiviser le discours historique).

Mais, reposons-le, encore une fois: on nous dit (c'est la prémisse): le seul et unique monde connaissable est celui que nous donnent nos sens, donc notre compréhension interne, notre pensée. De là (on conclut): le monde de la pensée étant subjectif, il est inconnaissable, alors que le monde réel (qui, rappelons-le, dans la prémisse n'étant pas atteignable) est le seul duquel la science peut parler objectivement. De là l'apologie de la supériorité des sciences appliquées sur les sciences humaines, par les mêmes tenants, redisons-le aussi, du subjectivisme absolu de la pensée et du monde comme représentation.

Finalement, nous le disons ailleurs dans le présent travail, que la conclusion, qui imposerait l'idée que, comme le monde représenté est impossible de connaître (comme l'expose Arasse dans *Le Détail* notamment), il est superflu d'essayer de le faire (d'où sa critique à Panofsky), devrait avoir comme conséquence logique l'abandon de domaines inféconds de la pensée, donc la fermeture de filières impossibles de donner, car hors de l'ordre discursif, ou simplement compréhensible. Mais non, il ne leur vient pas non plus à l'idée que leur conclusion leur devrait faire fermer leurs champs disciplinaires respectifs.

Sont-ce là assez de preuves de la marge qu'il nous est possible de donner pour établir des variations (ou variables) sur ces prémisses, développements et conclusions pour le moins hétéroclites et confuses, nous en libérer, peut-être, et alors éclairer notre domaine d'*expertise*?

2.1. Problèmes de *Corpus* et thématique

Si l'on se reporte à l'histoire des genres, le motif de l'orphelin est hérité par le XIXème siècle du modèle bas-médiéval du héros des légendes chevaleresques (comme en atteste assez sa récurrence dans les sept lais anglais [des "*seulement huit Lais Bretons existant en Moyen Anglais*", Robert B. Waltz, *Trouthe Is the Highest Thing*, 2014, sans lieu d'édition, Robert B. Waltz, p. 28)] qui ne sont pas compris dans *Les contes de Canterbury* [le huitième étant "*The Franklin's Tale*"]: "*Emaré*"; "*Erle of Tolouse*"; "*Lai le Freine*"; "*Sir Degare*"; "*Sir Gowther*"; "*Sir Launfal*"; et "*Sir Orfeo*").

Il y a conservation des éléments de l'abandon,bien sûr (qui correspond à celui de l'exposition des mythes et des contes, représentatif de la pratique sociale plus que générale de l'antiquité jusqu'au XIXème siècle encore), des retrouvailles, et des épreuves.

Toutefois, la différence entre les deux groupes est, qu'alors que dans la sphère médiévale, la reconnaissance, si elle implique, évidemment, une restitution dans les droits de naissance, s'opère comme une assomption mythique (elle correspond à l'élévation du héros à un stade supérieur, reprenant en cela le principe des demi-dieux, des Açvins indiens à Héraklès), dans la sphère contemporaine, elle met en place des questions beaucoup plus pragmatiques d'héritage (*Raison et Sentiments* de 1811 de Jane Austen; *Nicholas Nickleby* de 1838-1839 de Charles Dickens; *Le Dossier 113* de 1867 et *Les esclaves de Paris* de 1868 d'Émile Gaboriau), nous renvoyant dès alors dans le cadre de l'univers bourgeois.

L'ordre de la mythologie se rabaisse donc à l'organisation financier, comme en témoigne les circonstances de substitution d'enfants des *Esclaves de Paris* ("*Avant 93, tout bâtard, vous le savez, était tenu pour gentilhomme.*", Paris, E. Dentu, 1868, T. I, p. 168; voir aussi: "*D'ailleurs, il est enfant naturel et ne connaît pas son père, c'est une porte ouverte aux suppositions, il n'est pas de bâtard qui n'ait le droit de se croire fils d'un roi.*", *ibid.*, p. 50).

De là, nous avons pu marquer, dans *Mythanalyse du héros dans la littérature policière (de Dupin, Lupin et Rouletabille aux superhéros de bandes dessinées et de cinéma)* (2004), que:

1. Le héros policier est paradigmatique de la représentation contemporaine, en cela qu'il met en scène les concepts de la recherche scientifique, laquelle se développe dans les derniers siècles, en s'opposant au fantastique (Roger Caillois distingue ainsi le merveilleux: êtres surnaturels se mouvant dans un monde de fantaisie, du fantastique: être surnaturels s'immisçant dans la réalité quotidienne, ce qu'on trouve par exemple chez Jean Ray) et à l'ordre du religieux (ses motifs donnent une explication rationnelle aux inconnues traditionnelles de la religion, comme on le voit notamment dans le thème de la chambre close, et comme le présentent bien *Les mystère d'Udolphe* de

1797 d'Ann Radcliffe, parodiés dans le même sens contre-mystique par *L'Abbaye de Northanger* de 1798-1799, publié en 1817, de Jane Austen);

2. Dichotomie d'ordre moral face au surnaturel (voir notre article "*La critique de la religion dans la première version du "Faust" de Goethe*", *Quipos*, No 125, Décembre 1994) que prouve la récurrence du temps du récit, souvent situé au moment des fêtes (Noël notamment, d'Agatha Christie à *Die Hard* en passant par *Garde à vue* de 1981 de Claude Miller, par exemple, et, dans le genre surnaturel *Halloween, Vendredi 13*, etc., ou la récente *Activité paranormale: La dimension fantôme* de 2015 de Gregory Plotkin, qui se passe durant l'avent), donc dans le cadre d'un espace traditionnel de l'ordre liturgique, tout comme la chambre fermée est une reprise, récurrente également dans les origines du récit policier, du même motif, mais avec un sens de génération démoniaque, dans la littérature et l'art médiévaux;

3. Le héros policier est transversal, puisqu'on le retrouve, soit par les auteurs qui abordent indifféremment, comme Poe, le domaine du fantastique et du policier, soit dans une évolution du modèle, notamment en ce qui concerne la partie scientifique d'une part (du détective scientifique comme Sherlock Holmes ou Monsieur Lecoq au scientifique super-héros comme Spider-Man ou super-méchant comme dans Batman), et dans les qualités de demi-dieux d'autre part (qui domine les trois éléments: eau, terre, ciel) dans le passage au XXème siècle du roman policier à celui d'espionnage (de *Son dernier coup d'archet* de 1908-1913 de Conan Doyle à *813* de 1917 de Maurice Leblanc, Nesotr Burma et James Bond);

4. Il représente l'évolution du discours patriotique (*Son dernier coup d'archer, 813*), notamment par la mise en scène des nouvelles techniques, outre dans le champ des sciences, on l'a dit, encore dans celui de la géographie citoyenne (les voyages de Holmes sur le territoire anglais, de Lupin vers la Normandie ou de Burma entre la France occupée et la France libre, dans un cadre plus ample Gaboriau mentionne souvent comme principe d'évolution des moeurs et de la technique policière le fait que, grâce au télégraphe un coupable ne peut plus échapper à la police, même lorsqu'il passe d'un continent à l'autre, ce qui rappelle les répétées investigations intercontinentales entre l'Angleterre et les États-Unis de Holmes, dès le premier roman où il apparaît: *Une étude en rouge* de 1887);

5. Les caractéristiques narratologiques des personnages du genre, qui, par la surdétermination, ou bien d'une extrême propreté (Hercule Poirot, *Monk* de la série télévisée homonyme de 2002-2009), ou bien par un extrême laisser-aller (comme Columbo), ils accentuent ainsi la mise en place, ou la référence dénotative à la capacité historique des détectives (Holmes, Lecoq) et des héros policiers (Lupin) à modifier leur apparence, maléabilité de corps qui correspond à et illustre, dans le domaine physique, leur agilité d'esprit dans le domaine analytique.

2.2. Problèmes d'inversion et de constatation anthropologique

De même, la pratique, que nous avons précédemment illustrée, à la fin de la Première Partie, au travers d'un nombre (nécessaire et) suffisant d'exemples, de l'inversion entre le discours social et les faits anthropologiques nous a permis, aussi bien dans le domaine du rire (*Deux essais sur le rire*, 2002) que de l'inceste (*Inceste, premier abordage: problèmes de lectures: une question d'anthropologie des manifestations culturelles*, 2010 - cette étude, que nous avons citée à plusieurs reprises dans le présent texte, en tant que modélisatrice de problèmes fondamentaux pour nous de la méthode et des sciences humaines, bien qu'elle n'appartienne pas réellement à notre *corpus*, puisqu'elle est postérieure, mais en tant que contrepoint et conséquence de celle sur le rire, laquelle, si, est contemporaine aux travaux ici présentés et intègre, de fait, le volume *Origines littéraires de la pensée contemporaine XIXème-XXème siècles* -) de montrer comment l'interprétation savante qui, jusqu'ici, s'était donnée de ces phénomènes choquait avec les constatations anthropologiques les plus simples.

Le cas de l'inceste est symptomatique. De Freud à Lévi-Strauss, puis à René Girard (*La violence et le sacré*, 1972), les diverses sciences (nous venons d'en citer trois: la psychologie, l'anthropologie sociale, l'étude des religions) ont assumées la prohibition de l'inceste comme un fait universel, sans prendre la mesure de la permanence, au contraire, de sa mise en oeuvre dans toutes les monarchies, européennes, africaines, asiatiques, américaines, antiques et modernes, dans l'ensemble des peuples, le plus souvent basés sur l'endogamie, soit liée à la religion, soit à la race, soit à la nationalité, soit à la caste sociale.

De fait, E. Leroy-Ladurie, dans le tome II de l'*Histoire de la France rurale*, sous la direction de Georges Duby et Armand Wallon (Seuil, 4 vol., 1975-1976), rapporte bien ce principe par le fait de l'isolement des populations paysannes dans le cadre restreint de leur région.

Quant au rire, de même, a été étudié abondamment (de Bergson à Bakhtine) son caractère de rupture de l'ordre social. On rit parce que l'on compense ainsi un choc, une surprise face à un événement hors du commun. Mais, comme l'attestent abondamment les Congrès et publications de l'actif CORHUM (Centre de Recherches dédié depuis une vingtaine d'années à l'étude systématique du phénomène du rire), le caractère de réaffirmation sociale du rire n'a pas été noté (on citera cependant l'article de Ruwen Ogien, "*Sanctions diffuses. Sarcasmes, rires, mépris*", *Revue française de sociologie*, 1990, Vol. 31, No 4, pp. 591-607), malgré le fait que le rire est plus souvent de qu'avec l'autre:

1. Ainsi les films comiques mettent souvent en scène la mort animale comme surdétermination implicite de l'humanité des héros (d'*Un poisson nommé Wanda* de 1988 de John Cleese et Charles Crichton à *Me, Myself & Irene* de 2000 des Farrelly brothers);

2. Et la nourriture étrangère est toujours objet d'incommodité de goût et de digestion (du *Père Noël est une ordure* de 1982 de Jean-Marie Poiré à *Along Came Polly* de 2004 de John Hamburg).

Pourquoi le rire d'ailleurs fonctionnerait-il différemment de toute autre structure identitaire sociale? Cette simple question pose celle des modèles et donc de leurs systèmes d'analyse.

Or une grande majorité de plaisanteries sont sectaires, notamment etniques (humour juif, blagues belges, etc.), comme le discours tribal de Le Pen (*"J'aime mieux mes filles que mes cousines, mes cousines que mes voisines, mes voisines que des inconnus et les inconnus que des ennemis."*, http://pluriel.free.fr/fn.html, dont, ironiquement, si l'on peut dire, on trouve l'origine déjà dans la pensée de Monstesquieu lui-même: *"Si je savais quelque chose qui me fût utile et qui fût préjudiciable à ma famille, je la rejetterais de mon esprit. Si je savais quelque chose qui serait utile à ma famille et qui ne le fût pas à ma patrie, je chercherais à l'oublier. Si je savais quelque chose utile à ma patrie et qui fût préjudiciable à l'Europe et au genre humain, je la regarderais comme un crime."*, ibid.) correspond (logiquement, donc) à celui de la série *Rocky* (le blanc contre le noir, le noir contre le communiste) ou de *L'Arme fatale* (le noir contre le chinois).

2.3. Problèmes de motifs et récurrences

Dans *Isis au Moyen Age: mutations, permutations. Essai sur le syncrétisme dans la mythologie de la Renaissance* (2010), nous avons constaté une correspondance iconographique entre Isis et Spes au Moyen Âge.

Nous en avons donné comme interprétation, la résumant ici: l'identité conceptuelle entre, d'une part, la triade Spes-Isis-Fortuna du Forum romain, à l'instar de Fortune (confondue dans l'antiquité romaine avec Isis: l'inscription de L. Sariolenus parle d'une statue d'"*Apollonis Isityche Spei*"; Tite-Live mentionne à Capoue en 209 et 208 des "*magistri Spei Fidei Fortunae*", dont l'existence est avérée jusqu'en 110), Isis ou Spes, la *Fides* romaine faisait, selon la tradition, "*intervenir dans les choses de la terre la volonté du ciel*" (une inscription de Délos, dédiée à la Fortune d'Eleusis, se justifie précisément par son assimilation à Déméter-Isis: de nombreux temples sont dédiés à Spes, Cérès, Fortuna, Vénus, Isis, etc., en tant que divinités associées; ainsi à Ostie, le temple de la Fors Fortuna - ou Fortuna Virilis, liée à l'idée de procréation et donc de fertilité - était dans la même *aera* que ceux de Vénus, Spes et Cérès, celle-ci étant tout à la fois une divinité marine et agraire), et d'autre part, la vertu chrétienne d'Espérance, "*fille de Ste Sagesse* (et) *(...) compagne de martyre, à Rome, de ses deux soeurs, Ste Foi et Ste Charité*". Les deux triades s'associent idéologiquement. L'iconographie, très ponctuelle, de l'Espérance au vaisseau, à la ruche et à la bêche, reprend celle de l'Isis médiévale, notamment germanique, et se base sur l'identification antique de la triade Fides-Spes-Fortune. Le substrat religieux de cette nouvelle image de l'Espérance correspond malgré tout à la "casuistique" propre à Isis. C'est-à-dire que l'Espérance, en tant que personnification de l'attitude du bon chrétien (du "*fidè-le*"), représente en fait le champ fertile, la vraie connaissance, auxquels Émile Mâle faisait allusion. En cela, on ne peut rester indifférent à la ressemblance entre la définition de l'Espérance du ms. fr. 9186 de la BN ("*Discrétion est ou gredier/ Quant du grain retrait le paillier./ Ce n'est que peine et décevance/ D'amasser planté de chevance*") et celle d'Isis par Christine de Pisan ("*Toutes vertus entes et plantes/ En toy comme Ysis faict les plantes/ Et tous les grains fructifier:/ Ainsi doibs tu edifier*").

Toutefois, cette démonstration, qui part de la correspondance iconographique, et essaie de remonter jusqu'à une cause première de cette similitude d'attributs (la ruche ou la cage, la bêche, le vaisseau), nous a été questionnée, lorsque nous avons voulu publier ce texte, par la rédaction d'une revue, dont nous avons oublié le nom, mais nous nous souvenons que de prestigieuse réputation internationale. Le réviseur d'ailleurs posait une question intéressante: en quoi peut-on comparer la cage d'Horus (Isis) à celle de l'Espérance (oiseau)?

En effet, la similitude formelle ne donnait pas de raison à cet élément particulier. Nous avons bien étudié pourquoi la ruche représente les vertus associées à l'agriculture et à la bonne citoyenneté (il n'est pas utile de rapeler l'abondance d'abeilles apparaissant dans les écussons de villes, dont celle de Paris notamment, pour s'en convaincre).

Le problème est crucial, car il interroge le fondement même de notre démonstration. Non que le tout périrait sous le poids de la partie, mais du moins l'analyse générale peut, comme elle l'a été, être mise en cause par le point de détail. Ce qui, si l'on voulait faire un pas de plus, pourrait invalider la méthode.

D'une part, comme nous l'avons précisé pour les erreurs d'interprétations de Panofsky (voir notre introduction à *Iconologia*), personne n'étant parfait, l'erreur ne met pas selon nous directement en péril la méthode (contrairement à ce qu'affirme Daniel Arasse). Les erreurs de résolutions de problèmes mathématiques n'invalide pas la science elle-même. Il faudrait qu'il y est une systématicité d'erreur liée à la méthode pour que celle-ci soit donnée pour mauvaise en général, or c'est, au contraire, une systématicité d'ensemble de plus profondes aproximations qu'elle nous donne au matériel artistique, ce qui la valide.

Identiquement ici, il nous semble que le texte étudié prouvait suffisamment les points que nous démontrions pour que ce point de détail ne fut pas une raison de refus.

Mais ce refus est intéressant, puisqu'encore une fois, il modélise les oppositions à la méthode.

Révisons la valeur de cette objection, centrale:
1. Si l'on pose une équivalence iconographique entre deux figures, équivalence donnée non par l'interprétation, mais par la constatation, en déduire un simple fait de hasard

pose la question de la faiblesse alors auto-proclamée du modèle d'analyse, ou plutôt de l'absence d'approche analytique, malgré la présence de symptômes;

2. Si est démontrée suffisamment une ligne idéologique et théologique de filiation entre un modèle iconographique et l'autre, qui en permet l'explication, même partielle, refuser ce pas est comme refuser la première approche de l'astronomie, espérant néanmoins un jour produire, d'un seul coup, comme le Vaillant Petit Tailleur avec ses mouches, une conquête spatiale sans étapes aucunes. C'est, donc, par là même nier non peut-être l'essence, mais l'histoire réelle de l'évolution des sciences, par à coups, non par grands sauts;

3. Nier l'utilisation d'Isis comme symbole marial au Moyen Âge c'est aussi nier la bibliographie à notre disposition (nous ne citerons que Christine de Pisan);

4. On sait que Horus était un dieu faucon, puisqu'il marque le cycle du jour et de la nuit, et est également le fils d'Isis et d'Osiris. Il est donc notable, dès lors, une double voie de correspondance, d'une part entre Isis-Marie et Horus-Jésus, et d'autre part entre la corneille de l'Espérance et Horus-faucon d'Isis. De fait Isis est dite "*habitation terrestre d'Horus*";

5. Comme l'Espérance promeut la foi et répare les maux jetés par Pandore, Horus-Harpocrate est guérisseur (Kurt Sprengel, *Histoire de la médecine depuis son origine jusqu'au dix-neuvième siècle*, Paris, Chez Deterville et Chez Th. Desoer, 1815, T. I, p. 136);

6. Comme l'Espérance, dans l'iconographie surtout (nous le montrons dans notre travail, en cours de publication, sur *Le Songe du Docteur* de Dürer), reprend le symbole eucharistique (dans une relation duelle Prudence-Vérité versus Hérésie), Horus est la promesse, en tant que fils d'Osiris, du retour de l'astre solaire;

7. Finalement, on l'a dit, la cage d'Horus, à notre connaissance, en outre, peu commune, n'est qu'anecdotique dans notre développement, raison pour laquelle elle n'y a qu'une importance toute relative, si elle en a.

Cette réponse, *a posteriori* dirons-nous, à une interrogation critique d'il y a déjà plusieurs années n'aurait cependant pas d'autre sens ici que de justification tardive si elle n'implique deux éléments fondamentaux: le positionnement contraire à la méthode évoquée, dans une perspective de critique limitative du modèle proposé (par double voie: le Tout ne peut se diviser: Arasse; le détail non totalement, parfaitement, exhaustivement démontré dans le système annule le système: Arasse de nouveau, et la critique sur notre texte à propos d'Horus); la nécessité, par conséquent, d'affronter cette critique par la voie, *desgastante* certes, de la remise permanente sur l'écheveau des causes, des raisons, des moyens, des procédés, des prémisses, des fins et buts recherchés et proposés.

Cet exemple a l'avantage de montrer clairement trois principes parallèles des deux voies opposées: tout d'abord, la réduction de l'ensemble de la méthode à un projet de détail; la non discrimination entre la partie significative et les bords moins représentatifs (comme nous l'avons dit, la cage d'Horus n'était pas au centre de la démonstration, puisque le plus souvent nous avons affaire, pour Isis, et aussi pour Spes, à un vaisseau [en tant, probablement, que les deux sont des divinités maritimes], ou une ruche [travail agraire, production profitable au groupe: Cité ou religion]); finalement, à l'inverse, nous croyons avoir démontré qu'il y aurait encore des raisons suffisantes d'intégrer cette cage d'Horus comme partie dudit Tout.

2.4. Problèmes de synchronie et de diachronie, de géographie et d'universalité

Dans un autre travail, que nous ne citons ici que pour illustration, en cours de réalisation depuis 2014, sur le cycle des contes du groupe Blanche-Neige et parallèles (Cendrillon, etc., voir à ce sujet notamment Emmanuel Cosquin, *Les contes indiens et l'occident - Petites monographies folkloriques à propos de contes Maures*, Paris, Honoré Champion, 1922) et leur identité avec le groupe des divinités démembrées (Zagreus, Ampélos, Osiris, Adonis,...), par le biais de la récurrence dans les légendes et les contes (Etain, Livoret, Sept-Fois-Belle, variantes de Cendrillon) d'un processus que nous renvoyons à la libation comme première fonction (échanson divin: AEgir, Tvashtri, Açvins), d'acquisition du Soma (enfermement, grossissement ou renaissance: Jamshid, Roi Khoufoui, Glaucus,...) et d'ingurgitement (Atrée, Médée...), où il nous semble qu'une fois encore, la récurrence des motifs présente, jusque dans les phases du procédé alchimique (comme succédané), une répétition systématisée des phases de fabrication de la bière ou du mesqual, etc. (bien que pas toujours dans la séquence correcte): tri, humidification, battage, brûlage, fermentation-enfermement. Nous ne nous attarderons pas sur la démonstration, qui servirait de preuve de la correction du processus, de la prémisse à l'hypothèse et sa vérification, puisque, comme nous venons de le dire, il s'agit d'un travail en cours.

Nous voulons seulement l'utiliser pour présenter l'importance, dans l'abordage d'un thème aussi vaste, et qui renvoie (nous venons de citer Cosquin, mais l'on pourrait citer aussi bien Frazer que Lévi-Strauss, ne lui en déplaise d'ailleurs pour l'association, ou Dumézil) aux principes méthodologiques originels du comparatisme, en ce cas mythographique, de cette respiration, critiquée souvent (de Van Gennep, contre Frazer, à Jean Bayet dans son étude sur l'Herclé étrusque, contre Dumézil), entre le *locus* (structuralisme, Lévi-Strauss et le Chiapas) et l'universalité (l'ensemble, comparé, des croyances du monde), mais aussi entre les cadres géographiques divers (de l'Inde aux pays scandinaves, étudiés par Dumézil pour la récurrence mythographique des motifs de la trifonctionnalité).

Historiquement, ces similitudes, au-delà de la mémoire collective jungienne, peuvent être annotées et expliquées, comme nous le rappelons dans le travail en cours ici référencé, de la manière suivante: la centralité du modèle slave dans notre *corpus* (autour de Blanche-Neige) peut se comprendre par le passage des symboles dans le cadre, complexe mais référenciable, indo-irano-européen, mais aussi celto-viking d'Est (Novgorod, la Holmgard des Varèdes) en Ouest (York, ancienne province de Northumbria et de Jorvik), en passant par l'île suédoise de Gotland sur la Baltique. Lequel peut bien commencer antérieurement, si l'on veut bien supposer, avec nous, que la première civilisation européenne fut celle de Cucuteni-Tripilia (4500-3000 av. J.-C.), qui se développa en Roumanie, Transylvanie, Moldavie et Ukraine, vient de Turquie, et de la civilisation de Çatal Höyük (7400-5200 av. J.-C.), laquelle fut l'une des premières à abandonner le nomadisme, pour se sédentariser.

En ce qui concerne le problème central de la migration des mythes, il faut bien insister sur le fait que ce lien des Vikings aux Celtes de York ("*elle fut la capitale de la province de Bretagne inférieure, puis des royaumes de Northumbrie, sous l'ancien nom d'Eoferwic, puis du royaume Viking Jorvik*", http://fr.wikipedia.org/wiki/York) à Novgorod, en passant par l'île de Gotland (qui contient de nombreux trésors vikings, sur cela et le long périple viking à travers l'Europe, d'Ouest en Est, voir le documentaire *Secretos Vikingos* de History Channel, http://www.youtube.com/watch?v=dTW49wbkD10), a, pour notre *corpus* (comme pour celui, en général, des thèses sur la trifonctionnalité), l'importante contrepartie de celui entre les croyances de l'Inde et de la Chine, la Chine partageant une large frontière avec l'Inde:

"*Hevajra (Tibetan: ཀྱེའི་རྡོ་རྗེ་ kye'i rdo rje / kye rdo rje; Chinese: 喜金剛/Xǐjīngāng;) is one of the main yidams (enlightened beings) in Tantric, or Vajrayana Buddhism. Hevajra's consort is Nairātmyā (Tibetan: bdag med ma).*" (http://en.wikipedia.org/wiki/Hevajra_Tantra)

"*A form of Chöd was practiced in India by Buddhist mahāsiddhas, prior to the 10th Century.[5] However, Chöd as practiced today developed from the entwined traditions of the early Indian tantric practices transmitted to Tibet and the Bonpo and Tibetan Buddhist Vajrayāna lineages. Besides the Bonpo, there are two main Tibetan Buddhist Chöd traditions, the "Mother" and "Father" lineages. In Tibetan tradition, Dampa Sangye is known as the Father of Chöd and Machig Labdron, founder of the Mahāmudra Chöd lineages, as the Mother of Chöd. Chöd developed outside the monastic system. It was subsequently adopted by the four main schools of Tibetan Buddhism.*" (http://en.wikipedia.org/wiki/Ch%C3%B6d)

2.5. La réduction du cadre polysémique à un sens culturel prouvable: un cas d'étude dans l'art contemporain

Une fois abordés les principaux aspects de notre méthode:

1. L'élaboration comparative du *corpus*, sa forme et sa raison d'être (exemple du genre policier);
2. Mise en place critique de l'appareil analytique en fonction des données rencontrées (cas du rire et de l'inceste);
3. Limitation et portée des découvertes, fausseté et vérité de la méthode (cas d'Isis au Moyen Âge, paradigmatique, celui-ci, en tant que preuve, de l'inévitabilité de l'approche synchronique pour comprendre l'évolution des mentalités [on n'aura, en effet, aucune

possibilité de comprendre l'identité entre l'iconographie d'Isis et de Spes au Moyen Âge, si on ne l'aborde pas depuis le monde romain, et depuis les textes, aussi bien médiévaux, comme l'ici fondamentale Christine de Pisan, qu'anciens]);

4. D'où sortir le matériel, problème de la définition et limitation temporelles et géographiques du *corpus* (cas de Blanche-Neige);

    Il nous semble devoir, pour finaliser, en démontrer sa fonctionnalité macrostructurelle.

Nous aborderons donc à présent (par le cas, à continuation, de Magritte, déjà abordé dans *Surréalisme*, en ce sens, dans les derniers chapitres d'*Iconologia*, 2001, par rapport à l'origine iconographique, ou simplement visuelle, des motifs de l'art surréaliste dans les livres d'emblèmes) le centre névralgique de l'action analytique, comme nous l'avons fait, par l'exemple (respectivement 219 exemples dans la partie "*Correspondances*" et 71 exemples dans la partie "*Récurrences, explications et analyses*" des "*Anotaciones complementarias 2002-2003: Bosquejo para una aproximación a una "kunstwissenschaft" de las obras audiovisuales*" d'*Hablemos de Cine*, partie espagnole, dans la seconde version, dans *Iconologiae*, d'*Essais d'iconologie filmique*, 2006), qui dépend, par le fait fondamentalement, de la réduction de l'objet à un cadre référenciable, c'est-à-dire qui le fasse sortir de l'ordre de la subjectivité fermée du locuteur (impossible d'atteindre, puisqu'encapsulée comme l'est aussi celle du récepteur) à l'ordre, analysable, de la culturisation du phénomène (ou intégration dans un monde culturel qui le dénote, l'explique et le justifie), ce que l'on pourra aussi appeler dépolysémisation. En somme, ce qu'a fait Freud dans son *Interprétation des rêves*, comme nous l'étudions dans notre introduction, intitulée: "*... O de cómo se puede introducir una pera en una botella de aguardiente... - Prolegómenos al estudio de los nicaragüenses ArteFacto*", de *Los ArteFactos En Managua/1997-1999*, partie espagnole d'*Iconologia* (2001).

2.5.1. L'originelle polysémie de toute production symbolique

Si nous nous attardons à présent un instant sur le cas de *La trahison des images* (1928) de Magritte, nous nous rendons compte que l'image en elle-même, par la légende qu'elle contient "*Ceci n'est pas une pipe*", implique, non une restriction, mais au contraire une amplification de la polysémie de la représentation.

En effet, elle ne réduit pas le champ en disant ce que l'image n'est pas, puisqu'elle n'indique pas ce qu'au contraire elle est.

En outre, Magritte, qui signe souvent en haut à droite, semble ici signer, en bas à droite, non pas exactement le tableau, mais la phrase, pouvant indiquer ainsi qu'il assume la phrase, et renvoyant alors à l'idée que celle-ci ne renvoie pas obligatoirement, comme on pourrait le croire par la similitude métonymique de l'objet référencé dans les deux cas (une pipe), à l'image ("l'image d'une pipe n'est pas une pipe" ou "cette image d'une pipe n'est pas une pipe") mais au texte, lequel, comme un Ouroboros, se mordrait alors simplement la queue, selon un principe surréaliste d'écriture automatique, non dirigée vers un sens précis.

De fait, nous peuvent renvoyer à cette idée *La bonne foi* (1964), le portrait derrière une pipe en l'air, qui fait écho. Evidemment, au contemporain (1964 également) *Le fils de l'homme*, et, surtout, *La Lampe Philosophique* (1936), ici incontestable autoportrait où le nez de Magritte, allongé et grossi, trempe dans sa pipe.

Cette identification, presque vangoghienne, de l'artiste avec sa commode et intime pipe impliquerait bien la possibilité, ouverte (dans le sens d'oeuvre ouverte d'Eco), de l'idée que la phrase-légende de *La trahison des images* ne légende en réalité rien, et renforce simplement la polysémie, par faux rapprochement (voir les essais parallèles en tant que contemporains de l'École de Oxford sur le concept de vérité et les assomptions verbales), entre l'image d'une pipe et une phrase sur une pipe, sans prémisse qui permette d'en donner une valeur positive ou négative réelle (qu'est-ce alors que le "*Ceci*" référé mais non explicité?).

2.5.2. Dépolysémisation analytique du phénomène

Toutefois, si nous voulons bien assumer une lecture logique en sens de sens commun des expressions phraséologiques, le "*ceci*", en tant que pronom démonstratif qui "*indique par opposition à cela la chose la plus proche de celui qui parle*" (http://www.francaisfacile.com/exercices/exercice-francais-2/exercice-francais-54501.php), nous doit, obligatoirement, renvoyer à la pipe, non de la fin de la phrase, mais à sa prémisse, qui est l'objet représenté. En effet, sinon, nous l'avons dit, il n'y a plus aucun référent palpable pour valider le sens de la phrase (effectivement ceci est ou n'est pas une pipe) et, si l'on sort un moment de la possibilité d'un simple jeu d'écriture automatique (et même dans celui-ci d'ailleurs, par la présence de la pipe au-dessus de la phrase, il y aura toujours un référent direct, au-delà de l'idée simple de pipe du mot en tant que celui-ci est dénotatif et connotatif *per se*), la présence visuelle de l'objet pipe dans l'image impose la référence à l'objet lingüistique qui lui succède dans l'espace de lecture (pour y être plus bas) du tableau.

De là, si l'on accepte cette apparemment si simple, et cependant, nous le voyons, douteuse dans l'absolu, identité de nature (référentielle) des deux pipes (l'image et le mot) dans un même espace, il faut alors y voir plus qu'une coïncidence (c'est pour cela que nous nous refusons globalement à accepter au moins l'absolue différence entre le mot et l'image dans le cadre même d'une écriture automatique, c'est-à-dire d'un jeu de mise en miroir à l'infini, puisqu'enfin Magritte ne nous dit pas ceci, par exemple, n'est pas une tomate ou un pou), mais bien une volonté de l'auteur.

Mais pour la comprendre, bien sûr, nous pouvons avoir recours encore une fois à la simple logique: ceci n'est pas une pipe, parce que ce n'en est que l'image. Et, pour notre part, nous assumons que cela est tout le message du tableau.

Cependant, une fois dit ceci, qui n'est qu'une induction, nous n'avons pas dit grand chose de plus que la toile en elle-même. Nous l'avons seulement réaffirmée.

Pour la bien comprendre comme matériel culturel, il nous faudra encore la contextualiser.

Est-ce donc possible?

Nous prétendons que oui, et ici par deux voies:

Diachronique, par comparaison avec une oeuvre postérieure: *One and Three Chairs* (1965) de Joseph Kosuth, qui présente une chaise photographiée, une chaise réelle et la définition d'une chaise dans le dictionnaire.

Et synchronique, qui donne d'un coup le sens des deux oeuvres: dans le livre X, 595c7-598d6, de la *République*, par la métaphore du lit. Les trois lits (l'idée du tous les lits possibles, pré-leibnizienne, dans l'esprit de Dieu: caractère dénotatif-connotatif du mot pour la lingüistique, qu'exprime Kosuth par la définition du dictionnaire; le lit réel, fait par l'artisan: la chaise réelle chez Kosuth; l'image, fausse, du lit, faite par le peintre, inutilisable pour s'y coucher: la photographie chez Kosuth) nous renvoient, par contrecoup, dans l'également métaphorisée, et explicitée par le titre (l'idée de trahison, commune à Magritte et à Platon, pour l'image par opposition à l'objet réel), peinture de Magritte, dans laquelle l'image de l'objet ne peut pas être cet objet, sinon, sans plus, son référent visuel. Sa copie. L'utilisation d'un texte dans l'image renvoie, en outre, au terme intermédiaire, qu'explicitera Kosuth sous la forme de l'article de dictionnaire. C'est la dénotation de l'objet pipe par son abstraction lingüistique (le plus proche à son idée divine chez Platon).

Dans ce cadre, la polysémie initiale, que considère bien Eco dans sa thèse, se réduit à un champ beaucoup plus strict, celui de la contextualisation, qui est à notre connaissance le seul qui jusqu'ici a permis de s'approcher du sens des oeuvres, non seulement comme matériel culturel, c'est-à-dire prédéterminé par l'idéologie d'une époque, mais, précisément, pour cela même, comme révélateur de la pensée d'une époque, et une possible ouverture sur la rationnalisation pour l'étude (aux données prouvables, parce qu'au fond, c'est cela l'important) de l'évolution des mentalités.

QUATRIÈME PARTIE: LE PARCOURS DANS L'ENSEIGNEMENT

0. Introduction

Nous reportons la question de l'enseignement en dernière section de notre réflexion, non pour lui prêter moins d'importance, mais au contraire pour le voir comme la partie médullaire du projet investigatif en général, tant du point de vue de l'espace où il peut se définir et se déplacer (l'Université), c'est-à-dire se produire, comme du point de vue de sa finalité: le partage et la mise à l'épreuve dans la communauté scientifique (par les conférences et participations en congrès), et dans la société (au travers des classes).

Toutefois, le débat est aussi plus profond que cela, puisque, comme on le voit actuellement dans l'Université française et la problématique de l'entrée de tous sans exception ou la sélection comme voie alternative d'entrée dans le système supérieur, face aux nouveaux défis de la surpopulation de bacheliers, la question est quand même de savoir si l'égalité des chances implique obligatoirement une identité de nature, c'est encore à dire si l'égalité de droits face à la réception de l'apprentissage n'a d'autre but qu'une aide sociale à l'entrée dans la vie active (donation de diplômes pour éviter le chômage), ou si la formation supérieure remplit une fonction plus vaste, de mise en place d'un certain nombre d'habilités spécifiques d'un plus petit nombre pour le bien du plus grand nombre (de la science au profit du progrès).

1. La science comme discours

Si ceci semble, au premier abord, bien éloigné de notre champ d'action: l'évocation de mon parcours d'enseignement, là encore, cela ne l'est pas, comme projet de vie.

En 2014, furent colauréats du Prix Nobel de la Paix l'indien Kailash Satyarthi (né en 1954) et la pakistanaise Malala Yousafzai (née en 1997), lesquels invoquent l'éducation comme un moyen de sortir du retard social et culturel. Même discours pour Abd Al Malik avec son film à prétentions autobiographiques de cette même année *Qu'Allah bénisse la France*, Prix FIPRESCI (sélection "*Discovery*") du Festival international du film de Toronto 2014.

C'est encore le fond du discours du président chaviste Nicolás Maduro en octobre 2014 pour le plan pour les Universités, entre vocation et utilité sociale (où il prend comme exemple la nécessité de pourvoir en ingénieurs agricoles et en vétérinaires le pays sur six ans, et prétend pour cela orienter la vocation des jeunes en leur faisant comprendre cette urgence, plus que celle de l'histoire ou d'autres filières par lui nommées, ce qui laisse prévoir un nouveau Grand Bond En Avant, avec les mêmes erreurs). C'est aussi la prétention, cette réforme par l'éducation, qui favorisa la donation par le gouvernement espagnol au CNU nicaraguayen en octobre 2014 de 17.000.000 de dollars, pour l'amélioration logistique, technologique et scientifique.

Dernier élément: lors du Festival du Film de Namur, toujours en octobre 2014, dans son programme "*L'Invité*", Patrick Simonin reçut le cinéaste belge Nabil Ben Yadir et le président-fondateur du Festival International du Film Francophone de Namur Jean-Louis Close, lesquels, face aux restrictions budgétaires dans le secteur culturel affirmèrent l'importance de la culture, et du cinéma en particulier, donc des subventions qui y sont liées, pour "*s'ouvrir aux autres*" (Ben Yadir), "*projet de vie*" et éducation (Close).

Ces citations et pensées très concrètes - pour cela nous avons voulu les citer avec un peu d'amplitude ici - contemporaines, révèlent une erreur générale, qui est celle de ce que nous nommerions le faux messianisme culturel et éducatif. Assumer que l'éducation nous sauve comme individus (notamment du chômage) et comme société (pour éviter la ghettisation) est faux, les chiffres le montrent. Mais c'est *ce que nous voulons entendre*, et, plus encore, *ce que nous sommes habitués à entendre*, donc ce que nous *espérons entendre*.

L'affirmation parallèle, au Festival de Namur, de la culture comme une vague ouverture liée à l'éducation montre, au fond, le contraire: que ceux mêmes qui le prônent n'y croient pas trop, ou du moins n'y ont pas suffisamment réfléchi pour en justifier de façon pertinente l'utilité sociale. C'est ce qui, malgré ses nombreux postes gouvernementaux, passa à Menéndez Pelayo en Espagne.

En réalité, il faut reposer la question différemment, dans une perspective, encore une fois culturologique, panofskienne et/ou chomskienne: on sait, par exemple, que notre vision de la guerre du Vietnam est celle des films état-uniens, le caractère douloureux et de victime du vétéran s'étant transposé avec facilité du Vietnam à l'Irak dans les productions à partir des années 1990, permettant ainsi doublement la justification de la guerre engagée (par l'accentuation martyrologique propre) et le rajeunissement du profil du vétéran, qui devenait peu croyable après trois décades pour les héros d'action.

Cependant, les chiffres ne trompent pas, alors que les vietnamiens perdirent pour le Sud les trois quarts de leurs effectifs et population civile engagés (223 748 militaires et 420 000 civils morts pour 1.000.000) et pour le Nord presque le cent pour cent (1 100 000 militaires et guérilleros morts, 65 000 civils morts pour 650 000 effectifs nord-vietnamien en 1975 et 300 000, effectif maximum en 1968 pour le Front national de libération du Sud Viêt Nam), les États-Unis perdirent à peine dix pour cent de leur effectifs engagés (58 209 morts dont 47 378 au combat pour 543 482, effectif maximum le 30 avril 1969, source http://fr.wikipedia.org/wiki/Guerre_du_Vi%C3%AAt_Nam). Le cas d'Irak est plus net encore.

Alors que le discours social, imposé, offre une idéologisation que les sciences humaines ont le devoir et le but de *désidéologiser*, le discours scientifique des sciences humaines fonctionne, et ainsi le reproduit sa diffusion dans les masses et dans les mass-medias, sur des *a prioris* qui visent à s'auto-justifier sans vraiment se remettre jamais en question, raison sans doute de leur perte de force face aux sciences appliquées, dont les effets et le propos sont beaucoup plus clairs.

Toutefois, et c'est ici le dilemme qui nous est offert, nous l'avons démontré, l'origine épistémologique des sciences, donc des sciences appliquées se trouve dans les sciences humaines, ceci du point de vue de la méthode et donc de la doctrine.

Mais encore, alors que la création d'un nouveau software, pour important qu'il soit, ne change que rarement les choses (Word et PDF ont permis l'amplification du monde digital du livre et de l'information, toutefois les nombreux jeux vidéos de position et de combat n'apportent à peu près rien à la société en soi), l'application des méthodes des sciences humaines au monde réel le modifient souvent plus, et plus radicalement.

Non seulement nous rappellerons, encore une fois, l'importance de l'architecture pour le panorama urbain et les processus ou non de ghettisation et de dé-ghettisation (cas de La Courneuve et de la construction en 1956 puis destruction en 2004 des deux barres d'immeubles de la Cité des 4000), mais nous citerons un fait évident, également liée au Prix Nobel 2014, cette fois d'économie, reçu par le français Jean Tirole, à savoir que c'est depuis la politique et l'économie, deux sciences humaines, même si par jeu de mots et de fait elles sont souvent plus inhumaines qu'humaines proprement dit, que nos sociétés vivent et sont régies depuis l'origine des temps.

Les incompétences, les malversations, les injustices, sociales, donc, financières et, à la fois, judiciaires, qui définissent respectivement les trois espaces du gouvernement humain: bureaucratique, du pouvoir réel économique et politique, et de la main armée de celui-ci (de l'ancienne Égypte jusqu'à Valjean et à nos jours, nous renverrons ici aux travaux de Foucault sur la folie et sur la prison), marquent les minces limites sur lesquels en tant qu'individus nous sommes condamnés à nous mouvoir dans l'espace social.

De là que, comme le pose Panofsky lorsqu'il considère l'oeuvre d'art comme expression de la mentalité d'une époque, ou comme l'étudie en abondance Chomsky dans ses écrits non lingüistiques, et comme nous l'avons montré dans les cas de l'inceste, du rire, de l'école ou de l'enfance, l'apport de la culture au champ du comportement social est non seulement ample, mais urgent et primordial, en cela qu'il agit comme un diagnostic face à una pathologie.

L'ont ainsi bien compris et mis en action Marx, Freud ou Durkheim, dans des champs fondamentaux des sciences sociales et de leur développement selon le même principe que nous avons exposé, à la fois quantitatif et qualitatif.

2. La science comme projet éducatif, l'enseignement comme projet scientifique

S'applique sans doute plus à des pays visiblement en plus grande carence de fonctionnement éducatif et sans réelle communauté scientifique comme ceux du Tiers-Monde l'évidence du rôle non seulement, ou en général (comme concept), de l'éducation, mais aussi de l'apprentissage, de l'intégration scientifique (casi-inexistente, nous venons de le dire), et surtout de la méthodologie de l'application de ce projet (l'éducatif) à des buts.

Nous ne reviendrons pas, si ce n'est pour le citer ici, sur Marx dans son affirmation dans les cahiers de 1845-1846 de l'homme total (futur) comme celui qui, libéré des charges du travail esclavisant, peut se dédier à l'oisiveté de l'apprentissage et de la culture. Ceci seulement pour mettre en perspective l'apologie du travail des diverses dictatures anciennes et actuelles, de gauche comme de droite.

Mais nous en tirerons une base fondamentale de réflexion, puisqu'en outre elle rejaillit sur les préoccupations les plus actuelles, de la Belgique au Vénézuéla chaviste, sur l'éducation comme libération vocationnelle et à la fois (?!) comme utilité pour le marché: qu'est-ce que l'éducation (supérieure: la primaire et le secondaire ayant un rôle évident d'apprentissage pour postérieur "*vomissage*" selon le mot de Françoise Dolto, disons de création d'une vague culture générale et d'appropriation des outils les plus basiques pour l'intégration sociale individuelle, ici oui, comme le sont l'écriture et la mathématique simple, éventuellement l'apprentissage des rudiments de quelque langue étrangère vivante, pour cela le taux de ce que l'on retient vraiment de la formation initiale est à peu près nul en tout).

De fait, le propos de Maduro (la vocation [individuelle] qui doit être réduite et condensée par, et canalisée pour la nécessité [sociale]) n'est pas seulement le même discours qui est passé de Mao (avec les effets que l'on sait) à la France (involontairement) des années 1980 (l'éducation comme voie supérieure de libération, puis l'apparition chaque fois plus dense de tout le sytème d'apprentissages techniques dans le cadre réduit de l'école traditionnelle, des moins propices cependant pour cela, mais avec l'avantage indiscutable de retarder l'entrée dans la vie active, donc d'augmenter, *individuellement*, les chiffres du chômage *collectif*). C'est aussi le même discours, bien qu'inversé dans les termes mais identique dans le fond, des cinéastes à Namur ou d'Abd Al Malik (aux infinis clichés sur *l'intégration* - terme incohérent mais courant, puisque l'on ne s'intègre pas, et même plus *personne n'a jamais l'obligation de s'intégrer*, au contraire, c'est à la société d'intégrer les différences, non aux différences de se "normaliser", tous les grands États, de la Rome antique aux actuels États-Unis, sont ainsi ceux les plus portés à intégrer les influences étrangères, non ceux armés de la banderole nationaliste et au pauvre métissage, comme le Nicaragua -). Ces termes, à Namur, qui reviennent au même ("*que no es lo mismo/ pero es igual*" comme chantait Sylvio Rodríguez dans "*Pequeña serenata diurna*" en 1975), sont les suivants, on l'a dit: l'intégration sociale (collective) par (ou dans) l'éducation (individuelle).

Mais, rejetée l'idée, comme nous l'avons fait (par la simple constatation dans le monde entier, de la parallèle augmentation, de la France au Nicaragua, depuis les années 1990, du nombre de diplômés, et, en même temps, de chômeurs, étant en règle générale, ce qui est logique, les premiers aussi les seconds), que l'éducation nous sauve de quelque chose, ou qu'elle en a le pouvoir, nous entrons au thème de notre conférence au VII Congrès International d'Innovation Scientifique (2012), sur le thème de savoir "*Si dans ses processus académiques l'institution* (universitaire) *a le droit de penser un étudiant idéal*".

Si la formation ne vise plus, comme le disent les présidents d'Université française, comme Anne Fraisse, celle de Montpellier III par exemple en 2014 ("*Aujourd'hui on peut s'inscrire dix fois en première année de licence et prendre ainsi la place d'un étudiant qui pourrait*

203

réussir. Nous envisagions de faire qu'un étudiant ayant moins de 2 de moyenne générale ne puisse redoubler sans avis du jury de filière mais la loi ne le permet pas. Un étudiant qui a entre 0 et 2 c'est soit un faux étudiant, soit un étudiant qui n'a pas le niveau./ La réussite des bacheliers professionnels en première année et de seulement 7%. Ce qui signifie que 93% échouent ! A l'origine le bac pro devait déboucher sur un emploi et il a été détourné pour donner accès à l'université. Quand je vois le titulaire d'un bac pro «métiers du froid» s'inscrire en LEA je sais que ses chances de réussite sont rigoureusement nulles. On laisse croire aux bacheliers professionnels qu'ils ont les pré-requis pour intégrer l'université alors que c'est faux. Pour remédier à cet échec programmé, nous avons même essayé de créer une licence en 4 ans spécialement pour les bacheliers professionnels mais il n'y avait pas de candidats: ils ne comprenaient pas pourquoi on leur demandait une année de plus qu'aux autres.../... L'échec en première année de licence c'est le principal problème de l'université aujourd'hui. Nous servons de variable d'ajustement au système et en même temps on nous demande d'avoir de forts taux de réussite. On nous demande de recevoir tout le monde et de laisser redoubler tous ceux qui le souhaitent. Un jour il faudra choisir sinon, à force de nous demander de faire le grand écart, nous allons nous casser les deux jambes!", http://orientation.blog.lemonde.fr/2014/06/23/nous-ne-pouvons-plus-accueillir-tous-les-etudiants-anne-fraisse-presidente-de-luniversite-paul-valery-montpellier-iii/), à former tout le monde pour rendre service aux étudiants (*"Le code de l'éducation garantit à l'ensemble des bacheliers l'accès à la formation universitaire de leur choix, à l'exception des IUT, BTS, écoles, grands établissement et préparation aux concours. Les licences ne font pas partie de ces exceptions et la sélection y est donc illégale »*, avait dénoncé à l'époque le syndicat étudiant.", http://www.lemonde.fr/enseignement-superieur/article/2014/07/16/l-unef-pointe-du-doigt-la-selection-illegale-a-l-entree-de-33-universites_4457872_1473692.html, voir aussi http://www.lexpress.fr/education/selection-illegale-dans-les-universites-approximations-de-l-unef-ou-realite_1559682.html), mais, comme elle l'a à notre sens toujours fait, à donner à bas coût un espace aux meilleurs représentants dans leurs différents domaines afin de fomenter la création de savoirs et de technologies, alors le problème de la sélection devient crucial, renvoyant par là même à celui de la formation comme parcours en soi. Ainsi qu'à celui des moyens et méthodes mis en oeuvre pour mener à bout cette formation. Le rôle de l'Université arrête alors d'être d'utilité individuelle pour se comprendre comme ayant un rôle social.

2.1. Concrétisant le modèle depuis le cas et la réalité nicaraguayens

Nous avons ainsi développé une préoccupation sur la question éducative, en partie à partir du cas français (dans les ouvrages *Où va l'Université française?* de 2002 et *L'Affaire Elizabeth Tessier: une question de méthode y autres écrits* de 2004), et plus particulièrement sur le cas nicaraguayen (auquel nous avons dédié à ce jour 19 articles publiés ainsi que plusieurs conférences dans le cadre de l'institution UNI).

Le cas nicaraguayen, encore une fois, depuis sa modélisation plus petite et depuis ses carences plus évidentes du milieu universitaire, apporte une illustration par conséquent plus visible et donc une possibilité de solutions plus claire aux problèmes qu'encore une fois soulève l'activité d'enseignement entendue depuis le cadre, le moment et le projet universitaire(s).

L'apologie encore en octobre 2014 du président du CNU nicaraguayen Telémaco Talavera au fait d'avoir selon lui (en réponse à des statistiques externes mentionnant 54% d'approbation universitaire) un taux de 80% de réussite et d'obtention de diplômes nous laissera perplexe(s), d'abord par l'absurde taux de réussite évoqué, non impossible mais privé absolument de sens (pourquoi en premier lieu vouloir avoir 80% de "surdiplômés" pour reprendre le terme français - le propre Talavera annonçant au même moment que le fait d'obtenir son diplôme n'assure en rien l'entrée dans la vie active -? En second lieu, est-il valide de penser que l'on peut former identiquement, c'est-à-dire avec un équivalent et permanent, ou stable, niveau de pertinence un 80% de bacheliers?, si l'idée est alléchante et la possibilité serait heureuse la considération de la réalité humaine semble rendre peu probable ce "quand tout le monde sera content" rabelaisien), ensuite donc par l'usage social réel prévu de ce taux de diplômés dans et pour la société, pour eux-mêmes en premier lieu (comme le disait Marx dans Travail salarié et Capital, plus nombreux sont les employés potentiels dans une même branche moins haut sera le salaire, et plus chacun participera du rabaissement social de groupe de la spécialité, ce qu'évidemment, notait-il encore, cherchent l'industrie et le capital) et la compréhension préalable que cela implique (pour le mouvement de surnombre de diplômés, comme dans la France actuelle selon les cités présidents d'Universités) des buts d'enseignement et d'apprentissage de l'Université comme institution.

La consécutive question est donc de savoir comment niveler par le bas de manière suffisante le contenu informatif afin de permettre la sortie positive du monde universitaire du plus grand nombre. C'est un mensonge de prétendre que nous serons tous capables d'être des champions olympiques en sport, pareillement que nous avons tous les aptitudes nécessaires pour être menuisier ou chercheur (concrètement, par exemple, de faire une monographie ou une thèse). Sans parler de la capacité, l'intérêt manquera tout d'abord à la grande majorité, et avec raison, parce que c'est une autre forme de perdre son temps (voir les réactions violentes il y a quelques années dans l'émission télévisée de Laurent Ruquier On a tout essayé de l'une de ses panellistes fâchée contre une chercheuse du CNRS dédiée à l'étude des couleurs, et qui présentait son livre, la panelliste s'étonnant que ses impôts passassent dans ce type de passe-temps).

Plus amplement, ou plus précisément, selon la manière dont on voudra le voir, la question du niveau d'information transmis (c'est-à-dire de sa spécialité) implique à son tour le problème de la valeur en soi (de nouveauté, de création, de productivité, d'amélioration) du produit universitaire (recherche, enseignement basé sur la recherche) au public (estudiantin). C'est ainsi que les ingénieurs de l'Université de Sherbrooke au Québec évoquent que le passage au système par compétence (annoncé puis finalement retardé au Nicaragua et actuellement simplement abandonné) s'est fait face à la nécessité de remplir de nouveau les salles de classes, face à leur désertion par les étudiants qui, pouvant accéder à la même information donnée en cours (pour cause de sa trop grande généralité) sur internet, ne venaient plus que pour passer les examens ou partiels.

La spécialisation et la qualité de l'enseignement (du moins du point de vue de la nouveauté des connaissances et de leur création ou non par ceux qui la diffuse, donc du statut de créateur ou de passeur du personnel et du système universitaires), question on le sait plus forte dans les sciences humaines (critiquées par les sciences appliquées pour l'absence souvent de vérificabilité de leurs résultats - or théories sans plus, démonstratives [elles fonctionnent en elles-mêmes, comme la religion, voir les démonstrations de l'existence de Dieu, par Saint Anselme ou Leibniz, par exemple], sans base expérimentale, comme on le reproche souvent aux sciences humaines, sont celles des boucles ou des cordes, comme, en général, de l'origine de l'eau ou de l'univers, dans la physique contemporaine -), est donc le point culminant du débat universitaire, comme nous l'avons étudié dans la conférence citée du VII Congrès International d'Innovation Éducative.

De là notre insistance, dans le cadre nicaraguayen, dans des textes comme "*Carta abierta sobre la educación en Nicaragua*" et autres, pour réviser la question non seulement de la transmission, c'est-à-dire du contenu, mais aussi de la méthodologie, c'est-à-dire des voies ou moyens de transmission.

Très concrètement, au Nicaragua, la principale part de l'activité éducative se fait en marge de tout fond bibliographique, national, régional ou institutionnel, puisqu'ils y sont inexistants, en marge d'une formation "référenciable" de la formation académique des enseignants, de l'absence d'activité investigative (la plupart des universités étant privées travaillent avec des enseignants horaires, donc sans possible charge de recherche, soit sur le principe de la transmission de science exogène, non endogène), sans intérêt, finalement, et consécutivement, pour l'activité de recherche, donc de production et de création (de connaissances ou de technologies).

Ce qui provient, on l'a vu, d'une idéologie dominante, mais pas seulement dans le cadre nicaraguayen, sur l'usage de l'éducation supérieure, et sur ses buts, en particulier en ce qui concerne les sciences humaines, jugées souvent inutiles, pour cela peu ou pas représentées au Nicaragua, et attaquées dans leurs fondements et dans leur financement en Europe (cas belge cité).

2.2. Rapide biographie dans l'enseignement

C'est cette carence et cette problématique qui, ayant retenu notre attention dans le monde scientifique, généra notre activité d'enseignement, pour les raisons suivantes:

1. Conscience que les résultats de recherches devaient passer par le tamis de la communauté scientifique;
2. Désir d'ouvrir le pays de vie élu aux standards internationaux;
3. Internationalisme et interdisciplinarité originaux de ma démarche.

C'est pour cette raison sans doute que, pour le dire clairement, à la UNI par exemple, pour faire référence à une série télévisée des années 1980, j'ai été le volontaire "*homme qui tombe à pic*", puisque, dans mes dix ans de travail dans cette institution, j'ai consécutivement été le créateur des premiers plans d'étude de Maîtrise et de Doctorat de la Faculté d'Architecture (2005), puis des premiers volumes écrits pour et par la Faculté (les deux *Historia de la Arquitectura Moderna* et *Contemporánea*, 2006 et 2007), pour ensuite créer le premier Système d'Information Urbaine (dans la partie d'évolution urbaine et d'information historique, patrimonielle et culturelle) du pays (2008-2009), de la première *Encyclopédie d'ingénierie du Nicaragua* (2010), et, finalement, dans les dernières années, j'ai mis en place et stabilisé les 2ème et 3ème Cycles de la Faculté (2011-2013), générant ainsi l'intérêt des autres Facultés pour obtenir leurs propres Coordinateurs, et mis en place le système d'investigation interdisciplinaire de la Faculté (depuis 2014), de fait en partant du modèle français, unique dans le monde, de l'Université et du CNRS (concept d'enseignant-chercheur, centres de recherches regroupés dans le CNRS mais dépendant de chaque Université), réussissant à ce que ce modèle soit approuvé en début 2014 pour toute l'Université (non seulement pour la Faculté d'Architecture, mais pour l'ensemble de ses cinq autres Facultés: Sciences et Systèmes, Électrotechnique et Informatique, Ingénierie Chimique, Technologie de la Construction, et Technologie de l'Industrie).

Dans ce cadre, j'ai produit pour la UNI en dix ans neuf volumes:

1. *Historia de la Arquitectura Moderna*, 2006, 1 tome, 704 p.
2. *Historia de la Arquitectura Contemporánea*, 2007, 2 tomes, respectivamente 382 p. y 1038 p.
3. *Sistema de Información Urbana SIU Carazo*, 2008, 1 tome, 720 p.
4. *Enciclopedia de la Ingeniería Civil en Nicaragua*, 2009, 3 tomes, respectivamente 1022 p., 642 p. y 596 p.
5. *Ciudadanía, Identidad y Patrimonio*, 2010, 1 tome, 474 p.
6. *La Investigación en la Arquitectura*, 2013, 1 tome, 110 p.
7. *La Investigación en la Enseñanza de la Arquitectura*, 2013, 1 tome, 288 p.

Cette même situation d'activité ample et productive fut la mienne dans mes dix ans de labeur pour la UNAN. Mettant en place les bases du système de traduction, en particulier littéraire, et de là, plus amplement technique (sur l'idée que la traduction littéraire devait servir de "*gammes*" à l'apprentissage culturel pour la traduction technique), pour le Département de Français (1996), puis des Chaires d'Esthétique et d'Épistémologie du Département de Philosophie (1996-2000), et de l'actuel plan d'études de Philosophie Latinoaméricaine (2004-2005), de la mise en place de la première Maîtrise en Langue Hispanique (2002) du Département de Littérature, puis du projet de Doctorat en Sciences Humaines (2003-2004) des Département de Philosophie, d'Histoire, de Littérature et de Sociologie. J'ai également créé à la UNAN la chaire d'Histoire de l'Art (1996-1997) du Département d'Histoire. Et développé avec le Département de Culture la même chaire (2005-2006), ainsi que les Congrès annuels dariens (1996-2005) et carlosmartiniens (1999-2005).

De là j'ai été appelé à la UNICA (Université Catholique) et à la UCA (Université Centraméricaine des jésuites) pour créer respectivement les chaires de Techniques d'Investigation Littéraire, Introduction à la Méthodologie de l'Analyse ou Introduction Littéraire (deux chaires dans lesquelles j'ai développé les prémisses de mon postérieur intérêt pour les "*oeuvres-limites*" et leur utilisation dans l'enseignement méthodologique de l'épistémologie de l'approche pour les premières années et la recherche expérimentée en littérature pour les niveaux de Licence et de Maîtrise), Littérature Nicaraguayenne et Hispanoaméricaine, Enseignement du Théâtre dans le cadre Secondaire (où j'ai développé les principes d'approche divisées du matériel littéraire dans l'apprentissage interactif pour les enseignants par une construction verticale de la lecture des oeuvres [théâtrales ou non] et sa re/production [théâtralisée] en classe [notamment à partir de "*La Métamorphose*" de Kafka]: niveaux de 1. Mise en scène [espace, description, sens des indications scéniques du texte], 2. Temporalité [moment, époque, sens du temps dans l'espace narratif: la nuit et la pluie au début de la nouvelle de Kafka], 3. Création du personnage [visage, figure, vêtements, en un mot *personnification*], 4. Gestualité et informations non verbales [silences, mimiques, corporalité, jeu d'acteur], 5. Dialogues [interactions verbales]) et d'Études Cinématographiques (UNICA, 2005-2007), ainsi que d'Esthétique (pour laquelle j'ai produit l'ouvrage *Questions d'Esthétique Générale,* 2010, 132 pp.), d'Histoire de l'Art, de Pensée Contemporaine, de Philosophie Sociale et de Séminaire de Thèse (UCA, 2005-2011).

J'ai participé à la création du Département de Design de la UAM (Université Américaine), y créant, là encore, la chaire d'Histoire de l'Art et du Design (2011-2012), pour laquelle fut produit un matériel double d'Histoire de l'Art (2 volumes, 286 pp.).

En France, mon activité la plus notable (outre des remplacements en Lettres et en Histoire, ainsi que comme Assistant d'Espagnol dans les années 1990 dans divers collèges et lycées en région parisienne et en Vendée), fut ma participation à l'exposition sur le groupe de peintres de Saint-Jean-de-Monts, qui donna naissance à mon ouvrage d'étude, le premier de sa nature, sur la littérature vendéenne (ouvrage amplement, bien qu'à mon sens encore insuffisamment, diffusé entre les collèges et lycées de la région) de 1850 à 1930, qui intègre des fiches de plus de cent auteurs et de plus de 500 de leurs oeuvres, en outre d'une approche historique et thématique (*Étude du mouvement littéraire lié au groupe de peintres dit de Saint-Jean-de-Monts: un problème d'historiographie vendéenne - Travail réalisé pour la Conservation des Musées de Vendée (exposition de Soullans, 1999-2000)*, 2002).

2.3. Des chiffres et des concepts

Pour mettre en chiffres et pourcentages l'expérience acquise et transmise, j'ai donné des conférences pour dans les Universités et Institutions suivantes: Université d'Ottawa, Canada; Université de Besançon, France; Université de Limoges, France; Université d'Orléans, France; Univeristé d'Aix-en-Provence, France; Universidad Nacional de Heredia, Costa Rica; Embajada de Francia, Managua, Nicaragua; Cinemateca Nacional, Managua, Nicaragua; Ministerio de Cultura, Managua, Nicaragua; Centro Nicaragüense de Escritores, Managua, Nicaragua; UCA (Universidad Centramericana), Managua, Nicaragua; UNI (Universidad Nacional d'Ingenería), Managua; Instituto de Cultura Hispánica, Managua; Ministerio de Educación MED, Managua; Alcaldía de Managua; UCN (Universidad Central de Nicaragua), Jinotepe; Universidad Jean-Jacques Rousseau, UNIJJAR, Managua, Nicaragua; Colegio Divino Pastor, Diriamba, Nicaragua; Alianza Francesa, Managua, Nicaragua; Alianza Francesa, León, Nicaragua; UNAN, León, Nicaragua; ANIPROF, Asociación Nicaragüense de los Profesores de Francés, Managua, Nicaragua; Instituto Cultural germano-nicaragüense Casa de los 3 Mundos, Granada, Nicaragua; Galería Casa de los 3 Mundos, Managua, Nicaragua; Galería ArteFacto, Managua, Nicaragua; Galería Añil, Managua, Nicaragua; Escuela Superior de Bellas Artes Armando Morales, Granada, Nicaragua; Colegio Público de Enseñanza Segundaria y Ayuntamiento de Chichigalpa, Nicaragua; CONAPRO, Federación de Asociaciones Profesionales de Nicaragua, sección Jinotepe, Nicaragua; Médicos sin Fronteras, Managua, Nicaragua; Cafetín Literario Kolschitzky, Masaya, Nicaragua; Embajada de México, San Salvador, El Salvador.

J'ai participé aux Colloques et Congrès Internationaux dans les Universités suivantes: Université de La Sorbonne-Paris René Descartes, France; Université de Besançon, France; Université de Perpignan, France; Université d'Aix-en-Provence, France; UNAN, Managua, Nicaragua; UNICIT (Universidad Latinoamericana de Ciencias y Tecnologías), Managua, Nicaragua; UAM (Universidad Americana), Managua, Nicaragua; Instituto de Cultura Hispánica (Embajada de España), sección de Diriamba, Nicaragua; UNICA (Universidad Católica), Managua; Ambassade de France, Managua, Nicaragua.

J'ai dirigé les thèses en France:

1. Président du Jury de la défense de thèse de D.E.A. sur *"Littérature et jardin au XXe siècle en Europe"* de Brigitte Dupuigrenet Desroussilles épouse de Bletterie, Dpt de Littérature, Université de Limoges, octobre 1999
2. Directeur Assistant du D.E.A. de Laure Vhernes sur *"Les photographes méxicains contemporains"* dirigée par Claude Frontisi, Dpt d'Histoire de l'Art, Université de Paris X-Nanterre, décembre 1999-septembre 2000

Et au Nicaragua:

3. Directeur Assistant de la thèse de Maîtrise de la Prof. Margarita Ruiz Soza: *"La ética del derecho y la administración de justicia en Nicaragua"*, Dpto de Filosofía, UNAN, Managua, avril-juillet 1998
4. Co-Directeur en collaboration avec la Dra Elisa Arévalo Cuadra de la thèse de Maîtrise de la Lic. Martha Regina Vargas sur l'oeuvre de Carlos Martínez Rivas, Dpto de Literatura Española, UNAN, Managua, novembre 2002-mars 2003
5. Directeur de la thèse de Maîtrise du Lic. Frank Martínez Baez sur *"La mujer en la literatura: siglos XIX-XX"*, UCA (Universidad Centroamericana), Managua, 2003-2004
6. Directeur de 4 thèses de Licence: sur *Sangre Santa*
7. L'abordage pédagogique du conte à partir de Propp en secondaire,
8. Les illustrations du *Quijote*,
9. Le premier recueil de poésie de Pablo Antonio Cuadra), UNICA (Universidad Católica), Managua, avril-décembre 2005
10. Directeur du protocole de thèse sur le roman *Entre Altares y Espejos* de María Gallo, UNICA, Managua, second semestre 2005
11. Directeur Spécialiste de la monographie de licence en Humanidades: *"Arte instalaciones: percepciones y perspectivas"* de Rosa Darlyng Zuñiga López et Alba Lucía Zuñiga, UCA, avril-mai 2006
12. Directeur des thèses en Licence en Filosofía y Ciencias Humanas de la UCA, 2008: *"Estudio del problema político de la corrupción en las elecciones a través de la obra Ensayo sobre la lucidez de José Saramago"* de Luis Mela Herrera
13. *"La América utópica de José Martí en la obra "Nuestra América""* de Manuel de Jesús Sánchez Ruiz
14. *"El mestizaje en América Latina desde José Vasconcelos en su obra La Raza Cósmica"* de Rigoberto Castro Nájera
15. Directeur de la thèse de Licence en Filosofía y Ciencias Humanas de la UCA de Oscar Alexander Argueta Pereira, *"Los alcances del concepto de libertad en el libro El existencialismo es un humanismo de Jean-Paul Sartre"*, 2009-2010

16. Co-Directeur Spécialiste de la thèse de Licence en Littérature de la UNICA d'Audeli Borges, "*La Insurección Solitaria de Carlos Martínez Rivas*", 2011

17. Président du Jury de défense de la thèse de Maîtrise en Conservación y Gestión del Patrimonio Cultural Para el Desarrollo (Maestría Centroamericana en Conservación y Gestión del Patrimonio) du Lic. Leonardo D. Lechado Ríos, "*Propuesta de Plan de Gestión Patrimonial en la comarca Nejapa, Municipio de Managua*", UNI-Managua, décembre 2012

18. Membre du Jury de thèse Doctorale en Architecture de l'Université de Málaga du MSc. Jorge Minguet Medina, "*Obliteración en la arquitectura del tardocapitalismo*", 2017

19. Directeur de la thèse de Licence en Filosofía y Ciencias Humanas de la UCA de Salvatore Manzanarez González "*Metafísica y lógica poética de Amparo Zacarés en los 30 poemas de Alfonso Cortés*", 2017

J'ai donné les conférences et participé aux colloques et congrès internationaux:

1. "*La chute d'Icare* de Bruegel l'Ancien: une allégorie du péché originel?", conférence donnée aux étudiants du Département d'Histoire de l'Art, Université de Besançon, 1995

2. "*Le parcours de l'humanité dans l'oeuvre de Jérôme Bosch; de l'eschatologie au péché originel: l'exemple du Chariot de foin*", conférence donnée aux étudiants du Département d'Histoire de l'Art, Université de Besançon, 1996

3. "*L'interdisciplinarité en sciences humaines dans les études d'art: le cas de la sociologie de l'art*", conférence donnée aux doctorants du Département de Sociologie, Université de Besançon, 1996

4. "*Roland Barthes et la théorie esthétique*", Département de Littérature, Université d'Orléans, 1996

5. Jornadas Darianas, UNAN-Managua, mars 1997: "*Prosas Profanas: la Alegoría de la Poesía y la identidad cultural en Darío*"

6. "*Warburg y lo metavisual*", Galería ArteFacto, Managua, 1997

7. Jornadas Darianas, UNAN-Managua, mars 1997: "*El "Coloquio de los Centauros": hacia una filosofía de la ciencia*"

8. "*Los ArteFactos y el arte abstracto en Nicaragua*", Embajada de México, San Salvador, El Salvador, 1998

9. Jornadas Darianas, UNAN-Managua, mars 1998: "*La perspectiva política en Azul...*"

10. Jornadas Darianas, UNAN-Managua, mars 1998: "*El lobo de los "Motivos" de Rubén Darío*"

11. Jornadas Darianas, UNAN-Managua, mars 1999: "*La concepción milenaria: apocalíptica y finesecular de Rubén Darío en Cantos de vida y esperanza y otros poemas*"

12. "*El "Coloquio de los Centauros": hacia una filosofía de la ciencia*", VII Congreso International de Literatura Centroamericana, UAM (Universidad Americana), Managua, mars 1999

13. "*Roland Barthes y la teoría estética: una aproximación a la interdisciplinariedad y a sus problemáticas en las ciencias humanísticas y sociales*", Departamentos de Literatura y de Filosofía, Universidad de Heredia, Costa Rica, 1999

14. "*Les livres d'emblèmes origine et centre de l'iconographie moderne et contemporaine*", conférence donnée aux étudiants du Département d'Histoire de l'Art, Université de Besançon, 1999

15. "*Le problème de l'art contemporain desde l'iconographie et les livres d'emblèmes: étude des dérivations et nouvelles dénominations/classifications pour comprendre la formation de l'art abstrait: de l'abstraction thématique et abstraction formelle*", conférence donnée aux étudiants du Département d'Histoire de l'Art, Université de Besançon, 1999

16. "*La littérature vendéenne 1850-1930*", Département de Littérature, Université de Limoges, 1999

17. "*Le rire: désacralisation ou manière de diffuser le sacré? L'exemple du pet dans les textes et légendes populaires*", Colloque International sur le Rire: "*Deux mille ans de rire - Permanence et modernité*", GRELIS, Université de Besançon, juin 2000

18. "*Angel Heart et L'Echelle de Jacob: katabase et anabase*", X Colloque International des Danses Macabres d'Europe, Vendôme, septembre 2000

19. "*Modelización de las figuras del pensamiento latinoamericano en la literatura nicaragüense: Los orígenes prehispanicos e indigenos de las figuras y motivos en El Güegüence y las aventuras de Tío Coyote*", VIIème Congreso de la SOLAR (Sociedad Latinoamericana de Estudios sobre América Latina y el Caribe, présidée par Leopoldo Zea): "*Retos de América Latina a principios del Tercer Milenio*", Managua, novembre 2000

20. "*Estudio comparativo de tres textos fundadores del teatro latinoamericano: El "Rabinal Achí" guatemalteco, El "Ollantay" peruano y El Güegüence nicaragüense*", V Coloquio Internacional: Teatro y Tercer Milenio en Hispanoamérica - Dominios hispanoamericano y mexicano, CRILAUP - Centre Européen de Recherches sur le Théâtre Mexicain, Universidad de Perpignan, octobre 2001

21. "*Aproximaciones a la estructura narrativa de El Güegüence*", Jornadas Darianas, mars 2002

22. ""*Obra Maestra*" *de José Coronel Urtecho, "No" de Carlos Martínez Rivas y la propuesta educación del lector burgués*", Jornadas Carlomartinianas, UNAN-Managua, septembre 2002

23. ""*Obra Maestra*" *de José Coronel Urtecho, "No" de Carlos Martínez Rivas y la propuesta educación del lector burgués*", III Simposio sobre el Habla y la Literatura Nicaragüense, Centro de Investigaciones Lingüísticas y Literarias CILL, UNAN-Managua, septembre 2003

24. ""*Obra Maestra*" *de José Coronel Urtecho, "No" de Carlos Martínez Rivas y la propuesta educación del lector burgués*", Jornadas Carlomartinianas, septembre 2003

25. "*Peut-on penser le rire comme socialement constructif de l'appartenance à un groupe, par opposition implicite entre le(s) rieur(s) et le(s) moqué(s)?*", Colloque International sur le Rire, CORHUM, Université René Descartes, Paris, octobre 2002

26. "*Aproximaciones a la estructura narrativa de El Güegüence*", Simposio "*El Güegüence: Tiempo, Paraje y Trascendencia*", Embajada de España e Instituto Nicaragüense de Cultura Hispánica, Diriamba, janvier 2003

27. "*Por los caminos van los campesinos: El Güegüence y la ontología nicaragüense en Pablo Antonio Cuadra* ", VI Coloquio Internacional: Teatro e Historia - Las puestas en escena de la Historia en Hispanoamérica, CRILAUP - Centre Européen de Recherches sur le Théâtre Mexicain/CERTM, Université de Perpignan, 29 septembre 2004

28. "*La dualidad ontológica en Cantos de Vida y Esperanza*", Jornadas Darianas, UNAN-Managua, mars 2005

29. "*Peut-on penser le rire comme socialement constructif de l'appartenance à un groupe, par opposition implicite entre le(s) rieur(s) et le(s) moqué(s)?*", Colloque International sur le Rire, CORHUM, Université René Descartes, Paris, octobre 2002; "*Du théâtre de boulevard aux "sitcoms": les relations amoureuses comme expression du modèle bourgeois*", VI Colloque International de CORHUM sur La comédie de l'amour, Université d'Ottawa, 5-7 mai 2005.

30. "*La figura del Quijote en el pensamiento latinoamericano contemporáneo*", Jornada Cervantina, UNICA, juin 2005

31. "*La dualidad ontológica en Cantos de Vida y Esperanza*", Jornada Dariana, UNICA, octobre 2005

32. "*La literatura nicaragüense en el mundo*", Congreso Nacional de Capacitación de los Docentes de Secundaria, Centro Nicaragüense de Escritores y Ministerio de Educación, Alcaldía de Managua, décembre 2005

33. "*José Coronel Urtecho y la literatura universal*", II Congreso Nacional de Capacitación de los Docentes de Secundaria, Centro Nicaragüense de Escritores y Ministerio de Educación, Alcaldía de Managua, novembre 2006

34. *"Del placer del texto al placer de la interpretación"*, Lire en Fête, Alianza Francesa, Managua, novembre 2006
35. *"Arquitectura Moderna vs Arquitectura Contemporánea: origen de un debate"*, Facultad de Arquitectura, Universidad Nacional de Ingeniería, Managua, novembre 2006
36. *"La descomposición en el arte abstracto"*, Galería Añil, Managua, 2007
37. *"Los límites de lo estético"*, Facultad de Arquitectura, Universidad Nacional de Ingeniería, Managua, diciembre del 2006
38. *"Historia de la tira cómica desde sus orígenes y aproximación a la obra de Hergé en el cumpleaño de su muerte"*, Alianza Francesa, Managua, janvier 2007
39. *"Darío en los vanguardistas y postmodernistas"*, V Simposio Internacional Rubén Darío, León de Nicaragua, janvier 2007
40. *"Los Premios literarios Nicaragüenses y Franceses del 2006: reseña y comparación de los sistemas editoriales y de premiación entre los dos países"*, Alianza Francesa, Managua, avril 2007
41. *"Los rostros de Salomón de la Selva"*, III Seminario Nacional de Actualización para Profesores de Secundaria dedicado a *Salomón de la Selva*, , Centro Nicaragüense de Escritores y Ministerio de Educación, Alcaldía de Managua, novembre 2007
42. *"La cuestión de la narración en el arte de escribir"*, Encuentro Jóvenes Talentos, Dpto de Cultura, Universidad Politécnica UPOLI, novembre 2007
43. *"Los cambios en la literatura nicaragüense de los 80 a los años 2000"*, Encuentro Jóvenes Talentos, Dpto de Cultura, UPOLI, novembre 2007
44. *"Problemas de lectura y abordaje de El Güegüence"*, Casa de Cultura, Diriamba, décembre 2008
45. *"Acerca del multilingüismo en Nicaragua: su ideología y sus falsedades, su crisis institucional versus su realidad vivida, su amplitud y su pertinencia social, económica, política y cultural"*, 9o Congreso Anual de la Asociación Nicaragüense de Profesores de Francés, ANIPROF, UNAN-Managua, 2012
46. *"Acerca de si, en la elaboración de sus procesos académicos, la institución tiene el derecho de soñar un estudiante ideal"*, VII Congreso Internacional de Innovación Educativa, 23-26 octobre 2012
47. *"La literatura nicaragüense en el mundo"*, III Congreso Internacional RedIsca *"Límites, fronteras e intersecciones en América Central"*, Centro CAER, Université de Aix-en-Provence, 15-16 novembre 2012
48. Table Ronde/Mesa redonda Editores-Traductores, III Congreso Internacional RedIsca *"Límites, fronteras e intersecciones en América Central"*, Centro CAER, Université de Aix-en-Provence, 15-16 novembre 2012

49. "*El Anti-Rousseau*", en el marco de La Francophonie, Embajada de Francia, ponencia dada en la Universidad Jean-Jacques Rousseau UNIJJAR, Managua, 20 de mars 2013

50. "*El estatuto objetual de las mujeres en el surrealismo a través del estudio de 3 figuras sobresalientes: Simone Kahn, Gala Dalí, Elsa Triolet*", en el marco de La Francophonie, Embajada de Francia, Cafetín Literario Kolschitzky, Masaya, 23 de mars 2013

51. "*Sobre la investigación en la arquitectura y la investigación en la enseñanza de la arquitectura*", conférence donnée dans le Seminario-Taller de Investigación y Desarrollo, Facultad de Arquitectura, UNI-Managua, 11-12 avril 2013

52. "*Merda d'Artista de Piero Manzoni y el problema actual de la sociología del arte contemporáneo*", Miércoles Cultural, Facultad de Arquitectura, Auditorio Salomón de la Selva, UNI, Managua, 5 juin 2013

53. "*Los modelos actuales en la docencia de la arquitectura en américa latina: Su origen en las propuestas de la arquitectura actual y cómo nos abogamos a dicho modelo*", Transformación Curricural, Facultad de Arquitectura, UNI, Managua, 13 septembre 2013

54. "*¿Es físico el patrimonio? Acercamiento al polifacetismo y la pluridisciplinariedad de la cuestión patrimonial en el debate contemporáneo*", 2o Ciclo de Conferencias I+D+i FARQ.: "*Patrimonio y Cultura: Cultura del Patrimonio*", Facultad de Arquitectura, UNI, Managua, 14 novembre 2013

55. "*Ficcionalidad del espacio urbano: Uso, accesibilidad; Comprensión, interpretación; Polarización, guetización*", 3er Ciclo de Conferencias I+D+i FARQ.: "*La ciudad, el urbanismo, el territorio*", Facultad de Arquitectura, UNI, Managua, 3 décembre 2013

56. "*Macrostructures du Pouvoir, nature humaine et vendanges de sang*", Congrès International 2014 des 'Études de Génocides': "*Exterminations de populations: de l'histoire aux mémoires*", Centre Universitaire Vendée/Bas-Poitou affilié à l'Universidade Fernando Pessoa (Portugal), Vouvant (France, 85120), 18-21 septembre 2014

57. "*El pasaje del barroco al rococó: un caso de amplificación formal de la perspectiva como dimensión simbólica y juego formal, estudiado a partir del modelo tardío y peculiar español en arquitectura*", Facultad de Arquitectura, UNI, Managua, 23 novembre 2014

58. "*Aproximación al caso de Managua como fenómeno paradigmático del Tercer Mundo*", Ciclo de Conferencias I+D+i FARQ.: "*Managua: Ciudad, cultura y territorio*", Facultad de Arquitectura, UNI, Managua, 27 novembre 2014

59. "*La traducción del Soldado desconocido de Salomón de la Selva y sus implicaciones para la comprensión de su obra*", Alliance Française, 10 mars 2015, présentation de

l'édition bilingue espagnol-français du recueil *El Soldado desconocido* de Salomón de la Selva (trad. N.-B. Barbe), éditions Hispamer-Ambassade de France, 2015, pour la célébration du Centennaire de la Première Guerre Mondiale, dans le cadre de la Francophonie

60. *"Romantisme et guerre: la Vendée, l'héritage régional et le discours politique/national"*, Colloque *Witness through Fiction* organisé par l'équipe EHIC et la University of North CaroHna Charlotte, Faculté des Lettres de l'Université de Limoges, 9-11 avril 2015

61. *"La teoría del diseño en la arquitectura desde sus tres puntos de abordaje: histórico, técnico, y teórico"*, Facultad de Arquitectura, UNI, Managua, 14, 17 & 21 avril 2015

62. *"Buscando un modelo morfológico para la evolución urbana de Managua"*, Conferencias I+D+i FARQ.: *"Jornada 60 Aniversario del Urbanismo en Nicaragua"*, Facultad de Arquitectura, UNI, Managua, 8 juillet 2015

63. *"El lenguaje popular y la voz de género en la expresión: "A calzón quitado""*, Discours de réception comme Membre Honoraire à l'Academia Nicaragüense de la Lengua, 23 septembre 2015

64. *"Las raíces religiosas del pensamiento educativo contemporáneo"*, IX Congreso Internacional d Innovación Educativa: *"Tendencias y desafíos"*, Universidad Veracruzana (Méxique), 21-23 octobre 2015

65. *"De Fanon a Galeano: la cuestión de la territorialidad como asiento del discurso propio"*, VI Coloquio de la Red Europea de Investigaciones sobre Centroamérica - RedISCA: *Más allá del estrecho dudoso – intercambios y miradas sobre Centroamérica*, Universidad de Barcelona, 12-13 novembre 2015

66. *"Vendée-Nicaragua-Venezuela: the interstices of genocide"*, *"Interdisciplinary Perspectives on Death Representations in Literature: Epistemological, Social, Anthropological and Aesthetic Aspects"*, 2016 Annual Meeting of the American Comparative Literature Association (ACLA), Harvard University, Cambridge, Massachusetts, 17-20 Mars 2016

67. *"Teoría general de la arquitectura, el urbanismo y el patrimonio edilicio nicaragüenses"*, Conferencias I+D+i FARQ.: Simposio Internacional Patrimonio Cultura y Desarrollo *"Ciudad Cultura y Territorio: Bienes, expresiones, símbolos y saberes del pueblo"*, Facultad de Arquitectura, UNI, 25-27 Octobre 2016

68. *"Reescritura de memorias y poder"*, VI Congreso Centroamericano de Estudios Culturales *"Reescritura de Memorias y Poder"*, Instituto de Historia de Nicaragua y Centroamérica (IHNCA), Universidad Centroamericana, Managua, 11-13 Juillet 2017

J'ai été membre des jurys suivants, et en fut président au Nicaragua:

1. Membre des Jurys de Qualification, Concours de:

e) Littérature (Poésie et Nouvelle);

f) Déclamation;

g) Oratoire;

h) Arts Plastiques (Peinture, Dessin y Caricature);

Dpt de Culture, UNAN, Managua, novembre 1997

2. Président des Jurys de Qualification, Concours de:

    a. Arts Plastiques (Peinture, Dessin y Caricature);

    b. Théâtre;

Dpt de Culture, UNAN, Managua, novembre 2002

3. Jury Qualificateur, Concours Nacional de Arts Plastiques y Visuelles "*Ernesto Cardenal 80 Aniversario*", juillet 2005

4. Jury Qualificateur, TecnoUNI 2005, Événement Scientifique de la UNI, novembre 2005.

5. Membre du Jury de Qualification, Concours de:

    a. Arts Plastiques en Hommage aux 80 Ans d'Ernesto Cardenal

Faculté d'Architecture, UNI, Managua, juillet 2005

6. Président du Jury de Qualification, Concours de:

    a. Théorie et Histoire de l'Architecture;

7. Et Membre du Jury de Qualification, Concours de:

    a. Design;

    b. Création d'Ensembles;

8. Feria Technologique Tecno-UNI, Faculté d'Architecture, UNI, Managua, septembre 2005

9. Jury Qualificateur, Concours du Centro Nicaragüense de Escritores, Section Poésie, juillet 2006

10. Jury Qualificateur, Concours Littéraire (dans les genres Nouvelle et Poésie) Jeunes Talents, Dpt de Culture, UPOLI, Managua, novembre 2007

11. Membre du Comité de sélection des oeuvres et artistes présentés, Exposition Fusión, Casa des Tres Mundos, Granada, novembre 2009

12. Jury Qualificateur, Concours de:

    a. Peinture

    b. Photographe

    c. Technique libre

Concours d'Art Écológique, Dpt de Culture, UCA, 2011

13. Jury Qualificateur, Concours du Centro Nicaragüense de Escritores, Section Poésie, juin 2014

Dans ce même cadre d'enseignement et de mise en place, par conséquent, *nécessairement* dirons-nous, de programmes de cours, je suis l'auteur de programmes d'enseignement universitaire et autres éléments de propiété intellectuelle:

1. Auteur du programme "*Histoire de l'Art*", Casa de los Tres Mundos, Granada, 1996.
2. Auteur en collaboration du programme "*Histoire de l'Art*", UNAN, 1996.
3. Auteur du programme "*La interdisciplinariedad en las Ciencias Humanísticas*", UNAN (Universidad Nacional Autónoma de Nicaragua), Managua, 1996.
4. Auteur en collaboration du programme "*Epistémologie*", UNAN, 1996 (Cycle de Conférences), 1997 (Introduction à la Philosophie), 1998 (Phiilosophie Latinoaméricaine).
5. 5 - Auteur du programme de enseñanza del Francés (FLE), Asociación CONAPRO (Corporación Nacional de Profesionales), sección de Jinotepe, Nicaragua, 1997.
6. 6 - Autor en colaboración de la parte metodológica-epistemológica del "*Anteproyecto de creación del Centro de Estudios del Pensamiento Nicaragüense (CEPEN)*", UNAN, 1997.
7. 7 - Auteur, créateur et responsable de la section hebdomadaire "*Hablemos de Cine*", *El Nuevo Diario*, Managua, 1997-1999.
8. Auteur, créateur et responsable de la mini-série "*Nicaragua: 4 plásticos postmodernos*", *El Nuevo Diario*, 25/4/1998-5/6/1998.
9. Auteur du programme "*Histoire de la pensée postmoderne*", UCA (Universidad Centroamericana), Managua, 1998.
10. Auteur du programme "*Introduction à la perception esthétique*", UPOLI (Universidad Politécnica), Managua, 1998.
11. Auteur du programme "*Esthétique*", ENSAM (Escuela Superior de Bellas Artes Armando Morales), Granada, Nicaragua, 1998.
12. Auteur du programme "*Théorie du Cinéma*", ENSAM, 1998.
13. Auteur du programme "*Français appliqué a l'Art*", ENSAM, 1998.
14. Auteur du matériel de classe pour les étudiants de Philosophie de la UNAN-Managua: *Arturo Andrés Roig y el problema epistemológico*, 1998.
15. Co-fundateur de la revue littéraire *Papálotl*, Managua, Nicaragua, 1998-1999.
16. Auteur du Manifeste et du texte de presentation du groupe "*Cualquier Nombre*" et co-Auteur de la page de presentation des oeuvres du groupe sur Internet, 1999: http://members.spree.com/sip/luison73/cualquier_nombre.htm
17. y 2002: www.jctinting.com/jrn
18. Auteur de plusieurs textes de présentation du groupe ArteFacto sobre Internet, 1999: http://www.ibw.com.ni/

19. Co-Auteur de la page de présentation de la revue littéraire *Papálotl* en Internet, 1999: papalotl@unicit.edu.ni
20. Auteur du programme de "*Sociocritique de la Littérature*", UNAN, 2002.
21. Auteur du matériel de classe de *Sociocritique de la Littérature*, UNAN, 2002.
22. Autor en collaboration del programme de "*Philosophie Latinoaméricaine*" I y II, UNAN, 2002.
23. Co-fundateur, avec les Dr. Elisa Arévalo Cuadra, Luis Alfredo Lobato Blanco, Addis Esparta Díaz Cárcamo e. Iván Uriarte, de la Comission doctorale pour un Doctorat en Philosophie et Sciences Sociales et Humaines, UNAN-Managua, 2002-2003
24. Fondateur du Centre Français d'Iconologie Comparée, juin 2003, du "*I Coloquio Internacional sobre Panofsky*", Fontenay-le-Comte, septembre 2003, et de l'anthologie *Le Néant dans la pensée contemporaine (41 auteurs, 21 nationalités, 15 champs du savoir)*, 2007-2013.
25. Auteur du programme de postgrado "*Teoría del Arte y la Literatura Contemporáneos*", UCA, Managua, 2004.
26. Auteur du programme "*Histoire de l'Art*", UNAN, Managua, 2005.
27. Auteur du programme "*Atelier de Création Littéraire*", UNICA, Managua, 2005.
28. Auteur du programme "*Dramaturgie*", UNICA, Managua, 2005.
29. Auteur du programme "*Performance*", UNICA, Managua, 2005.
30. Auteur du programme "*Radio-Télévision*", UNICA, Managua, 2005.
31. Auteur et éditeur de la revue *La Palabra y el Hombre* No 4, UNICA, 2005-2006.
32. Auteur, créateur et éditeur de la revue *El Hilo Azul* (ainsi que de son titre) du Centro Nicaragüense de Escritores, 2008.
33. Auteur des livres-matériels de classe d'*Historia de la Arquitectura Moderna Historia III*, UNI, second semestre 2005, *Historia de la Arquitectura Contemporánea* (2 vol.), 2006, et d'*Enciclopedia de la Ingeniería Civil en Nicaragua* (3 vol.), 2011.
34. Auteur de la série télévisée d'UNI-TV sur *Historia de la Arquitectura Moderna*, et de programmes individuels sur Tikal et la culture du riz, 2009.
35. Auteur du programme de creation d'une Licence-Maîtrise-Doctorat en Arts Plastiques avec 5 mentions, UPOLI, Managua, 2005.
36. Auteur et Coordinateur du programme de Maîtrise et Doctorat en Architecture et en Art Urbain, UNI, 2005-2006.
37. Auteur et promoteur de la fête de l'art, la littérature et la culture à Managua, Calle-Arte, février 2006, novembre-décembre 2007, décembre 2008.
38. Auteur du matériel de classe d'*Esthétique*, UCA, 2006.
39. Créateur, scénariste, dialoguiste et directeur du happening-oeuvre théâtrale *Sex* inspirée de *Huis-clos* de J.P. Sartre, Fortín de León, juillet 2006.

40. Auteur, créateur et responsable de la section hebdomadaire "*Cultura Logia*", *Nuevo Amanecer Cultural*, *El Nuevo Diario*, Managua, 2005-2007.
41. Auteur du programme d'"*Esthétique*", UCA, Managua, 2007.
42. Créateur du site des 2ème et 3ème Cycles de la Faculté d'Architecture, UNI, 2011-2013.
43. Auteur du programme "*Histoire de l'Art*", UAM, Managua, 2011.
44. Auteur du matériel de classe "*Histoire de l'Art*" (2 vol.), UAM, Managua, 2011.
45. Auteur du "*Plan Estratégico de la Estructura de Postgrado de la Facultad de Arquitectura de la UNI 2012-2030*", 2012
46. Auteur du "*Plan Estratégico de la Investigación de la Facultad de Arquitectura de la UNI 2012-2030*", 2012
47. Auteur du programme du Diplomado (300 heures d'enseignement après la licence, sachant qu'une maîtrise comprend 1200 heures totales accumulées) "*El color en la arquitectura*", UNI, Managua, 2013.
48. Auteur du programme de la Especialidad (600 heures d'enseignement après licence) "*La Forma en la arquitectura*", UNI, Managua, 2013.
49. Auteur du programme du Diplomado "*Elaboración y Gestión de Proyectos Turísticos*", UNI, Managua, 2013
50. Fondateur et éditeur de Bès Éditions (2001 à nos jours)
51. Fondateur et éditeur de la revue Gojón (2005 à nos jours)

3. L'enseignement comme discours

J'ai ainsi, comme le montre le développement antérieur, et la mini-biographie en chiffres qu'il intègre, toujours focalisé mon enseignement sur les caractéristiques du discours, considérant la création de problèmes comme une base importante pour l'apprentissage, le positionnement et l'interrogation sur les thèses existantes, comme moyen de la transmission de savoirs, et la description des processus évolutifs d'histoire de mentalités comme le but pour comprendre, analyser et critiquer l'installation des discours dominants et de leur rôle coercitif.

C'est pourquoi dans mes investigations je suis toujours parti du contexte interdisciplinaire et interculturel, et dans mes cours j'ai toujours donné les résultats de mes recherches comme formes de discours en processus, de même que comme poète je me suis beaucoup attaché à la double dynamique de la critique sociale et de la déconstruction de mon propre discours en lui quittant le plus possible son caractère linéaire afin d'éviter une autre forme d'idéologisation sous prétexte de désidéologisation (erreur tragique du maoisme entre autres). L'unicité de ligne implique souvent la coercition mentale du groupe sur et contre les individus.

Ceci impose certaines explications.

S'il en est bien ainsi, cela valide ma position de révision du discours assumé des sciences humaines en cela que, comme tout discours, on l'a vu, la communauté scientifique qui la forme en attend certaines expressions lingüistiques, certains modismes, et certains chemins méthodologiques (re)connus, privilégiant donc le su et se méfiant du différent, du divergent, ce qui réduit son champ d'action (cas du discours sémiologique sur les productions non littéraires, vues comme vides de signifié par absence de contenu narratif, ce que nous avons critiqué dans notre thèse sur *Roland Barthes et la théorie esthétique*), et est, plus grave, contraire à la règle de base de l'activité scientifique en soi: qui fonctionne, et doit le faire, comme impératif, par vérification (et donc mise en cause) permanente(s) de ses *a prioris*.

Mais, s'il en est ainsi, cela peut mettre en péril l'idée d'une méthode unifiée (donc, dans un sens, univoque) qui est notre proposition. La réponse se donne à plusieurs niveaux: d'abord historique, nous ne posons pas comme proposition l'existence de cette méthode unifiée, mais au contraire nous en constatons l'efficacité antérieure, et plus encore, génétique dans l'histoire des diverses sciences humaines, ainsi reprenant encore une fois le concept de Lénine sur les sciences, c'est *a posteriori* que notre méthode se valide, par ses résultats. Ensuite logique: nous ne posons pas, contrairement par exemple aux sémiologues dont nous venons de rappeler la méthode, une identité totale de nature des objets étudiés qui permettrait l'unité de méthode, mais une fonctionnalité en soi de la méthode (par comparaison avec celle des sciences appliquées, encore une fois héritée de celle des sciences humaines, non à l'inverse, ce qui est, là encore, important pour notre propos d'un point de vue historique et génétique), puisqu'elle fonctionne sur la seule base possible dans l'état de nos connaissances (comme communauté scientifique internationale) aujourd'hui encore: l'élaboration nécessaire d'échantillons viables et leur traitement pour vérification de leur viabilité. En outre, si c'est bien la constatation de l'identité de nature en tant que productions symboliques (par opposition aux productions matérielles, même si comme nous l'avons déjà dit la distance est chaque fois plus réduite par l'effet de l'entrée du *design* dans l'ensemble de notre vie quotidienne) de nos objets qui nous permet d'affirmer la possibilité d'unité de méthode sur ceux-ci, ce sont deux phénomènes distincts qui valident l'urgence de considérer ce *corpus* général comme propre de nos sciences *dans leur ensemble*, c'est-à-dire comme un tout, un *continuum*: d'un côté, là encore, l'application antérieure, par la tradition de nos sciences, chacune dans son champ, à son propre objet, de cette méthode, sans jamais en comprendre les possibilités interdisciplinaires; ainsi cependant l'intégration, inconsciente ou transversale, par le fait de certains scientifiques particuliers (notamment, avec leurs erreurs mêmes, Eco, Barthes, les structuralistes, ce qui permet la création en France de la section Arts au CNU et au CNRS); d'un autre côté, le fait qu'en tant que productions symboliques (dont personne ne nous niera la dénomination) elles contiennent (*et pour cela sont symboliques*) toutes une charge dénotative-connotative, c'est-à-dire narrative, ce que Panofsky rappelait bien dans son introduction citée aux *Essais d'iconologie* lorsqu'il s'attardait sur l'impossibilité de comprendre jamais aucune image si ce n'était par rapport à une narration antérieure.

Finalement, la considération de l'élaboration d'une pensée scientifique globale sur les oeuvres permet de les aborder, idéologiquement, on l'a vu, et là aussi *nécessairement*, depuis une seule perspective synchronique (et non diachronique, ou pour le moins pas uniquement), interculturelle, encore une fois, et interdisciplinaire donc, on vient de le redire, c'est-à-dire, pour relier ces trois traits, dans la perspective de vie qui a été la mienne, par le hasard autant que la nécessité, je l'ai dit, mais dont je crois avoir su en ce sens tirer le bénéfice théorique et méthodologique, en tant que scientifique, et, plus important encore, valide l'intention, l'intérêt et la diffusion par et dans l'enseignement comme voie royale de l'étude de ces *discours* dans une cadre général (interaction, comme je me suis attaché à le montrer dans le cas de l'architecture notamment: les changements sociaux favorisant les nouvelles idéologies, ou pour mieux dire les révisions idéologiques, dont dans chaque époque sont nos principaux témoins et à la fois paradoxalement les moins étudiés, comme le rappelait Francastel, les manifestations culturelles et artistiques, qui, entre autres, produisent, comme ultime conséquence, l'explosion, parfois nécessaire utilitairement, parfois, le plus souvent [même dans un cadre utilitaire, en général celui-ci étant défini préalablement par des attitudes idéologiques qui le détermine comme dans la religion ou la mode], culturellement prédéterminées, de nouvelles typologies), afin d'exposer, c'est-à-dire *de mettre en évidence* les ressources de nos sociétés, qui sont hors du Cosmos de Nature, des positions idéologiques qui déterminent leurs actes et leurs attitudes, ce qu'ont abondamment étudié Panofsky, Philippe Ariès et Michel Vovelle (sur la mort), et comme nous l'avons montré dans nos travaux sur le rire, la publicité, l'inceste, l'enfance, l'école publique, l'apparition des nouveaux genres littéraires au XIXème siècle, ou l'intégration formelle des motifs comme le cri ou le cube dans l'idéologie artistique interdisciplinaire (dans le premier cas de la littérature aux arts plastiques, dans le second de ceux-ci à l'architecture).

Cette fausseté originelle de la société humaine dans son ensemble (révélée en arts par Magritte dans *La trahison des images*, ou par les auteurs russes du XIXème siècle en littérature, notamment un Gogol ou un Dostoïevski) forme ce que nous avons appelé la pathologie, et le diagnostic, comme nous l'avons dit, de révélation en est la découverte scientifique.

Toutefois, et c'est là l'autre point important que nous voulons mentionner ici, malgré ce que cela semble impliquer, notre propos n'est pas, ou pas en premier chef, si l'on veut à tout prix nous cataloguer, d'ordre moral. Nous ne prétendons à aucune métaphysique du "*pourquoi*" ni à aucune rédemption sociale grâce au Messie-scientifique (selon une idéologie qui ne serait qu'une dérivation de celle des poètes du XIXème siècle sur eux-mêmes). Notre propos et notre but sont plus amples (c'est-à-dire non réduits à un contexte de moralité étroite) et à la fois plus spécifiques (c'est-à-dire moins idéologiques ou axiologiques) - qu'on nous permette ce paradoxe (mais la morale joue toujours ce rôle de focalisateur et de diffuseur, en ce qu'à la fois elle insiste sur un nombre limité d'idées, ce qui permet qu'elle soit suivie, mais prétend le faire en ayant une action globale sur toute la société en la normatisant) -: ce qui nous intéresse est de comprendre historiquement les processus de création et de transformation des idées qui forment le substrat des formes d'actions de nos sociétés actuelles, de là, nous l'avons dit, doublement notre originelle vocation de bas-médiéviste, et son postérieur développement vers le moment pour nous central du passage de la modernité à la contemporanéité (le lecteur verra là l'action et l'influence permanente, dans l'élaboration logique et méthodologique de notre propos de notre formation initiale d'historien, ce qui, nous semble-t-il, la valide en cela qu'elle lui donne une centralité liée à son ancrage dans le temps [individuel de l'éducation et la formation mienne] et l'espace [du discours renvoyé, celui de l'histoire, et de ses extensions]).

4. Conclusion sur la génétique de mon activité d'enseignement: le rôle des sciences humaines

Revenant pour conclure sur ce que nous évoquions comme problème originel qui orienta notre type d'enseignement: la considération du rôle des sciences humaines, et nous appuyant finalement sur le développement de cette quatrième partie, nous rappelerons que les études comportementalistes, les études sur la peur (notamment dans un cadre militaire) et en général les émotions (usage des couleurs, et des autres détonateurs émotifs et sensoriels, dans l'ensemble des systèmes qui nous entourent dans le monde contemporain, de la publicité aux produits qu'elle vend), sont du domaine direct et (presque) exclusif de nos sciences humaines.

De leur (notre) compétence est donc aussi, et identiquement, par conséquent et de nouveau *nécessairement*, le meilleur exemple en étant Chomsky dans son abondant travail non lingüistiques (mais on pourrait aussi citer les travaux de McLuhan sur les mass-médias, d'Eco sur les bandes dessinées ou les arts, de Barthes sur l'art, la mode, la publicité, la photographie, le cinéma, etc., ou les cités travaux de Foucault sur la formation idéologique du monde contemporain), la déconstruction idéologique de ces constructions discursives coercitives, sinon par nature, du moins par conséquence d'action.

CINQUIÈME PARTIE: ADDENDUM: LA QUESTION DES ERREURS

Il ne serait, à notre sens, pas possible de présenter l'ensemble de notre proposition sans nous poser la question de l'erreur (ou des limites de l'analyse - et, par conséquent, de celle-ci comme perpétuel *work in process* -): affecte-t'elle ou pas l'analyse?

Il y a cinq types d'erreurs, que nous pouvons référencer, par rapport à notre propre expérience:

1. Celles qui restent au niveau du doute: cas concrets, dans notre parcours, d'oeuvres dont nous avons l'intuition qu'elles n'ont pas été complètement interprétées, de certains éléments en restent obscurs, mais dont, à ce jour, il nous a été impossible, d'arriver à résoudre les problèmes qu'elles posaient:

    a. *Melencolia I* de Dürer: si Panofsky, Saxl et Klibansky dans *Saturne et la Mélancolie*, montrent bien la tradition de la figure assise, la question des ailes, du cadre surnaturel, du petit Cupidon, etc., sont des éléments qui n'ont pas été abordés; de même, outre la question géométrique, à laquelle un long chapitre supplémentaire est dédié, le rôle et la place du polyèdre n'est pas évidente;

    b. *Dulle Griet* de Brueghel: comme souvent, elle a été interprétée, essentiellement à partir d'un proverbe, mais celui-ci parle, comiquement, de son entrée aux Enfers, il n'aborde pas les attributs qu'elle porte, non seulement chez Brueghel, mais chez les quelques autres peintres qui l'on représentée à peu près à la même époque, quoique postérieurement, notamment les pièces d'or, et, dans le cas de celle de Brueghel, la grande louche;

    c. *La Bacchanale des Adriens* du Titien: nous y avons dédié un texte, dans *Iconologia,* en réalité plus pour ne pas perdre les éléments réunis, mais sans que celui-ci nous paraisse suffisant; interprété par Panofsky à partir de Philostrate, il identifie le personnage étendu au second plan comme un dieu-fleuve, ce qui nous semble peu probable, pour son éloignement et sa position perspective très peu commune (comparons-la, seulement, avec celle des similaires dieux-fleuves de Raimondi, reproduits par Manet).

2. Celles qui s'associent à de nouveaux faits:

    a. Toujours soucieux de la question du dévoilement méthodologique, plutôt que de son traditionnel recouvrement, comme la couche de peinture superposée à la fissure par la plupart des théoriciens, nous avons, par exemple, pris soin, à propos des ArteFactos, pour l'oeuvre de David Ocón sur Sainte Thérèse de montrer l'erreur due à une méconnaissance de la manière dont l'oeuvre, que l'artiste nous avait envoyée en copie démontée, avait été présentée (elle l'avait été par bandes verticales, ce que nous avons découvert après avoir publié une analyse à son sujet, laquelle nous avions basé sur une présentation horizontale, à partir de notre compréhension des indications de montage que nous avait fournies l'artiste); heureusement, dans le cas précis, la forme finale sous-jacente que nous y trouvions, de calice, n'était, curieusement, d'ailleurs, pas modifiée, mais elle aurait pu l'être; nous avons donc accouplé dans la partie sur ledit groupe d'artistes d'*Iconologia* les deux textes: le premier, de l'analyse originale, et le second de révision méthodologique de celle-ci;

    b. *Le Cuirassier blessé* de Géricault: non seulement notre propre révision de l'oeuvre part d'éléments iconographiques nouveaux, en particulier la question du cheval tenu en bride comme symbole de Paix acquise par les armes, mais l'enrôlement du peintre dans les Mousquetaires peu après sa réalisation pose problème par rapport à l'analyse patriotico-napoléonienne que nous envisageons de son oeuvre (inclu *Le Radeau*); problème, donc, double ici: de nouveauté apportée par nous face à l'histoire traditionnelle, puis d'un élément nouveau venant choquer - mais pas obligatoirement contredire (les brusques revirements idéologiques des auteurs, en fonction des circonstances, sont bien connus et communs, étant des hommes comme les autres, pensons à ceux de Gaboriau par exemple) - contre certains éléments de nos conclusions d'analyse.

3. Celles qui ont à voir avec la méconnaissance:

    a. Par l'ampleur et la fréquence de la série *Hablemos de Cine*, il nous était, évidemment, impossible de connaître tous les détails des oeuvres, et certaines indications apportées par nous ont soit dues être changées, soit précisées; il nous semble important de signaler que nous n'attribuons pas tellement ces erreurs à la haute fréquence de publication de la série, mais bien plutôt, simplement, aux méconnaissances obligées, car naturelles, de tout analyste, ce qui est, sans aucun doute, l'un des principaux points de complexité des interprétations: la distance informative de connaissance culturelle (c'est-à-dire des référents) entre l'émetteur (l'artiste) et le récepteur;

    b. Notre Discours d'intégration à l'Académie Nicaraguayenne: traitant du dicton "*A calzón quitado*", nous nous sommes informé auprès de connaissances centraméricaines pour savoir s'il existait dans leurs respectifs pays, pensant que s'ils ne le connaissaient pas cela supposait, nécessairement, son inexistence dans ces zones; mais, après l'avoir lu, on nous fit remarquer qu'il n'en était pas ainsi, et une recherche livresque - ce qui marque, doublement, la difficulté de l'étude lexicographique populaire, d'information essentiellement orale, et les limites de cette dernière - nous montra que, probablement, le dicton était d'origine espagnole; toutefois, là encore, son étymologie et origines n'étaient pas claires, car, simplement, référencées dans aucun document, certains auteurs faisant, au mieux, des tentatives, à notre sens, infructueuses, pour découvrir, par induction, cette origine cachée; là encore, nous y avons dédié, comme dans le cas d'Ocón, un second texte, en cours de publication dans la revue *Lengua* de l'Académie, où fut publié, antérieurement, notre Discours d'intégration.

4. Celles liées aux mésinterprétations:

   a. Le plus notable pour nous, nous avons essayé, il y a plusieurs années, d'écrire un texte en réponse au concept d'itération interne de Genette, jusqu'au moment où nous nous sommes aperçu que nous avions purement mal compris le sens de ce qu'il écrivait.

5. Celles liées à la question, fondamentale, des antécédents (nous renvoyant à ce que nous écrivions ici en 3.a à propos des référents):

   a. Nous avons jusqu'ici vainement essayé de trouver l'origine exacte de la formule de Darío dans le poème qui termine la première version de *Prosas Profanas*, "*El Coloquio de los centauros*": "*La ciencia es flor del tiempo: mi padre fue Saturno.*" Comme les exégètes du dicton antérieur (3.b), nous avons, dans le texte que nous y avons dédié - notre tout premier sur Darío -, travaillé par induction, révélant, de nouveau, ici, la difficulté de remonter, pour le chercheur, comme, en quelque sorte, le saumon, aux sources de tout matériel étudié.

   b. Les sources sont un problème toujours renouvelé, renvoyant à la question de la différence fondamentale de références culturelles entre l'auteur et l'interprète, mais aussi à celle, plus générale, d'une part de la contextualisation (ce que nous avons démontré dans notre ouvrage sur Mantegna, à propos du double objet aux mains de la figure aux yeux bandés de l'*Allégorie des Vices*), et de l'autre des sources bibliographiques, ou informatives, premières ou secondaires, cas de notre travail sur *Le Prisonnier* de Patrick MacGoohan, dont nous avons la faiblesse de croire qu'il est, à ce jour l'analyse la plus proche à en donner une interprétation globale et organisée. Cependant, là, deux sources nous ont manquées, pas fondamentales pour notre analyse, mais importantes tout de même, n'ayant jamais été fanatique de James Bond (problème de l'empathie face à l'oeuvre étudiée et, plus globalement, au genre dont elle est issue, indispensable au risque de mal l'aborder), nous n'avons, à l'époque, pas vu que la question des numéros dans la série, notamment du No 2, et de l'inconnu No 1, provenaient indirectement des films de *James Bond*; en second lieu, nous basant par rapport à l'oeuvre originale (problème du texte et de ses traductions, touché par Barthes dans son étude de Poe), nous avons suivi Alain Carrazé et Hélène Oswald, dans leur ouvrage de 1990, qui venait d'être publié, et ouvrait, avec une série d'autres de Carrazé un intéressant champ d'approche du genre considéré comme mineur jusqu'alors des séries télévisuelles, en particulier anglaises des années 1960, lorsqu'ils postulaient que dans l'épisode 6 "*Le Général*", la question que posait le prisonnier à l'ordinateur n'était pas "*Why*" ("*Pourquoi*") comme cela avait été traduit dans la version française, mais "*What*" ("*Quoi*"); Carrazé et Oswald y dédiant un certain temps d'analyse, nous y avons nous-même répondu, induisant que le "*What*" ici, contrairement à la thèse qu'essayaient de montrer les auteurs, était bien équivalent à un "*Why*"; toutefois, découvrant plusieurs années plus tard la versions anglophone de l'épisode, il se trouve que le héros demande bien à l'ordinateur "*Why*" et non "*What*", mauvaise compréhension auditive des auteurs, recours à une sources secondaire de leur part? En tous cas, de l'avoir alors su nous-même, et ce bien que notre analyse du sens de l'épisode était donc juste, nous nous serions épargné un vain débat sur un non-objet (cas que l'on peut, de fait, rapprocher de celui de l'aspersoir de l'oeuvre de Mantegna, comme nous le disons dans notre ouvrage, que curieusement les exégètes n'ont jamais pris la peine d'analyser sérieusement, le prenant, à l'envie, pour un plumeau, une quenouille, ou toute autre chose, nous faisant nous y demander comment il est possible d'étudier sérieusement une allégorie en marge de ses attributs, qui, jusqu'où la tradition nous l'indique, la définit visuellement).

Nous avons, logiquement, ici, énuméré erreurs ou limitations de nos travaux, car il n'y aurait eu qu'un sens très pervers d'apporter des preuves de celles des autres, à partir de nos réussites.

En ce sens, il est important de noter que, précisément, pris au jeu, barthésien, de la production en série, là encore, pour ainsi dire, nous nous sommes dédié, d'abord avec *Hablemos de Cine* (1997-1999), puis avec la seconde section *Cultura Logia* (2005-2009), à travailler les limites de la méthode, en essayant de voir, encore une fois pour la fréquence de publication (dans le premier cas hebdomadaire, dans le second bi-mensuel), si la méthode, au-delà des méconnaissances de l'exégète (qui, pourtant, entrent toujours en compte, exemple concret dans *Cultura Logia*: la chronologie des peintures de Greuze dans l'article que nous lui avons consacré, ou pour Sade la question de ses problèmes judiciaires pour violences physiques répétées), pouvait s'y substituer (être plus forte, comme les os, qui retiennent les muscles trop faibles).

Cette inquiétude - celle des limites propres de l'analyse - est la question, obligatoire (malheureusement, trop souvent négligée dans nos Sciences Humaines), qui permet de travailler à partir d'une preuve négative, proprement scientifique (voir notre travail sur Roig à ce sujet).

Elle est, en conclusion, la conscience permanente de la partialité de l'analyse.

Pas de son impossibilité.

www.ingramcontent.com/pod-product-compliance
Lightning Source LLC
Chambersburg PA
CBHW020153090426
42734CB00008B/809